Jesper Juul

DAS FAMILIENHAUS

Jesper Juul

DAS FAMILIENHAUS

Wie Große und Kleine gut miteinander auskommen

In Zusammenarbeit
mit Monica Øien

Aus dem Norwegischen
von Knut Krüger

Bassermann

www.familylab.de
www.family-lab.com
www.jesperjuul.com

ISBN 978-3-8094-4624-8

1. Auflage
Genehmigte Sonderausgabe
2022 by Bassermann Verlag, einem Unternehmen der Penguin Random House Verlagsgruppe GmbH, Neumarkter Straße 28, 81673 München

Die Originalausgabe erschient erstmals unter dem Titel *Rom for familien*

Projektleitung dieser Ausgabe: Martha Sprenger
Umschlaggestaltung: Atelier Versen, Bad Aibling
Fotos im Innenteil: Marcel Leliënhof
Herstellung: Elke Cramer

Druck und Bindung: Alcione, Lavis

Printed in Italy

Penguin Random House Verlagsgruppe FSC® N001967

583309200414

Inhalt

Vorwort

Es ist Mitte Juni, 32 Grad im Schatten, und das ganze Dorf Poreč an der kroatischen Adriaküste steht in voller Blüte, während ich gemeinsam mit dem erfahrenen und zum Reden aufgelegten Familientherapeuten Jesper Juul auf einem Balkon sitze. Alles um uns herum ist grün und fruchtbar. Zikaden sirren, Vögel zwitschern, Eidechsen flitzen durch die Blumenbeete.

Ich bin TV-Moderatorin, Journalistin, Studienrätin, Mutter und lebe in einer Patchworkfamilie. Mein eigener Sohn Max ist 13 Jahre alt. Der 14-jährige Carl-Fredrik und der elfjährige Johan entstammen einer früheren Beziehung meines Mannes. Gemeinsam mit Jesper Juul habe ich den Entschluss gefasst, ein Familienbuch für Eltern und Stiefeltern zu schreiben. Ein Buch, in dem ich sowohl meine Neugier als auch meine Gedanken als Mutter und Teil dieser Gesellschaft zum Ausdruck bringen kann. Ein Buch, das mir hoffentlich Fragen beantwortet, die mich lange Zeit vor große Probleme gestellt haben. Denn woher sollen Eltern eigentlich wissen, was in der Kindererziehung gut oder schlecht ist? Sollen wir moralischen, religiösen oder sozialen Prinzipien folgen? Warum sollen wir Grenzen setzen? Wann sollen Kinder ins Bett gehen? Wie verhalten wir uns zu ihrer sexuellen Entwicklung, ihrer Abgrenzung von uns, ihren Komplexen und Sehnsüchten?

Jesper und ich beginnen unser Gespräch, indem wir uns das Haus oder die Wohnung einer typischen Familie vorstellen. In solch einem Haus hat jedes Zimmer ganz bestimmte Funktionen und kann verschiedene Gefühle wecken. Dort begegnen wir nicht nur unseren Mitbewohnern, sondern auch uns selbst. Oft wiederholen wir genau das, was uns am Verhalten unserer Eltern missfallen hat. Bestenfalls bemerken wir das selbst und versuchen, die eingefahrenen Verhaltensmuster zu ändern. In der Begegnung mit dem Partner und unseren Kindern sehen wir unsere Schwächen und hoffentlich auch unsere Stärken, was unser Selbstwertgefühl positiv beeinflussen kann.

Schon nach wenigen Stunden mit Jesper Juul ist mir klar, dass sich das Familienleben nicht starr nach Zimmern oder den verschiedenen Phasen im Leben eines Kindes aufteilen lässt. Denn unabhängig vom Alter des Kindes begegnen wir immer wieder denselben Herausforderungen: Herausforderungen, was Nähe und Authentizität betrifft. Das gilt auch für die intensivsten Liebesverhältnisse. Können wir dem Menschen, den wir lieben, wirklich unser Herz öffnen? Schenken wir ihm genug Beachtung und eine spürbare Aufmerksamkeit? Wie steht es um unsere Ausdrucksweise? Kommt das, was wir sagen wollen, auch wirklich an? Sollten wir uns in Diskussionen mehr auf uns selbst besinnen? Denn hier kann einiges schiefgehen. Wer ständig »Du« statt »Ich« sagt, gibt dem Partner oder den Kindern leicht das Gefühl, die Ursache eines Problems zu sein. Das lässt sich am besten verhindern, wenn wir über uns selbst, unsere eigenen Gefühle und Ansichten sprechen.

Bei Familiengesprächen kommt es weniger darauf an, *was* wir sagen, sondern *wie* und *warum* wir etwas sagen. Dies ist der Schlüssel zu einer gelungenen Kommunikation.

Jesper Juul spricht viel darüber, dass man das Eisen schmieden solle, solange es kalt ist. In der Praxis bedeutet das, dass wir warten sollten, bis die größten Turbulenzen vorbei sind, ehe wir anfangen, darüber zu reden. Lassen sich auf diese Weise große Missverständnisse und schmerzhafte Streitigkeiten vermeiden? Bei Familiengesprächen kommt es weniger darauf an, *was* wir sagen, sondern *wie* und *warum* wir etwas sagen. Dies ist der Schlüssel zu einer gelungenen Kommunikation. Jesper Juul fordert uns auf, besonnen, engagiert, authentisch und mutig zu sein. Darin besteht unsere Verantwortung innerhalb der Familie. Im Grunde ist die Sache ganz einfach: Das Glück der Familie hängt vom eigenen Glück ab, denn je glücklicher man selbst ist, desto fröhlicher und ausgeglichener werden auch die anderen Familienmitglieder sein.

Im Lauf der Jahre habe ich alle Bücher von Jesper Juul gelesen. Sie haben mich stets fasziniert, hin und wieder auch provoziert. Doch vor allem war ich immer wieder erstaunt darüber, wie sehr es Wirkung zeigte, wenn ich seine Worte beherzigte. Es ist tatsächlich möglich, alte Verhaltensmuster und negatives, unreflektiertes Verhalten zu ändern. Ich hoffe, dieses Buch trägt dazu bei, dass Sie den Menschen, die Ihnen am meisten bedeuten, ehrlich und liebevoll gegenübertreten und mit ihnen zusammenarbeiten.

Monica Øien

Ein Haus mit allen Gefühlen

Was ist heute eine Kernfamilie? Ein Haus wird oft mit der sogenannten Kernfamilie in Verbindung gebracht, in der Kinder und Eltern unter einem Dach leben. Doch angesichts der vielen Tummelplätze eines Hauses, das genug Raum für Liebe, Sex, Spiel, Nahrung und Wachstum bietet, frage ich mich, was ein Haus eigentlich zu einem Zuhause macht, in dem man lebt und atmet.

Jedes Haus hat seine eigene Persönlichkeit. Die Wertvorstellungen einer Familie spiegeln sich in den Menschen, die darin leben, in ihren Gewohnheiten, ihrem Beruf und sozialen Status. Welche Angewohnheiten und Erlebnisse begegnen uns in den verschiedenen Räumen eines Hauses? Was geschieht mit uns in der Familie, wenn wir die Schwelle des Hauses überschreiten und von Raum zu Raum gehen?

MONICA ØIEN: »Was ist eigentlich ein Zuhause? In der Regel bringt man damit wohl die Kernfamilie in Verbindung, in der Mutter und Vater unter einem Dach leben und wo alles gut und schön ist.«

JESPER JUUL: »Ich glaube, eines der größten Missverständnisse in Verbindung mit dem verständlichen Aufruhr der Frauen in der 70er-Jahren war die Tatsache, dass die häuslichen Tätigkeiten einer Frau ausschließlich unter praktischen Gesichtspunkten betrachtet wurden. Damit hat man die wichtigste Funktion außer Acht gelassen, nämlich Atmosphäre zu schaffen. Ganz gleich, ob die Hausarbeit von einer Frau oder einem Mann erledigt wird, schafft man damit doch eine bestimmte Atmosphäre, und das zählt im Haus einer Familie zu den allerwichtigsten Dingen. Darin liegt das Problem, wenn man fremde Dienstleistungen in Anspruch nimmt, eine Putzhilfe engagiert, sich das Essen liefern oder das Haus von einem Innenarchitekten einrichten lässt. Damit bekommt man vielleicht den Haushalt in den Griff, doch es fehlt die persönliche Atmosphäre. Was also macht eine bestimmte Atmosphäre aus? Es ist schon in Ordnung, es sauber und ordentlich zu haben, doch wenn die Dinge nicht mit einer gewissen Hingabe erledigt werden, sind sie nicht viel wert. Sensible Menschen können die spezifische Energie eines Hauses spüren, sobald sie zur Tür hereinkommen. Wenn beide Eltern arbeiten, ähnelt die Familie oft einer Firma, in der alles geplant und organisiert werden muss. Für Kinder ist es unglaublich wichtig, dass zwischen ihrem Zuhause einerseits sowie Kindergarten und Schule andererseits ein Unterschied besteht. Wenn die Familie nichts anderes als eine Firma ist, geht es den Kindern nicht gut, dann werden sie gestresst und unzufrieden. Setzt man dieses Muster sieben bis acht Jahre fort, stirbt auch die Beziehung unter den Erwachsenen, die sich nur noch beim Leben zuschauen. Das erste Symptom besteht darin, dass im Schlafzimmer nur noch geschlafen wird.

> Was also macht eine bestimmte Atmosphäre aus? Es ist schon in Ordnung, es sauber und ordentlich zu haben, doch wenn die Dinge nicht mit einer gewissen Hingabe erledigt werden, sind sie nicht viel wert.

Statistisch betrachtet wachsen die meisten Kinder in der Kernfamilie auf, zumindest in den ersten acht bis neun Jahren ihres Lebens. Es ist richtig, dass es immer mehr alleinerziehende Eltern und Patchworkfamilien gibt. Das liegt schon daran, dass wir immer älter werden, wodurch sich die Zeitspanne einer Ehe ›bis dass der Tod uns scheidet‹ automatisch verlängert. Ein Kind durchläuft in der Regel mindestens drei Lebensphasen, womöglich verbunden mit drei verschiedenen Formen von Kindergarten oder Schule, drei verschiedenen Familien, wer weiß ... Die Voraussetzung einer Paarbeziehung besteht darin, dass sie etwas bedeutet, einen Sinn hat. Sie mag ziemlich stürmisch verlaufen – entscheidend ist, dass sie uns bereichert. Ist das nicht der Fall, kann man ebenso gut allein bleiben. Dass uns die Paarbeziehung bereichern soll, ist eine verhältnismäßig neue Prämisse und die größte Veränderung, was das Familienleben betrifft.«

»Ja, denn im Grunde wünschen wir uns doch alle, den einzig Richtigen zu finden und zusammen durch dick und dünn zu gehen. Das muss doch auch das Ideale sein.«

»Das ist richtig. Aber für diejenigen, die in den 90er-Jahren erwachsen wurden, ist es sehr üblich, mehrere längere Beziehungen zu haben, ohne Kinder zu bekommen. Man kann schon den Eindruck gewinnen, dass Paare sich heute aus den nichtigsten Anlässen trennen. Manchmal stimmt das wohl auch, doch meiner Erfahrung nach wird eine Trennung heute immer noch sehr ernst genommen, wenn man gemeinsame Kinder hat. Ich glaube nicht, dass dabei die Anzahl der Konflikte als Maßstab genommen wird. Entscheidend für den Fortbestand einer Beziehung ist vielmehr die Frage, ob sie als sinnvoll erlebt wird.«

»Aber wie sinnvoll soll sie denn sein? Viele haben große Erwartungen und legen die Latte sehr hoch. Wir können nicht erwarten, dass wir unsere Beziehung 24 Stunden am Tag als sinnvoll und bereichernd empfinden. Wir müssen doch auch daran arbeiten, dass sie funktioniert.«

»Vollkommen einer Meinung. Sinnvoll heißt ja auch nicht permanente Harmonie und ständiges Glück. Eine Beziehung ist dann bereichernd, wenn sie uns dazu herausfordert, uns als Mensch und Mitmensch weiterzuentwickeln. Diese Herausforderungen treten meist überraschend an uns heran, und wir mögen es nicht besonders, wenn sie plötzlich auftauchen. So ist es mit all unseren Liebesverhältnissen, auch gegenüber unseren Kindern.

> Sinnvoll heißt in einer Beziehung nicht permanente Harmonie und ständiges Glück. Eine Beziehung ist dann bereichernd, wenn sie uns dazu herausfordert, uns als Mensch und Mitmensch weiterzuentwickeln.

Wir wünschen uns, dass unsere Beziehung unser persönliches Leben bereichert, und das ist doch ein völlig neuer Maßstab. So haben unsere Großeltern nicht gedacht. Auch empfinden wir heute andere Dinge als sinnvoll. Viele fühlen sich durch persönliche Herausforderungen bereichert, während andere – vor allem Männer – Ruhe und Frieden haben wollen. In diesem Fall wird die Harmonie natürlich zum Symbol des Erfolgs. Ich glaube, dass alle Menschen ihre eigenen Kriterien haben, was das Gelingen betrifft. Viele, die mir schreiben, werfen die Frage auf, wie viel Schmerz man eigentlich erdulden müsse, ehe man aufgibt, und wie lange man an seinen Problemen arbeiten solle. Es besteht kein Zweifel, dass man in jeder Liebesbeziehung ein gewisses Maß an Schmerz akzeptieren muss, doch wenn dieser Schmerz nicht von positiven Dingen begleitet wird – Erkenntnis, Einsicht, Entwicklung –, sondern sich nur Monat für Monat wiederholt, dann verliert er seinen Sinn. Aber man muss daran arbeiten, dass es funktioniert, denn wir reden hier vom intimen Zusammenleben mit einem Menschen, den man zunächst nicht kennt.«

»Ja, man kann sich in einer Paarbeziehung schnell einsam vorkommen, wenn man sich nicht verstanden fühlt.«

»Vor 30 Jahren hat eine Kollegin zu mir gesagt: ›Jesper, in meinem Leben gibt es zwei Möglichkeiten. Entweder lebe ich mit einem Mann zusammen oder mit der Sehnsucht nach einem Mann.‹ Sie gehörte zur ersten Generation jener Menschen, die die Ehe nicht mehr als soziale Notwendigkeit, sondern als existenzielle emotionale Entscheidung betrachteten. Sie wollte nicht mit einem Mann zusammenleben, der ihr Leben nicht fundamental bereichert. Das war damals eine völlig neue Forderung.«

»Ist eine Familie ohne Konflikte eine ideale Familie?«

»Nein, in keiner Hinsicht. Ein Konflikt definiert sich dadurch, dass zwei Menschen verschiedene Wünsche oder Bedürfnisse haben. Doch fassen wir inzwischen Konflikte als etwas sehr Negatives auf. Das stammt aus einer Zeit, als die Familie streng hierarchisch und totalitär organisiert war. In einem totalitären System sind Konflikte unerwünscht, während ein demokratisches System mit ihnen leben muss. Der moralische Konsens ist in der heutigen Gesellschaft verschwunden, also muss jede Familie Pionierarbeit leisten. Viele finden eine Sicherheit darin, vermeintliche Wahrheiten zu verkünden. Wenn das Stillen als das einzig Richtige gilt, beobachten wir, dass junge, intelligente Mütter diejenigen mobben, die nicht stillen – plötzlich werden die als schlechte Mütter betrachtet, weil sie ihren Kindern die Flasche geben. Genauso verhält es sich mit dem Thema Scheidung. Früher war es in Ordnung, sich scheiden zu lassen, doch plötzlich wird dies als großer

Fehler betrachtet. Es ist bedauerlich, dass der öffentliche Raum keine komplexen Probleme behandeln kann. Entweder man sucht einen Sündenbock oder will eine schnelle Lösung haben. Ich glaube, dass es unmöglich ist, eine Lösung zu finden, die das ganze Leben umfasst. Doch wenn wir daran arbeiten, können wir zumindest einen gewissen Sinn erkennen. Alles hat seinen Preis, und es hat keine Zweck, vom Staat zu erwarten, dass er ihn bezahlt, denn das kann er nicht.«

»Ich denke, dass die Lösungen oder Antworten erst dann aufscheinen, wenn ich sterbe. Erst ganz am Ende wird man wohl begreifen, was das Ganze für einen Sinn hatte. Es geht darum, ein bewusstes Leben zu führen, Herausforderungen anzunehmen, zu vergeben und zu wachsen.«

»All unsere Normen und Wertvorstellungen wurzeln in der Mangelgesellschaft. Wir wissen nicht, wie wir uns in einer Überflussgesellschaft verhalten sollen. Wir können es verurteilen, dass Kinder von Anfang an zu Konsumenten werden, doch so etwas nehme ich sehr gelassen, weil ich weiß, dass irgendwann eine Gegenbewegung entstehen wird. So entwickelt sich eben die Geschichte. Es fragt sich allerdings, ob wir etwas daraus lernen.«

•••

Die Statistik besagt, dass heutzutage mehr als die Hälfte der Ehen geschieden wird. Ich selbst war niemals verheiratet. Mein Partner und ich haben uns getrennt, als unser Sohn ein Jahr alt war. Danach hatte er seinen Lebensmittelpunkt bei mir, die langen Wochenenden aber verbrachte er meistens bei seinem Papa. Für uns war es so das Beste. Als getrennte Familie funktionieren wir sehr gut. Die großen Herausforderungen beginnen meist erst dann, wenn einer der beiden einen neuen Partner mit eigenen Kindern hat, mit dem er auch zusammenziehen möchte. Dann kommt dem eigenen Zuhause eine völlig neue Bedeutung zu. Dann wird Kindern eine Gemeinschaft mit Stiefeltern und Stiefgeschwistern aufgezwungen, um die sie nicht gebeten haben, die sich aber dennoch harmonisch gestalten soll.

»Wie sollen sich die Stiefeltern in einer neuen Familiensituation, vor allem gegenüber ihren Stiefkindern, verhalten?«

»Kinder lassen sich von niemand erziehen, der nicht zu ihrer Familie gehört. Sie weisen denjenigen ab, ganz gleich ob sie drei oder 13 Jahre alt sind. Wir lassen es nicht zu, dass Menschen uns so nahe kommen, dass wir verletzt werden könnten, wenn sie nicht zu unserer Familie gehören. Wenn neu zusammengesetzte Familien von Anfang an so tun, als seien sie eine Familie, dann wird keine Familie daraus. Das ist ein Paradox, das vielen nicht bewusst ist. Wir können nicht damit beginnen, uns von Anfang an wie eine Familie aufzuführen.

Für die Stiefeltern, die ich lieber als *Bonuseltern* bezeichnen möchte, kommt es darauf an, sich mit den Bonuskindern anzufreunden – nicht um sich vorschnell anzubiedern, sondern um zu prüfen, ob man eines Tages eine richtige Familie werden kann. Wenn man sich in einen anderen Erwachsenen verliebt, kommen einem die Chemie und die Hormone zu Hilfe. Nach vier bis fünf Jahren sieht man dann, ob es zu einer Freundschaft reicht. Mit Kindern ist es umgekehrt: Man muss sich erst einmal anfreunden, damit später daraus unter Umständen eine Familie entstehen kann. Ich habe viele Kinder im Alter von fünf oder sechs Jahren kennengelernt, deren Eltern geschieden wurden, als sie noch sehr klein waren. Jetzt besitzen sie eine Bonusmutter oder einen Bonusvater, die sie sehr lieb haben, und fragen, ob sie Mama oder Papa zu ihr oder ihm sagen dürfen. Damit bestätigen sie, dass aus der neuen Gemeinschaft eine Familie geworden ist.«

»Wenn man verheiratet ist oder einen festen Partner hat und mit seiner zweiten oder dritten Familie zusammenlebt, hat man vielleicht ein anderes Gefühl gegenüber seinem Partner entwickelt. Man ist womöglich erwachsener, erfahrener und reifer geworden, und das überträgt sich dann auch auf die Kinder. Was soll man ihnen antworten, wenn sie neugierig sind und fragen, ob Mama oder Papa Sex mit dem neuen Partner hat?«

»Ich finde, man sollte mit Ja antworten, wenn es so ist. Aus Ursachen, die mir nicht ganz klar sind, ist es für Kinder stets schwierig gewesen, sich ihre Eltern beim Sex vorzustellen. Jugendliche finden diese Vorstellung sogar schrecklich peinlich. Die Frage taucht auf, weil Kinder über das Leben philosophieren. Sie philosophieren in gleicher Weise über Sex, wie sie sich mit der Frage beschäftigen, was passiert, wenn man stirbt. Und dann vergessen sie die Antworten, sobald sie diese bekommen haben. Wenn man ihnen vermitteln kann, dass Sex etwas Schönes ist, macht man ihnen ein großes Geschenk. In der Öffentlichkeit ist Sex oft ein problematisches Thema.«

»Neue Gesetze in verschiedenen europäischen Ländern räumen homosexuellen Paaren weitgehend dieselben Rechte ein wie heterosexuellen Paaren, was zum Beispiel Adoptionen betrifft. Von daher entstehen noch weitere Typen der modernen Familie. Wir kennen die Sehnsucht von Adoptivkindern, ihre leiblichen Eltern kennenzulernen. Was denken Sie über diese neuen Familien, in denen Kindern mit zwei Eltern desselben Geschlechts aufwachsen und vielleicht niemals ihren biologischen Vater oder ihre biologische Mutter kennenlernen? Ist es ein Menschenrecht, Kinder zu bekommen, oder ist ein Menschenrecht, Eltern zu haben?«

»Meiner Erfahrung nach unterscheidet sich das Leben in einer homosexuellen Partnerschaft nicht wesentlich vom Leben in einer heterosexuellen Partnerschaft. Ich hatte zwischen 50 und 100 homosexuelle Paare bei mir in der Therapie, Männer und Frauen. Die grundlegenden Mechanismen sind dieselben, und ich habe keinerlei Bedenken, diesen Paaren Adoptivkinder anzuvertrauen. Es gibt auch keine Forschungsergebnisse, die belegen würden, dass sie schlechtere Eltern sind oder die Kinder irgendeinen Schaden nehmen.

Ich glaube jedoch, dass wir heute dem Irrglauben aufsitzen, ein jeder Mensch habe das Recht, ein Kind zu bekommen. In Dänemark haben wir diesen Irrglauben in das allgemeine Bewusstsein gehoben, als wir allen Paaren das Recht auf drei Fruchtbarkeitsbehandlungen zustanden. Das erzeugt bei den Leuten das Gefühl, unbedingt ein Kind haben zu müssen. Wir wollen ein Kind haben, damit wir spüren, dass wir wertvoll sind und gebraucht werden. Das ist schon in Ordnung, doch sollten wir uns vergegenwärtigen, dass Kinder genau dasselbe Bedürfnis haben, nämlich sich wertvoll für ihre Eltern zu fühlen. Ich glaube nicht, dass alle Menschen Eltern werden sollten.«

»Ist das ein genereller Gedanke von Ihnen, der homo- und heterosexuelle Paare gleichermaßen betrifft?«

»Absolut! Ich bin nicht besonders religiös, doch hier glaube ich, dass wir uns in dieser Hinsicht mehr zumuten, als wir tragen können. Die meisten Menschen meiner Generation haben eben eine gewisse Anzahl von Kindern bekommen, ohne zu verhüten. Der Verwissenschaftlichung dieses Prozesses stehe ich höchst skeptisch gegenüber. Ich zweifle daran, dass es uns Menschen zukommt, solche Entscheidungen zu treffen.

Ich habe mal einen etwa 70-jährigen Chinesen in San Francisco kennengelernt. Er war Mönch und in traditioneller chinesischer Medizin ausgebildet. Mein Freund Ken Dychtwald und seine Frau Maddy wollten ein Kind, also ging sie zu diesem Arzt in Behandlung. Nach ein paar Monaten wurde sie sehr ungeduldig. Ich begleitete sie zum Arzt, und der alte Chinese sagte zu mir: ›Mr. Jesper, I need your help, I cannot speak to Maddy and Maddy cannot hear me, so if you please ...‹ Dann sagte er mir, warum Maddy kein Kind bekommen könne: ›Maddy wants baby too much.‹ Sie wolle es zu sehr. Ich sollte sie bitten, die Behandlung zu beenden. Zwei Jahre später kam das erste Kind und weitere zwei Jahre später ein weiteres Kind. Das war's.

Ob es gelingt, schwanger zu werden, hängt unter anderem vom Zusammenspiel zwischen Körper und Seele ab. Wir alle kennen doch Beispiele von Frauen, die es lange vergeblich versucht haben, schließlich ein Kind adoptierten und dann plötzlich schwanger wurden.«

»Können wir das in Gottes Hand legen beziehungsweise es dem Schicksal überlassen?«

»Ja, ich denke, damit ist uns am besten gedient, wenngleich westeuropäische Politiker ja gern darauf hinweisen, dass wir mehr Kinder produzieren sollen, um das wirtschaftliche Wachstum zu sichern. Davon fühlen sich die Leute unter Druck gesetzt.«

»Kinder zu haben ist ja nicht zuletzt eine Statusfrage.«

»Das ist ein Thema voller Widersprüche. Ein Kind zu haben, wird als persönlicher Erfolg verbucht, wohlgemerkt ein gesundes Kind. Andererseits soll man den Eltern, vor allem den Frauen, nicht ansehen, dass sie Kinder bekommen haben. Das Leben soll am besten so weiterlaufen wie bisher. Ich will niemand kränken, der sich ein Kind wünscht, aber unterstreichen, dass die Beziehung zu einem Kind keine Einbahnstraße ist. Das Kind soll nicht nur das entgegennehmen, was wir ihm geben wollen. Wir müssen auch bereit sein, das entgegenzunehmen, was unsere Kinder uns geben, im Positiven wie im Negativen. Sind wir dazu nicht in der Lage, ist den Kindern besser damit gedient, nicht geboren zu werden.«

Die Beziehung zu einem Kind ist keine Einbahnstraße. Das Kind soll nicht nur das entgegennehmen, was wir ihm geben wollen. Wir müssen auch bereit sein, das entgegenzunehmen, was unsere Kinder uns geben, im Positiven wie im Negativen.

Ich bin mit einer Großmutter aufgewachsen, die Künstlerin und Schneiderin war. Ich konnte ihr meine Lieblingskleider in irgendwelchen Modezeitschriften zeigen, dann hat sie genau diese Kleider für mich genäht. Allerdings hat es ein paar Wochen gedauert, bis ich damit stolz zu einer Weihnachtsfeier oder einem Geburtstagsfest gehen und mir topmodern vorkommen konnte. Es brauchte also eine gewisse Geduld. Heute sind die meisten Leute finanziell besser gestellt und kaufen ihren Kindern im Großen und Ganzen alles, was diese sich wünschen – trotz der Finanzkrise in der Welt. Es fragt sich, ob es sich nicht eher um eine Wertekrise handelt, in der Gefühle wie Dankbarkeit und Bescheidenheit allmählich verloren gehen.

»Kinder bekommen ihre Wünsche heute allzu rasch erfüllt. Damit berauben wir sie der Möglichkeit, sich freuen zu können. Was geschieht mit einem Kind, das niemals auf etwas warten muss?«

»Es verliert die Fähigkeit, sich zu freuen und zu warten. Vor allem gewöhnt es sich daran, dass jeder Wunsch sofort befriedigt wird. Es ist ein naheliegender Gedanke, dass solche Kinder später dazu neigen werden, ihre Frustration mit Alkohol, Drogen oder Medikamenten zu betäuben. Heutzutage werden Kinder vor jeder Art von Entbehrung, Schmerz und Frustration bewahrt. Sie leben wie Teletubbies. Wenn man auf diese Art aufwächst, fühlt man sich natürlich hilflos und verloren oder sucht die Extreme, um zu spüren, dass man lebt.«

»Liegt es an unserem schlechten Gewissen als Doppelarbeitende und an unserem unrealistischen Perfektionsstreben, dass wir unseren Kindern zu viel kaufen? Kompensieren wir damit unsere mangelnde Zeit für die Familie?«

»Der Zeitmangel ist etwas, das wir uns selbst zufügen. Es ist eine Tatsache, dass zwei arbeitende Eltern heutzutage mehr Freizeit haben als je zuvor. Es geht nicht so sehr darum, wie viele Stunden im Monat wir beisammen sind. Es geht eher darum, wie viel Zeit wir haben, wenn wir erst einmal beisammen sind. Wenn man zwei bis drei Stunden zusammen ist und über das gesprochen hat, worüber man sprechen musste, kehrt erst einmal Stille ein. Danach beginnt man, Dinge zu sagen, die man sich selbst noch nicht sagen gehört hat. Erst in diesem Moment entsteht Nähe und Intimität, alles andere ist in der Regel oberflächliches Geschwätz.

Darum kommen viele mit neuer Energie und Nähe aus dem Urlaub zurück. Oder sie kommen zurück und lassen sich scheiden. Wenn wir ineinander und in unsere neugeborenen Kinder verliebt sind, geschieht alles in rasender Fahrt, und vieles, das wir sagen, sollte man nicht so ernst nehmen. Dann kommt der Alltag mit seinen vielen kleinen Anforderungen und der unglückseligen Neigung vieler Eltern, ihre Kinder regelrecht abzufragen, wenn sie aus dem Kindergarten abgeholt werden oder von der Schule nach Hause kommen. Auch wenn man ein aufrichtiges Interesse an seinen Kindern hat, ist diese Interviewform wenig geeignet, um Wesentliches zu erfahren. Man erfährt nicht, wer der andere ist, wenn man nur Fragen stellt. Außerdem ist das Risiko groß, dass man die falschen Fragen stellt.«

Wenn man mit einem Kind ein paar Tage in den Bergen ist, beginnt es irgendwann damit, sich spontan zu äußern. Dann bekommen Sie Dinge zu hören, die das Kind selbst überraschen. Auf diese Weise lernen wir einander kennen.

»Dazu bedarf es eines Gesprächs.«

»Ganz genau. Wenn man mit einem Kind ein paar Tage in den Bergen ist, beginnt es irgendwann damit, sich spontan zu äußern. Dann bekommen Sie Dinge zu hören, die das Kind selbst überraschen. Auf diese Weise lernen wir einander kennen. Es ist paradox, dass es uns in einem Restaurant leichter fällt, uns intim zu äußern, als zu Hause in der Küche. Kinder lieben das. Ich gehe oft allein in ein Restaurant und beobachte die Leute. Die Eltern haben die Kinder nicht die ganze Zeit im Blick und beginnen plötzlich, über wichtige Dinge zu reden. Den Kindern geht es glänzend, wenn die Erwachsenen voneinander in Anspruch genommen werden. Kinder haben es nicht gern, ständig im Zentrum der Aufmerksamkeit zu stehen.«

•••

Niemand hat es gern, ständig im Zentrum der Aufmerksamkeit zu stehen. Dann fühlt man sich irgendwann bedrängt und belästigt. Wie kann man sich in einer Familie sicher genug fühlen, um Freude und Kummer zum Ausdruck zu bringen, ohne sich bedrängt zu fühlen?

Beim Fernsehen habe ich eine Weile mit einer Mutter von zwei Töchtern zusammengearbeitet. Während eines Mittagessens erzählte sie mir einmal, dass sie zu Hause ein Klo-Tagebuch hätten.

In dieses Buch, das tatsächlich auf der Toilette liegt, kann jeder seine Gedanken zum Familienleben eintragen. Niemand braucht diese Eintragungen zu kommentieren. Alle Familienmitglieder können in Ruhe darin lesen.

»Oft wollen wir schnelle Antworten, Erklärungen und Lösungen haben. Vielleicht ist das kontraproduktiv. Was halten Sie von solch einem Klo-Tagebuch? Ein eigener Ort, an dem man seinem Herzen Luft machen, Trauer und Freude zum Ausdruck bringen kann?«

»Das ist eine sehr gute Idee. Ich habe oft einen israelischen Familientherapeuten zitiert, der sagte, man solle das Eisen schmieden, solange es kalt ist. Genau das sollte man bei Konflikten tun. Konflikte lassen sich selten lösen, solange der Sturm noch tobt. Man sollte lieber abwarten, bis der Sturm sich gelegt hat.

Schmiede das Eisen, solange es kalt ist.

Wer eine möglichst ehrliche Reaktion seiner Kinder haben will, der sollte Folgendes zu ihnen sagen: ›Ich würde gerne von euch hören, was ihr für meine drei schlechtesten Eigenschaften als Vater oder Mutter haltet.‹ Wenn Sie ein offenes und vertrauensvolles Verhältnis zu Ihren Kindern haben, werden Sie zwei Dinge zu hören bekommen. Es ist wichtig, dass die sogenannten negativen Eigenschaften zuerst genannt werden, sonst schmiert man sich nur Honig um den Mund. Danach können Sie Ihre Kinder fragen, was diese gern tun würden oder ob sie selbst ein paar gute Ideen haben: ›Was meint ihr, wie wir unsere Situation zu Hause verbessern können? Bald ist Ostern – was sollen wir da machen?‹ Solch ein Gespräch kann 30 bis 45 Minuten dauern, nicht zu lange. Die Eltern dürfen nicht vergessen, sich danach bei den Kindern für ihre Hilfe zu bedanken.

Es gibt nur wenige Konflikte, auf die man wirklich viel Zeit verwenden sollte, ganz gleich ob sie zwischen Eltern und Kindern oder in einer Paarbeziehung stattfinden. In den ersten 15 Minuten hat man in der

Regel alle wichtigen Dinge gesagt. Das Weitere sind meistens Streitigkeiten, in denen alle Sätze mit ›Du‹ anfangen. Ein Großteil unserer Konflikte dauert deshalb so lange, weil wir enorm egozentrisch sind. Wir müssen uns die Zeit nehmen, um in Ruhe über den Konflikt nachzudenken. Dabei lohnt es sich, kurz innezuhalten und sich zu fragen: ›Worum geht es eigentlich? Und was ist es, das ich will?‹

Liebe allein hält die Familie nicht zusammen. Dazu bedarf es des großen Einsatzes aller Familienmitglieder.

Es zeichnet die Kernfamilie aus, dass Liebe allein nicht ausreicht. Es geht nicht alles von allein, nur weil wir uns zugetan sind. Wir müssen nicht weiter zurückgehen als zu meiner ersten Ehe – zu dieser Zeit wurden die meisten Frauen schrecklich wütend, wenn der Partner kein Gedankenleser war. Sie dachten, wenn er mich liebt, dann versteht er mich auch und weiß, welche Bedürfnisse ich habe. Seit Tausenden von Jahren durften Frauen ihre Wünsche und Bedürfnisse nicht äußern und mussten daher darauf hoffen, dass der Mann sie ihnen ›von den Augen ablas‹.

Liebe allein hält die Familie nicht zusammen. Dazu bedarf es des großen Einsatzes aller Familienmitglieder. Was die Patchworkfamilie betrifft, halte ich es für klug, von Anfang an regelmäßige Familientreffen abzuhalten. Was funktioniert und was funktioniert nicht? Als Erwachsener muss man sich um größte Offenheit bemühen und alle Familienmitglieder zu Wort kommen lassen.«

»Es ist bestimmt wichtig, dass die Kinder sich gesehen und beachtet fühlen, auch wenn sie selbst nicht viel sagen. Wie macht man das auf solchen Treffen?«

»Die Kinder müssen wissen, dass sie sich jederzeit äußern können, wenn sie etwas auf dem Herzen haben. Vielleicht müssen sie solche Familientreffen ein paar Jahre lang erleben, bevor sie damit beginnen, einen eigenen Beitrag zu leisten, doch Kleinkinder haben in der Regel eine ebenso große Freude daran wie Jugendliche. Es gibt keine Familie, in der alles reibungslos funktioniert.

Auch für Paare ist es eine gute Idee, drei, vier Mal im Jahr das Handy und den Fernseher auszuschalten oder eine kleine Reise zu unternehmen, um in Ruhe darüber sprechen zu können, wie es einem in der Beziehung geht und was man gegebenenfalls verändern könnte. Das Anziehendste auf der Welt ist ein Mensch, der seine Seele entblößt. Wie es darin aussieht, ist zweitrangig. Die gegenseitige Offenheit weckt das Begehren.

Wenn einer den anderen fragt: ›Liebst du mich noch?‹, dann will er oder sie eigentlich etwas anderes wissen: ›Ich will mich als wertvoller Teil deines Lebens empfinden. Bin ich das, und wenn ja, in welcher Form bin ich wichtig für dich, denn ich kann es weder sehen noch hören.‹ Es ist ein großes Bedürfnis aller Menschen, zumindest für einen anderen Menschen von Wert zu sein.

Eine gute Gelegenheit, dies einem Kind zu sagen, sind Feiertage oder andere besondere Anlässe. Man kann zum Beispiel auf einer Konfirmationsfeier zu seinem Kind sagen: ›Jetzt habe ich 14 Jahre lang mit dir zusammengelebt und möchte dir gerne sagen, wie sehr dies mein Leben bereichert hat.‹«

●●●

Ich habe vor ein paar Jahren einen spannenden Test durchgeführt. Auf Empfehlung von Jesper Juul hin habe ich meinem damals elfjährigen Sohn eine ziemlich große Verantwortung übertragen. Er wünschte sich ein Computerspiel, für das er noch längst nicht alt genug war. Statt einfach Nein zu sagen, bat ich ihn, zwei Tage lang nachzudenken und ein paar gute Argumente zu finden, die dafür und solche, die dagegen sprachen, ihm das Spiel zu kaufen. Als er ein paar Tage später zu mir kam, hatte er selbst beschlossen, es nicht zu kaufen. Ich war erstaunt, weil ich das Gegenteil erwartet hatte.

»Es ist schwer zu entscheiden, wie viel Eigenverantwortung wir unseren Kindern übertragen. In welchem Ausmaß soll man in der Familie demokratische Prinzipien anwenden?«

»Zunächst will ich sagen, dass das Leben in der Familie nur sehr wenig mit einer Demokratie zu tun hat, denn in einer Demokratie ist niemand ganz zufrieden. Die demokratischen Wertvorstellungen sind ausgezeichnet, aber sie handeln hauptsächlich davon, wie Macht und Geld am besten verteilt werden. Ich habe oft gesagt, dass Kinder nicht alles Mögliche bestimmen sollen, doch muss man ihren individuellen Charakter, ihre Träume und Bedürfnisse jederzeit ernst nehmen. Wenn ich eine intakte Paarbeziehung haben möchte, muss ich meinen Partner auch ernst nehmen, statt über ihn zu urteilen und mir ständig darüber Gedanken zu machen, was er tun sollte und was nicht. Die Vorstellung von der individuellen Existenz des Einzelnen und deren Wert für die Gemeinschaft ist etwas völlig Neues. Manche befürchten, dies könne zu einem hemmungslosen Individualismus führen, doch Menschen, deren Individualität von klein auf respektiert wurde, entwickeln sich zu sehr sozialen Wesen. Diejenigen, die egozentrisch werden und ihre empathischen Fähigkeiten einbüßen, sind Menschen, die in ihrer Kindheit viele Kränkungen ertragen mussten.

Menschen, deren Individualität von klein auf respektiert wurde, entwickeln sich zu sehr sozialen Wesen. Diejenigen, die egozentrisch werden und ihre empathischen Fähigkeiten einbüßen, sind Menschen, die in ihrer Kindheit viele Kränkungen ertragen mussten.

Ich bin nicht der Meinung, dass Kinder vor allem gehorchen sollen. Leider ist das menschliche Gehirn so beschaffen, dass wir in Gegensätzen denken. Wenn ich sage, dass Kinder nicht unbedingt gehorchen sollen, denken viele sogleich, ich rufe zum Ungehorsam auf, was nichts mit der Sache zu tun hat. Die Alternative sollten Eltern sein, die für die

Individualität ihrer Kinder Sorge tragen und ihnen mehr Eigenverantwortung übertragen. Wir unterschätzen die Fähigkeit und den Willen der Kinder, sich ihren Eltern anzupassen, was sie ungeheuer viel Energie kostet. Was Eltern frustriert, ist die Tatsache, dass sie sich nicht immer im Klaren über ihr eigenes Verhalten sind. Ihr Verhalten besteht aus einem unbewussten und einem bewussten Teil, und die Kinder richten sich gleichermaßen nach beiden Teilen. Die Eltern glauben, sich eindeutig zu verhalten, und können nicht verstehen, warum die Kinder sie nicht respektieren. Wenn man sie beobachtet, wird jedoch klar, dass Eltern etwas anderes tun, als sie glauben. Sie sagen zum Beispiel nicht klar und deutlich Nein. Vielleicht sagen sie: ›Ich glaube, du bist müde. Solltest du nicht lieber ins Bett gehen?‹ Damit überlassen sie es ihrem Kind, die indirekte Botschaft zu deuten. Aber dazu ist es intellektuell noch nicht in der Lage. Ein dreijähriges Kind versteht nicht, dass es seine Mutter beim Telefonieren nicht stören soll, wenn die Mutter nur zu ihm sagt: ›Mama telefoniert gerade.‹ Vieles, das Eltern als Ungehorsam bezeichnen, entsteht, weil die Eltern sich nicht deutlich ausdrücken oder widersprüchliche Signale von sich geben.

Davon abgesehen mische ich mich nicht darin ein, wie Eltern ihre Kinder erziehen, solange es für sie funktioniert. Die logische Konsequenz aus maximaler Demokratie und freiheitlicher Gesellschaft ist die Erkenntnis, dass wir die Verantwortung für uns selbst übernehmen müssen. Das ist nichts, was wir in der Schule oder an einem anderen Ort lernen, sondern etwas völlig Neues. Das Gegenteil von persönlicher Verantwortung ist Konformität, die als etwas Sicheres empfunden wird. Wenn man Angst hat, sucht man Zuflucht bei dem, was man gewohnt ist.«

»Wie ist das zu beurteilen?«

»Konformes Verhalten schafft zweifellos ein gewisses Maß an Sicherheit, doch ist es schwierig, sich konform zu verhalten, wenn es keinen Konsens gibt. Was ›man‹ tut, ist heute sehr verschieden. Vor 20 Jahren konnte man noch kein kurzärmliges T-Shirt über einem langärmligen tragen, heute ist das ganz normal. Es gibt kein Kind auf der ganzen Welt, das von seinen Eltern nicht auch negativ beeinflusst wird. Das Streben vieler Eltern nach ›Perfektion‹ ist absurd, denn hin und wieder ist es einfach schwierig, mit uns zusammenzuleben – was für alle Menschen gilt –, und diejenigen, die ständig versuchen, nicht kompliziert zu sein, sind die schlimmsten. Wer unablässig nach Kompromissen sucht und alles tut, um Konflikten aus dem Weg zu gehen, hat einen negativen Einfluss auf sich selbst und auf die Gemeinschaft. Die Gemeinschaft wird von ihm oder ihr zu Kompromissen genötigt und macht sich mitschuldig an der Opferrolle des anderen.

In der Persönlichkeit eines jeden Menschen gibt es selbstdestruktive Elemente, doch sind wir uns ihrer nur selten bewusst, weil sie ein Teil dessen sind, was ich als unsere Überlebensstrategie bezeichne. In dieser Hinsicht spielen Kinder eine wichtige Rolle, weil sie uns unablässig existenziell herausfordern. Damit stellen sie uns vor die Entscheidung, an ihnen zu wachsen oder zu Tyrannen zu werden.

Genauso ist es in der Paarbeziehung. Entweder wachsen wir aneinander, oder wir unterwerfen uns oder den anderen. In Europa sind diese beiden Gruppen vermutlich in etwa gleich groß. Die eine Hälfte sieht die Beziehung als Möglichkeit an, persönlich zu wachsen und Konflikte gemeinsam zu bewältigen. Die andere Hälfte versucht den Konflikten mit den guten alten Methoden aus dem Weg zu gehen. In Spanien bin ich Menschen begegnet, die fanden, dass es unter Franco besser war, weil sie damals nicht so viel nachdenken mussten wie heute. In einer Demokratie hat man die Möglichkeit, persönliche Entscheidungen zu treffen. Das ist natürlich anstrengend, weil wir dies weder zu Hause noch in der Schule lernen. Es ist eine neue Fertigkeit, die Menschen erwerben müssen, und es gibt immer noch eine Gruppe in der Gesellschaft, die in erster Linie Sicherheit, Ruhe und Frieden haben will. Das ist ja praktisch die männliche Definition einer Familie: Der Vater kommt von der Arbeit nach Hause und will Ruhe und Frieden haben. Heute erleben wir dies allerdings in einer neuen Ausprägung, weil die Männer keine Diktatoren mehr sind wie früher. Viele moderne Männer unterwerfen sich, versuchen ihre eigenen Wünsche und Bedürfnisse zu unterdrücken und sich nach dem zu richten, was ihre Partnerin will. Dadurch entsteht noch kein Konflikt, doch staut sich bei den Frauen im Lauf der Jahre eine enorme Frustration an, weil ihnen sämtliche Verantwortung aufgebürdet wird. Das kann man oft im Supermarkt beobachten. Der Mann schiebt den Einkaufswagen, die Frau hat den Zettel. Wenn sie noch nicht lange zusammen sind, fragt sie ihn, was er essen will, und die meisten modernen Männer antworten: ›Ich weiß nicht – was willst du essen?‹ Sie wiederholt ihre Frage, und er sagt, das sei für ihn nicht so wichtig. Nach ein paar Jahren gibt sie auf und trifft auch beim Einkaufen ihre eigene Entscheidung. In der gleichen Zeit ist sie einsam geworden, weil er sich nicht mit ihr auseinandersetzt.«

Die Vorstellung von perfekten Eltern ist absurd. Die besten Eltern, die ein Kind haben kann, sind diejenigen, die Verantwortung für ihre Fehler übernehmen, wenn sie ihnen bewusst werden.

»Können gute Eltern auch uneins über die Kindererziehung sein?«

»Aber ja. Die Forderung nach Einigkeit stammt aus einer Zeit, in der die Erwachsenen die totale Macht hatten. Und da man sich eine Uneinigkeit der Machthaber nicht leisten konnte, musste man in jedem Fall den Schulterschluss bewahren. Das ist die Logik aller Machtverhältnisse. Ich habe im Lauf meines Lebens mehrere tausend Familien kennengelernt, doch noch kein einziges Ehepaar, das stets einer Meinung gewesen wäre. Ich glaube, es hat einen bestimmten Sinn, dass Kinder zwei Eltern haben. Sie brauchen den Unterschied ihrer Eltern, um sich in ihrer Persönlichkeit entwickeln zu können.

Doch kehren wir zu den Männern zurück, die keine Eigenverantwortung übernehmen. Ich veranschauliche das gern mit einer Episode, die ich immer wieder mit meiner Frau erlebe. Wir erwarten Gäste oder wollen uns mit Freunden treffen, und ein paar Stunden zuvor fragt sie mich, was sie anziehen soll. Ich sage meine Meinung, und als sie wieder auftaucht, hat sie etwas ganz anderes angezogen. Alle Frauen verstehen die Logik, die dahintersteht: Die Meinung eines anderen zu hören, erleichtert es, eine Entscheidung zu treffen, indem etwas eliminiert wird. Doch viele Männer fragen mich, warum ich überhaupt noch meine Meinung sage, wenn sie ja doch tut, was sie will. Sie machen daraus eine

Machtfrage, doch es geht nicht um Macht, sondern um ein konstruktives Miteinander. Gerade für Kinder, die 17 bis 18 Jahre lang mit uns zusammenleben, ist es von enormem Vorteil, zumindest zwei Erwachsene zu haben, in denen sie sich spiegeln können. Darum ist es auch absurd, wenn Eltern von Großeltern verlangen, dieselben Regeln zu haben wie sie, wenn sie mit ihren Enkelkindern zusammen sind.«

»Als ich neulich mit meinem Sohn einkaufen war, sah ich einen Kapuzenpullover, der mir gut gefiel. Das sagte ich ihm und fragte, ob er sich so etwas vorstellen könne. Während er sich verschiedene Kleidungsstücke ansah, kehrte er immer wieder zu diesem Kapuzenpullover zurück. ›Aber was willst du haben?‹, fragte ich ihn. ›Es gibt ja so viele schöne Sachen hier.‹ Schließlich entschied er sich für genau diesen Kapuzenpullover, und ich fragte ich, ob er das mir zuliebe getan habe. Was sagt diese Geschichte über ein Kind und die Notwendigkeit, sich unabhängig von den Eltern eine eigene Meinung zu bilden?«

»Für mich zeigt diese Geschichte, dass Ihr Sohn Vertrauen zu Ihnen hat und selbst unsicher ist. Sie haben ja nicht gesagt, dass der Kapuzenpullover leichter zu waschen ist oder so etwas. Sie haben Ihren Sohn als Maßstab genommen, damit er sich frei entscheiden kann. Wahrscheinlich hat er gedacht, dass Mama normalerweise vernünftige Entscheidungen trifft. Also hat er darauf vertraut. Wenn Sie offen Ihre Meinung sagen, dann kann er sich damit auseinandersetzen. Wenn Sie aber aus Angst, er könne Ihnen nach dem Mund reden, darauf verzichten, Ihre Meinung zu sagen, dann fehlt Ihrem Sohn die Klarheit, die er braucht.«

»Kinder, die in sogenannten rahmenlosen Verhältnissen aufwuchsen, in denen es in keiner Hinsicht feste Regeln gab, erzählen später, dass sie förmlich um gewisse Grenzen gebettelt haben. Extreme provozieren in Kindern ja oft ein gegenteiliges Verhalten. Wie finden Eltern die richtige Balance?«

»Indem sie persönlich sind. In meiner Generation haben viele Eltern versucht, sich nach einer bestimmten Ideologie zu richten. Doch damit büßten sie ihre Authentizität ein. Der Nachteil jeder Ideologie besteht darin, dass sie ihrer Natur gemäß wichtiger ist als das Individuum. Diese Generation hat sich mehr nach Ideen als nach der Realität gerichtet. Auch Entscheidungen die eigenen Kinder betreffend wurden gewissermaßen unter ideologischen Gesichtspunkten getroffen. Damals gab man ›Freiheit, Gleichheit, Brüderlichkeit‹ als Parole aus, was sich nicht groß von dunklen, christlichen Gedanken unterscheidet. Beide haben kein Interesse am Individuum, sondern fordern bedingungslose Anpassung. Entweder man ist drin oder man ist draußen. Mütter und Väter haben die Chance, sich gemeinsam mit dem Partner und den Kindern selbst kennenzulernen. Allmählich findet man heraus, was man will und was nicht und wo die eigenen Grenzen liegen, statt sich ständig fragen zu müssen, ob man recht hat oder nicht.

Abschließend möchte ich gern einen Witz erzählen: Ein vierjähriger Junge kommt zu seinem Vater und fragt: ›Papa, wie spät ist es?‹ Und der Vater antwortet: ›Ich weiß nicht. Was meinst du, wie spät es ist?‹ Dieser Witz handelt davon, dass die sogenannte antiautoritäre Erziehung eine sehr schlechte Strategie ist. Wer eine solche Antwort erhält, wird einsam und deprimiert. Daher ist es wichtig, dass Kinder Eltern haben, die für etwas einstehen. Dasselbe gilt für die Partnerschaft unter Erwachsenen. Wir alle brauchen einen Partner, der einen gewissen Widerstand leistet, und niemand, der uns bloß bewundert oder bemuttert.«

Wir alle brauchen einen Partner, der einen gewissen Widerstand leistet, und niemand, der uns bloß bewundert oder bemuttert.

Das Schlafzimmer: Wenn aus einem Duo ein Trio wird

Wer würde der Behauptung nicht zustimmen, dass einem Paar mit der Geburt des ersten Kindes große Veränderungen ins Haus stehen? Das ist vielleicht die Phase, die unsere Paarbeziehung wirklich auf die Probe stellt, weil wir den anderen durch das Neugeborene in einer größeren Perspektive sehen. Aus einem Liebespaar werden Lebensgefährten und Rollenvorbilder für das eigene Kind. Es kommt schneller zu Auseinandersetzungen als zuvor. Vielleicht sollte man Paare mit gezielten Tipps auf diese neue Lebensphase vorbereiten, in der aus einem Duo ein Trio wird.

»Ein neugeborenes Kind kann einer Paarbeziehung viel Aufmerksamkeit rauben. Wie soll sich ein Vater verhalten, wenn die Hauptaufmerksamkeit seiner Partnerin fürs Erste einem neuen Wesen gilt?«

»Die Rolle des Vaters ist enorm wichtig, ganz gleich, wie er sich verhält. Wenn er sich dafür entscheidet, oft abwesend zu sein und in den ersten Jahren monatelang auf Reisen zu gehen, wird das erheblichen Einfluss auf die Struktur seiner Familie haben. Seine Frau wird die alleinige Verantwortung tragen und daher mehr Macht gewinnen. Außerdem wird ein Verhältnis zwischen Mutter und Kind entstehen, das stärker und wichtiger ist als die Paarbeziehung. Es stärkt eine Paarbeziehung ungemein, wenn sich beide gleichermaßen mit dem Kind beschäftigen. Irgendwann müssen beide einsehen, dass sie nicht mehr dasselbe Paar sind, das sie vor der Geburt des Kindes waren. Daraus ist etwas anderes entstanden. Das Gleiche geschieht mit einer Arbeitsgruppe, wenn jemand ausscheidet und durch einen neuen Mitarbeiter ersetzt wird. Man kann diesen Vorgang prinzipiell als problematisch ansehen oder es akzeptieren, dass die alte Gruppe nicht mehr existiert. Wir müssen uns vom Alten verabschieden, um das Neue willkommen zu heißen.«

»Sollen die Eltern nicht weiterhin einen gewissen Raum haben, in dem sie nichts als ein Liebespaar sein können?«

»Doch, natürlich, aber sie sollen dies nicht aus nostalgischen Gründen tun. Sie sollen es tun, weil sie es brauchen. Nicht das Kind zerstört die Paarbeziehung, sondern die nostalgische Einstellung der Erwachsenen zu einer Art von Beziehung, die unwiderruflich vorbei ist.«

> Nicht das Kind zerstört die Paarbeziehung, sondern die nostalgische Einstellung der Erwachsenen zu einer Art von Beziehung, die unwiderruflich vorbei ist.

»Das kann ein Schock und Anlass zu großer Trauer sein.«

»Ja, es ist ein Verlust. Ungefähr einen Monat vor der Geburt des ersten Kindes könnte sich ein Paar eines Abends zusammensetzen und sagen: ›Jetzt ist die Zeit gekommen, um von unserer alten Beziehung Abschied zu nehmen.‹ Die meisten Menschen haben Schwierigkeiten damit, sich von jemand wirklich zu verabschieden. Wir sagen ›Auf bald‹ oder ›Wir sehen uns‹. Man muss sich zusammennehmen, um jemand Lebewohl zu sagen. Für viele bedeutet die Ankunft des ersten Kindes zugleich der Abschied von etwas sehr Schönem. Man muss sich gestatten, über das Ende der alten Zweierbeziehung zu trauern, seine Träume und Frustration zum Ausdruck zu bringen. Danach ist man in der Regel bereit, die neue Familie herzlich willkommen zu heißen.«

»Was geht in einem Einzelkind vor, das plötzlich einen Bruder oder eine Schwester bekommt?«

»Etwas sehr Ähnliches. In alten psychologischen Erklärungen heißt es oft, das erste Kind wird eifersüchtig, wenn das zweite auf die Welt kommt. Aber das Kind ist nicht eifersüchtig, es braucht nur Begleitung, um über das Verlorene trauern zu können. Das Kind hat sich auf sein Geschwisterchen gefreut und entdeckt plötzlich, dass der Neuankömmling auch Nachteile mit sich bringt. Das Kind erlebt, dass es für seine Eltern weniger wertvoll ist als zuvor. Ein Kind in seiner Trauer zu begleiten, ist ganz einfach. Sein Papa nimmt es an die Hand oder auf den Schoß und sagt: ›Na, wie findest du deine kleine Schwester? Ich bin sehr froh, dass sie da ist, sie ist so wunderbar, aber manchmal ist sie auch ganz schön anstrengend. Findest du das auch?‹ Es ist für das Kind eine große Erleichterung, sich nicht als Außenseiter in seiner eigenen Familie fühlen zu müssen. Es muss erlaubt sein, ein Baby nicht immer nur wundervoll zu finden. Seine alte Paarbeziehung zu verabschieden und seine neue Familie willkommen zu heißen, ist eine gute Übung, um dem ersten Kind zu helfen, wenn das zweite auf die Welt kommt. Viele Eltern halten ihm stattdessen eine Moralpredigt: ›Du bist doch schon so groß und vernünftig. Da musst du doch lieb zu deiner kleinen Schwester sein.‹ Das macht es dem Kind natürlich doppelt schwer, sich an seine neue Rolle als große Schwester oder großer Bruder zu gewöhnen. Man kann diesen Prozess auch sehr viel einfacher gestalten – für ein größeres Geschwisterkind ist es eine enorme Erleichterung zu wissen, dass man von kleinen Geschwistern auch mal genervt sein darf.«

»Das hört sich sehr allgemeingültig an und scheint für viele neue Projekte im Leben zu gelten.«

»Um eine neue Beziehung einzugehen, muss man sich von der alten verabschieden. Das ist wie der Abschied von einem Verstorbenen. Wenn wir nicht schreiben oder aussprechen, was diese Person, im Negativen wie im Positiven, für uns bedeutet hat, verlieren wir Energie. Wer in einer Paarbeziehung betrogen wird, der kann sich für den Rest des Lebens als Opfer fühlen oder aber die Wahrheit akzeptieren, dass es zwei Menschen braucht, um eine Beziehung zu etablieren, und zwei Menschen, um sie zu brechen. Wären beide in der Beziehung glücklich gewesen, wäre es nicht zum Bruch gekommen. Indem man von der alten Beziehung Abschied nimmt, übernimmt man auch seinen Teil der Verantwortung für deren Ende.«

»Wenn man lange zusammenhält, muss man auch Wellentäler und Vulkanausbrüche überstehen. Haben die verschiedenen Stadien einer Paarbeziehung ihre spezifischen Krisen?«

»Wenn man lange genug zusammenbleibt, kann man drei sogenannte Siebenjahreskrisen erleben. Die erste Siebenjahreskrise entsteht, weil wir zu viel ›Ja‹ und zu viel ›Wir‹ gesagt haben. Die Lust auf und der Drang nach Gemeinschaft ist der Pflicht gewichen. Deshalb müssen wir unsere ineinander verschlungenen Fäden entwirren, zum ›Du und ich‹ zurückfinden, unsere Wünsche und Erwartungen artikulieren.

Die zweite Siebenjahreskrise handelt von der Vorstellung, sein ganzes Leben miteinander zu verbringen. Will ich immer noch mit ihr zusammenleben, wenn ich 70 bin, auch wenn sie dann genauso ist wie heute? Bei dieser Frage geht es darum, der Tatsache ins Auge zu sehen, mit wem man verheiratet ist, und sich keinen Illusionen über den Partner hinzugeben. Eine Frau hat mich einmal gefragt: ›Glauben Sie, dass mein Mann im Grunde seines Herzens ein guter Mensch ist?‹ Ja, das glaubte ich. ›Ich weiß es ja auch‹, fuhr die Frau fort, ›aber ich bin es einfach leid, mein Leben mit jemandem in voller Taucherausrüstung zu verbringen!‹ Das war gut gesagt. Sie war es leid, mühsam deuten und interpretieren zu müssen, was er eigentlich meinte. Sie hatte das Gefühl, auf dem Meeresgrund nach ihrem Mann suchen zu müssen.

In der dritten Siebenjahreskrise stellen wir uns erneut die Frage: Will ich das wirklich – für den Rest meines Lebens? Das bezieht sich nicht allein auf die Partnerschaft, sondern ebenso auf Beruf, Wohnort, Lebensstil, Freunde, Kontakt zu übrigen Familienmitgliedern etc. Die Kinder sind dabei, das heimische Nest zu verlassen, sodass wir unseren Zielen und Träumen wieder mehr Raum geben können. Daher ist die dritte Siebenjahreskrise individueller und existenzieller als die vorigen. Wir fragen uns, ob wir für den Rest des Lebens so weitermachen sollen wie bisher.«

»Was unterscheidet die erste Siebenjahreskrise einer Paarbeziehung von der dritten?«

»Die erste Siebenjahreskrise handelt davon, dass wir uns emotional voneinander losreißen müssen. Wir müssen unsere Individualität wiederfinden, nachdem wir jahrelang in enger Symbiose gelebt haben, in der die Gemeinsamkeit und Zusammengehörigkeit das Wichtigste waren. In den ersten Jahren einer Beziehung ist man oft so verliebt, dass man sich nicht aktiv zum wirklichen Leben verhält. Die erste Krise handelt davon, sich aus dieser Blase zu befreien, um den eigenen Gefühlen und Erfahrungen wieder mehr Aufmerksamkeit zu schenken. Das können auch Erfahrungen sein, für die wir früher keine Verantwortung übernommen haben.

Hinsichtlich der Paarbeziehung und der Liebe geben wir uns vielen Illusionen hin. Wir glauben, jemand zu verstehen, weil wir ihn lieben.

Das ist nicht wahr. Es ist sehr schwer, einen anderen Menschen vollkommen zu verstehen, zumal über die Differenz der Geschlechter hinweg. Wir sprechen so verschiedene Sprachen und haben so unterschiedliche Auffassungen der Wirklichkeit, dass es einem Wunder gleichkommt, wenn wir hin und wieder das Gefühl haben, uns mit einem anderen Menschen auf einer Wellenlänge zu befinden. Es wird sehr viel leichter, wenn wir die Ungleichheit akzeptieren. Man kann sagen, dass es in einer Paarbeziehung 15 Jahre dauert, bis man sich so gut kennt, wie das eben möglich ist. Das setzt voraus, dass man bewusst daran arbeitet, sonst dauert es länger.«

Wir glauben, jemand zu verstehen, weil wir ihn lieben. Das ist nicht wahr. Es ist sehr schwer, einen anderen Menschen vollkommen zu verstehen, zumal über die Differenz der Geschlechter hinweg.

»Frauen und Männer interpretieren Situationen und Konflikte sehr unterschiedlich. Oft finden wir einen Partner, der einen krassen Gegensatz zu uns darstellt, und es ist schwer, auf den Punkt zu bringen, was wir uns eigentlich wünschen.«

»Zwischen Männern und Frauen gibt es viele Unterschiede, doch Frauen wissen in der Regel genauer, was sie sich von einer Beziehung erwarten. Es gibt die alte Geschichte von dem Mann, der von der Arbeit nach Hause kommt und sich etwas zu essen macht. Seine Frau sagt zu ihm: ›Du bist ja gar nicht da.‹ Darauf entgegnet der Mann: ›Ich bin doch hier.‹ Daraus wird ein Streit, im Bett herrscht Flaute. Hätte der Mann die Botschaft der Frau verstanden und eingeräumt: ›Du hast recht, ich hab das gar nicht gemerkt, aber gleich werde ich wieder da sein‹, dann wäre die Frau vollkommen beruhigt. Doch Männer denken nicht so. Männer denken: Wenn sie unzufrieden damit ist, dass ich nicht anwesend bin, dann gibt es nur eine Antwort, nämlich mich so zu verhalten, wie sie es möchte, aber das schaffe ich nicht. Das ist oft ein Nährboden für Konflikte, denn viele Männer haben das Gefühl, sich ständig die

Nörgelei und Klagen ihrer Partnerin anhören zu müssen. Warum sagt sie nicht einfach, was sie will? Eine junge, unerfahrene Frau fertigt eine lange Liste von Dingen an, die sie will. Doch selbst wenn ihr sämtliche Wünsche erfüllt werden, ist sie nicht zufrieden, weil sie nun einen Diener statt eines Partners hat. Eine erfahrenere Frau sagt es, wie es ist: ›Ich will *dich*.‹«

»Ich kenne Paare, die eine Beziehungspause einlegen, in der Hoffnung, ihre Beziehung dadurch zu retten. Aber ich glaube, dass die Pause eine Illusion und nur der Anfang vom Ende ist. Was denken Sie?«

»Ich bin derselben Meinung. Denn während der Pause entdeckt man meistens, dass es einem allein viel besser geht. Viele haben auch während der Beziehungspause Sex miteinander, nur anders als vorher. Die Erkenntnis, dass ihre Beziehung vom Scheitern bedroht ist, erhöht ihre Toleranz dem anderen gegenüber. Doch ihr Problem besteht ja darin, dass sie nicht zusammenleben können, und das können sie nicht erlernen, solange sie getrennt sind. Zwischen Erwachsenen kann die Liebe ein Ende nehmen. Dann gibt es in der Regel kein Zurück mehr. Wenn die Liebe zwischen Erwachsenen endet, ist nämlich keine Sehnsucht mehr vorhanden – was zwischen Eltern und Kindern nie der Fall ist.«

»Woher soll man wissen, dass es sich bei einer Paarbeziehung um Liebe und nicht bloß um Verliebtheit handelt?«

»Die meisten bemerken nach drei bis vier Jahren eine Absenkung des Hormonspiegels. Die Faszination nimmt ab. Das ist das Zeichen, dass etwas anderes Wichtiges ins Spiel kommt, nämlich Liebe. Ich muss sagen, dass ich der Rationalität hinsichtlich Partnerwahl und Kinderwunsch keine große Bedeutung beimesse. Wir Menschen sind von Natur aus zutiefst irrationale Wesen. Wir fragen uns selbst: Wann können wir uns das leisten? Wann haben wir genug Platz für ein Kind? Dabei sollten wir uns lieber damit beschäftigen, ob unsere Beziehung reif genug für ein Kind ist und wie sie sich entwickeln wird, wenn ein neues Familienmitglied hinzukommt. Natürlich muss man rationale Entscheidungen treffen, doch ist es wichtig, die Entscheidungen und Konsequenzen auch emotional zu ›durchdenken‹. Auch wenn der Partner noch so nett und humorvoll ist und man eine schöne Zeit zusammen verbringt, muss man sich ihn oder sie als Vater oder Mutter seiner Kinder vorstellen, und das kann eine ganz andere Sache sein. Darüber müssen wir mit unserem Partner reden. Es gibt interessante Forschungsergebnisse, die zeigen, in wen wir uns verlieben. Vieles deutet darauf hin, dass die Mechanismen sehr primitiv sind, denn Frauen verlieben sich in ›starke‹ Männer, ob die Stärke nun physischer, intellektueller oder ökonomischer Natur ist, also in Männer mit Macht. Die beiden Stärksten gehören zusammen, und das Kind, das sie zeugen, soll so stark sein wie möglich. Darum fühlen sich Männer in allen Altersstufen oft zu jungen, fortpflanzungsfähigen Frauen hingezogen.

In den ersten zwei bis drei Jahren einer Beziehung geht es nur darum, zusammen zu sein. Es geht um die Verliebtheit. Als ich Suzana kennenlernte, habe ich es geliebt, mit ihr einkaufen zu gehen, weil sie es geliebt hat. Jetzt steuere ich so schnell wie möglich ein Café an, und ein paar Stunden später treffen wir uns wieder. So hat sie am meisten von ihrer Einkaufstour, weil meine Unlust sie stresst. Liebe lässt sich umdefinieren. Wir können uns von der Idee verabschieden, dass Liebe bedeutet, miteinander einkaufen zu gehen oder ein gemeinsames Schlafzimmer zu haben.«

»Das Elternschlafzimmer ist ja oft eine Arena für Konflikte. Dabei kann es ums Schnarchen, um verschiedene Temperaturvorstellungen, harte oder weiche Matratzen und nicht zuletzt um Sexualität gehen.«

»Ja, es gibt viele Dinge, über die man geteilter Meinung sein kann. Der eine möchte beispielsweise in Ruhe schlafen, ohne fünfmal in der Nacht vom Schnarchen des anderen geweckt zu werden. Wenn der eine im eigenen Zimmer schlafen will, kann der Partner nicht sagen: ›So habe ich mir das Zusammenleben aber nicht vorgestellt.‹ Dann muss er seine Vorstellung ändern, denn man kann doch nichts dagegen haben, dass die persönlichen Bedürfnisse des Partners befriedigt werden. Was den Sex betrifft, müssen Männer lernen, dass Frauen oft – aber nicht immer – Wert auf ein gewisses Vorspiel legen. Wenn ich mit Männern rede, muss ich ihnen oft erklären, dass der Weg ins Schlafzimmer durchs Wohnzimmer führt. Es bedarf einer guten Kommunikation. Frauen brauchen einfach häufiger emotionalen Kontakt als Männer, was diese oft nur schwer begreifen.«

»Was glauben Sie, wie eine Paarbeziehung gelingt? Welche Rolle spielen Intimität und Sex dabei?«

»Ich fühle mich von der Tatsache provoziert, dass man heute über Sex und Erotik spricht, als wäre es eine Sache. Als hätte der Mann ein Recht auf die Befriedigung seiner Bedürfnisse, und er hat fraglos das Bedürfnis nach einer bestimmten Menge Sex. Doch alle Sexualität, die nicht Onanie ist, muss zwischen zwei Personen stattfinden, um zu gelingen. Und die Sexualität eines Paares gelingt nur dann, wenn sie für *beide* gelingt. Wenn man seine Frau zu etwas bringen will, das ihr widerstrebt, kann dies dazu führen, dass sie ihre sexuelle Lust völlig verliert, also sollte man lieber darauf verzichten. Warum soll man seine Frau dafür kritisieren, dass sie eine andere Auffassung von sexuellem Genuss hat? Es geht nicht um die Sexualität des Einzelnen, sondern um ein gemeinsames erotisches Universum – nichts anderes ist von Bedeutung. Dieses Universum mag ein wenig begrenzter aussehen, als sich das mancher erträumt, aber so ist es eben. Ich kann garantieren, dass Kritik nicht weiterhilft. Kritik tötet die Lust.«

Eine Liebeserklärung muss persönlich sein. Sie muss dir erklären, was mit mir passiert, wenn wir zusammen sind.

»Wenn man in einer Familie aufgewachsen ist, in der ständig kritisiert und gelobt wurde, ist es ungeheuer schwer, sich in der Liebe persönlich auszudrücken, nämlich von seinen Gefühlen zu sprechen.«

»Ja, denn das ist wirklich die Sprache der Liebe. Es ist eine Sprache, die wir erst seit Kurzem entwickeln. Wir sind es gewohnt zu sagen: ›Du bist sexy. Du bist so und so.‹ Das ist eine verführerische und manipulierende Sprache, die für die Liebe nicht geeignet ist. Mit 40 Jahren weiß man, dass es ein Spiel ohne Bedeutung ist, wenngleich sich eine junge Frau ohne Selbstbewusstsein darüber freuen mag. ›Du bist sehr hübsch und attraktiv‹ ist etwas ganz anderes als: ›Ich weiß nicht, was es ist, doch ich fühle mich sehr zu dir hingezogen.‹ Die zweite Variante gibt einem die Möglichkeit, sich selbst Fragen zu stellen. Was geschieht da gerade? Warum berührt es mich? Haben wir etwas gemeinsam, oder ist es nur mein Unterleib, der berührt wird? Es entsteht ein persönlicher Kontakt, der nichts mit einem Spiel zu tun hat. Ich verachte weder Spiel noch Smalltalk, doch in Liebesbeziehungen bedarf es einer anderen Sprache. Ihr Mann hat Ihnen gerade einen Blumenstrauß hierher nach Kroatien geschickt. Solange diese Blumen ein Symbol einer Liebe sind, die Sie spüren, wenn Sie mit Ihrem Mann zusammen sind, ist es gut. Doch wenn Sie die Liebe in seiner Nähe nicht spüren, sind die Blumen nur eine leere Geste. Eltern können Kinder loben und das für Liebe halten, doch in Wahrheit ist es nur ein Symbol der Liebe. Eine Liebeserklärung muss persönlich sein. Sie muss dir erklären, was mit mir passiert, wenn wir zusammen sind.«

•••

Warum entstehen immer wieder Missverständnisse in Liebesverhältnissen? Wir haben verschiedene Arten, die Realität wahrzunehmen und mit den Äußerungen unseres Partners umzugehen. Manche schreien ihre Frustration heraus und überhäufen den Partner mit Vorwürfen, während andere sich verschließen und völlig unzugänglich werden. Eigentlich sagen wohl beide dasselbe: »Ich will nur geliebt werden – von dir!« Die Botschaft kommt nur nicht beim Partner an.

»Wenn man von seinem Partner frustriert ist, warum ist es dann viel einfacher, einen Krieg zu beginnen, statt einzuräumen, dass man sich klein und missachtet fühlt?«

»Ich habe eine Frau, die äußerst empfindsam ist. Ich kann zum Beispiel sagen: ›Puh, ist das warm heute, ich schwitze wie verrückt.‹ Wenn ihr dann nicht auch warm ist, glaubt sie, mit ihrer Wahrnehmung sei etwas nicht in Ordnung. Wenn ich etwas Ernsteres zu ihr sagen will, muss ich zunächst betonen, dass ich sie damit nicht kritisieren will. Ich weiß, dass ich sie vorbereiten muss. Manchmal muss sie mich auch vorbereiten. Das ist es, was ich mit liebevollem Verhalten meine. Niemand ist empfänglich für Kritik, wenn er frustriert ist. Das ist bei unseren Kindern nicht anders. Die können daran verzweifeln, wenn ihnen etwas nicht gelingt. Frustrierte Kinder sind nicht offen für das, was ihre Eltern ihnen sagen wollen. Das gilt im Prinzip für uns alle, und das wissen wir auch, dennoch kritisieren wir einander dafür.

Jede Beziehung hat vier Potenziale: symptomschaffende, symptombewahrende, symptomverstärkende und symptomheilende. Das bedeutet, kurz gesagt, dass die selbstdestruktiven Züge unserer Persönlichkeit, die auf unsere Herkunftsfamilie zurückgehen, entweder unverändert erhalten bleiben oder geheilt werden. Es kann aber auch sein, dass aus dem Zusammenspiel mit unserem Partner neue Symptome hervorgehen. Wenn ich zum Beispiel ohnehin zur Schweigsamkeit neige, im Laufe meiner 15-jährigen Partnerschaft aber nahezu vollkommen verstumme, war diese symptomverstärkend. Wenn ich mich hingegen zu einer aufgeschlossenen, offenen Persönlichkeit entwickelt habe, war sie symptomheilend. Falls ich ein entspanntes und kontrolliertes Verhältnis zum Alkohol hatte, nach 15-jähriger Partnerschaft aber ein Alkoholproblem habe, dann war diese symptomschaffend.«

»Es ist nicht immer leicht, sich klar und deutlich zu Dingen zu äußern, die nicht funktionieren.«

»Lassen Sie mich ein persönliches Beispiel anführen. Nachdem ich zwei Jahre lang zu Hause bei meinem Sohn war, setzte ich auf eine andere Karriere und war zeitweilig unterwegs. Die Mutter meines Sohnes hat mich vier Jahre lang dafür kritisiert, dass ich zu viel auf Reisen sei. Ich konnte nicht anders darauf reagieren, als mich zu verteidigen und ein schlechtes Gewissen zu haben. Doch eines Tages geschah etwas Unerwartetes – ich weiß nicht, ob meine Frau Besuch von einem Engel hatte. Jedenfalls saßen wir spätabends bei einem Glas Wein zusammen, als sie unvermittelt sagte: ›Ich habe mich oft gefragt, ob du Nikolai vermisst, wenn du fort bist.‹ Ich brach unmittelbar in Tränen aus, weil ich es mir zum ersten Mal gestattete, meine Sehnsucht zu spüren.

Wir wissen alle, dass Kritik nur das verstärkt, was wir kritisieren und was uns an unserem Partner missfällt. Wenn man zu seinem Mann sagt: »Du bist so gestresst, weil du viel zu viel arbeitest«, dann werden 99 von 100 Männern in Zukunft noch mehr arbeiten.

Von diesem Tag an habe ich weniger gearbeitet, weil meine Frau mir mit Wärme und Empathie begegnete, indem sie mich fragte, ob ich meinen Sohn vermissen würde, statt mich von außen zu beurteilen und dafür zu kritisieren, dass ich zu viel fort sei. Wir wissen alle, dass Kritik nur das verstärkt, was wir kritisieren und was uns an unserem Partner missfällt. Wenn man zu seinem Mann sagt: ›Du bist so gestresst, weil du viel zu viel arbeitest‹, dann werden 99 von 100 Männern in Zukunft noch mehr arbeiten. Stattdessen sollte man sich bemühen, besser zu verstehen, was den eigenen Mann antreibt. Man könnte beispielsweise zu ihm sagen: ›Es irritiert mich oft, dass du so viel arbeitest. Doch obwohl ich dich so gut kenne, weiß ich immer noch nicht, was dich eigentlich antreibt. Was hast du gedacht, als du damit angefangen hast?‹ Auf diese persönliche Weise angesprochen, werden viele Männer entdecken, dass sie ihre Ziele vor langer Zeit erreicht und in der Zwischenzeit vieles versäumt haben.

Nehmen wir einmal an, Ihr Partner arbeitet von früh bis spät. Dann lassen sich zwei Dinge über ihn feststellen: Zum einen, dass er sich stark mit der Rolle identifiziert, in der die meisten Männer den einzigen Weg sehen, sich wertvoll für ihre Familie zu fühlen, nämlich als ihr Versorger. Es mag so aussehen, als würde er seine Familie vernachlässigen, doch in Wirklichkeit tut er all das, *weil* er eine Familie hat. Ohne Familie würde er sich viel mehr freinehmen. Zum anderen wird er sterben, wenn er so weitermacht. Ein kleiner Teil von ihm stirbt jeden Tag, und das spüren Sie, doch wie können Sie ihm klarmachen, dass er ein Selbstmordprojekt betreibt und das Wichtigste für ihn – seine Familie – auf diesem Wege ebenfalls zugrunde geht?

Das ist schwierig. Doch genauso verhält es sich, wenn ein Mann eine perfektionistische Frau hat, die ihn in den Wahnsinn treibt. Auch sie ist zur Perfektionistin geworden, weil sie keine andere Art kennt, um sich für andere wertvoll zu fühlen. Alles soll stets in schönster Ordnung sein. Sie kann sich nicht vorstellen, einen persönlichen Wert zu haben, wenn dies nicht der Fall ist. Das ist ihre Identität. Und man soll Menschen nicht ihre Identität rauben, wenn man ihnen nicht zugleich eine bessere anbieten kann. Sonst entzieht man ihnen die Lebensgrundlage.«

»Meinen Sie, dass Frauen ehrlicher als früher sind? Tun wir uns heute leichter, unsere Ansichten und Bedürfnisse zum Ausdruck zu bringen?«

»Das kommt auf die Situation an. Mit zunehmendem Wohlstand ist in unseren eigenen vier Wänden eine interessante Entwicklung eingetreten. Ein eigenes Kinderzimmer war nach dem Krieg etwas völlig Neues. Es hat inzwischen eine gewisse Tradition, dass der Mann zu Hause eine Werkstatt oder ein Büro besitzt. Heute ist es gang und gäbe, dass auch die Frauen einen Raum für sich haben wollen. Darin kommt eine Entwicklung zum Ausdruck, die das Individuum respektiert. Ganz normale Frauen haben uns in den letzten 30 Jahren vieles beigebracht, viel mehr als die Forschung. Sie haben den Mund aufgemacht und darüber gesprochen, wie es ihnen in der Ehe ergeht. Früher hat niemand darüber geredet und auch niemand gefragt. All der Schmerz, der seit den 60er-Jahren zum Ausdruck kam, war lange Zeit völlig unbekannt. Mein Vater hätte einen Schock bekommen, wenn er das noch erlebt hätte. Er hat den Fehler begangen, seiner Frau zu vertrauen. Das tun natürlich viele Männer, aber dazu sollte man sich ziemlich sicher sein, dass die Frau in der Lage ist, Ja und Nein zu sagen. Es gibt viele Frauen, die ständig einen Orgasmus simulieren oder jederzeit einem Restaurantbesuch zustimmen, weil sie nicht Nein sagen können. Obwohl also vieles besser geworden ist, gibt es immer noch viele Frauen, die sich nicht trauen, Farbe zu bekennen und ihre Wünsche und Bedürfnisse zum Ausdruck zu bringen. Ich habe mit vielen Paaren gearbeitet, in denen die Frau stets Ja sagte, selbst wenn es gegen ihre Überzeugung war. Der Mann glaubt somit, dass sie eine gute Beziehung haben.«

●●●

Manchmal ist das Einfache das Beste. Letztes Jahr haben wir Ostern auf einer Berghütte verbracht. Die ganze Familie war versammelt, meine beiden Stiefkinder, mein Sohn und mein Mann. Wir spielten Brettspiele, das heißt mein Mann widmete sich abwechselnd dem Spiel und seinem Handy, was mich enorm irritierte, weil es uns alle sehr ablenkte. Ich sagte ihm das ein paar Mal und wurde am Ende richtig böse auf ihn. Als die Kinder im Bett waren, sprachen wir darüber.

Mein Mann hatte während des Spielens einfach ein wenig Arbeit erledigen wollen. Ich erklärte ihm, dass es so ausgesehen habe, als sei er an unserem Spiel überhaupt nicht interessiert. Doch erst als ich ihm sagte, dass ich mich so darüber freuen würde, wenn sein Handy aus bliebe, weil es mir viel bedeutet, dass wir gemeinsam mit den Kindern spielen, hat er verstanden, was ich meinte. Erst jetzt konnte er darauf eingehen, weil es keine Kritik war, sondern von Herzen kam.

»Wenn wir hinsichtlich unserer Kinder und unseres Partners eine Reihe von Fehlern gemacht haben und dies erst nach Jahren begreifen – aus den Kindern sind vielleicht Teenager geworden –, besteht dann immer noch Hoffnung, ein gutes Verhältnis zu seiner Familie zu haben?«

»Ja, dann legt man einfach die alten Verhaltensweisen ab und fängt etwas Neues an. Verantwortung ist die einzige Medizin, die gegen Schuldgefühle hilft. Setzen Sie sich hin und denken Sie in Ruhe über alles nach. Sprechen Sie mit Ihrem Partner, wenn Sie noch einen haben. Gehen Sie zu Ihrem Kind und sagen Sie zu ihm: ›Hör mal, wir haben uns in den ersten zwölf Jahren deines Lebens ziemlich dumm benommen. Dabei wollten wir nur dafür sorgen, dass du nicht frustriert wirst. Aber wir haben uns geirrt. Jetzt hören wir damit auf, wenn wir das schaffen. Wir sind uns sicher, dass du damit klarkommst, aber wir werden bestimmt noch ein bisschen üben müssen, bis wir uns an den neuen Stil gewöhnt haben.‹

Es gibt auch Formen von Schuld, gegen die es keine Medizin gibt. Bei gewalttätigen oder sexuellen Übergriffen hält das Schuldbewusstsein ein Leben lang an. Uns Menschen unterscheidet von den Tieren, dass wir uns schuldig fühlen, wenn wir etwas Schlimmes getan haben. Das ist schon in Ordnung, doch habe ich keinen Respekt vor diffusen Schuldgefühlen, weil sie nur als Entschuldigung dienen, bedrückt und passiv zu sein. Diffuse Schuldgefühle sind wie ein Schaukelstuhl: Er schaukelt und schaukelt, bewegt sich aber nicht vom Fleck.«

Verantwortung ist die einzige Medizin, die gegen Schuldgefühle hilft.

»Viele erinnern sich nur sehr schlecht an konkrete Erlebnisse in ihrer Kindheit. Oft sind es nur bestimmte Gefühle oder Sinneseindrücke – Freude, Angst, ein Geruch, eine Reaktion –, an die wir uns erinnern.«

»Je traumatischer die Kindheit war, desto schlechter erinnern wir uns an sie. Das ist die allerbeste Erfindung unseres Schöpfers. Wenn die Menschen nicht die Fähigkeit zur Verdrängung hätten, könnten sie nicht überleben. Ein Trauma taucht dann wieder auf, wenn man bereit ist, sich ihm zu stellen. Menschen können eine schreckliche Kindheit gehabt haben und sie dennoch als glücklich in Erinnerung behalten. Wir besitzen nämlich eine enorme Fähigkeit zur Zusammenarbeit und Anpassung. Man könnte sagen, dass unsere Paarbeziehung Nummer zwei, drei oder vier diese Arbeit vollendet, weil wir nun reif dafür sind. Viele haben das Gefühl, dass eine vor langer Zeit vereiterte Wunde aufbricht, wenn sie eine Beziehung eingehen, die als hundertprozentig richtig empfunden wird. Man ist glücklich, endlich den Richtigen gefunden zu haben, doch einen Monat später ist man schrecklich deprimiert. Ich bin schon oft Paaren begegnet, die von diesem Vorgang äußerst verwirrt waren. Meistens fragt sich der Mann, was denn auf einmal mit seiner Frau los ist, und ich muss ihm sagen, dass er ihr Verhalten als Kompliment auffassen soll. Seine Frau hat endlich jemand gefunden, dem sie so vertraut, dass sie ihrem

Schmerz freien Lauf lässt. ›Aber was soll ich tun?‹, fragt der Mann. Nichts Bestimmtes, lautet die Antwort. Er soll wahrnehmen, dass seine Frau traurig ist, und sie in den Arm nehmen. Dann kann sie weinen. Er muss sich deswegen keine Sorgen machen. Es dreht sich um Liebe, wenn jemand so offen und hingebungsvoll ist.«

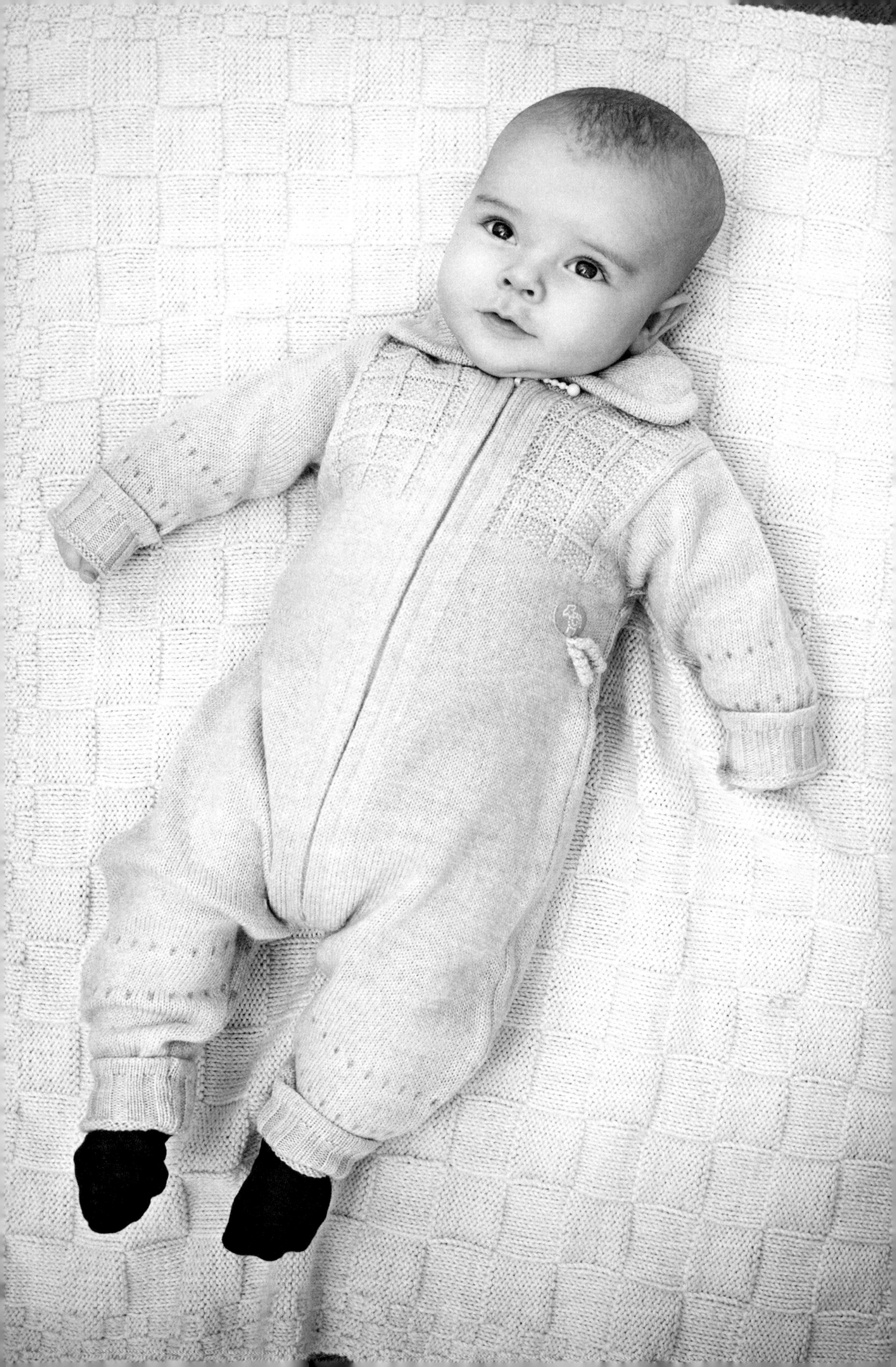

Das Säuglings-zimmer: Nähe und Gefühle

Wenn plötzlich ein Säugling in das Leben eines Paares einbricht – was sowohl das Liebesnest als auch das übrige Privatleben betrifft –, bedeutet dies eine fundamentale Umwälzung der Verhältnisse. Das Baby nimmt zuweilen einen allzu großen Platz in Anspruch, und sein Vater fühlt sich manchmal übersehen. Alles, was man sich erträumte, scheint wie eine Seifenblase zu zerplatzen, wenn man völlig auf das Baby fixiert ist und dabei sich selbst und die Paarbeziehung vergisst.

»Ich frage mich, wie sehr ein Embryo im Bauch seiner Mutter von ihrem Leben, ihrer Ernährung, ihrer psychischen und physischen Gesundheit beeinflusst wird. Was weiß man über diese Dinge?«

»Natürlich ist auch das Kind gesünder, wenn die Mutter sich gut ernährt und sich an die Empfehlungen hält, was man essen und trinken sollte. Doch gibt es erst wenige Forschungsergebnisse, die zeigen, inwieweit ein ungeborenes Kind dasselbe wahrnimmt wie seine Mutter, was die psychische und physische Gesundheit betrifft. Neueste Untersuchungen weisen jedenfalls darauf hin, dass der Geschmack des Kindes wesentlich von den Ernährungsgewohnheiten seiner Mutter während der Schwangerschaft beeinflusst wird. Ebenso liegt es auf der Hand, dass die Einstellung der Mutter zur Schwangerschaft – zum Beispiel die Frage, ob sie gewollt oder ungewollt war – die Psyche des Kindes beeinflusst.

Ich habe etwa 15 Jahre lang mit alleinerziehenden Müttern gearbeitet, die der unteren sozialen Schicht angehörten. Die sagten oft, dass ihr Kind eigentlich ein Fleck auf dem Laken hätte sein sollen. Die Fähigkeit des Kindes, sich auf die Gefühle der Mutter einzustellen, nennt sich Einfühlung, sozusagen ein neues Wort für Empathie. Das Kind kann sich regelrecht auf eine Wellenlänge mit den Stimmungen und Gefühlen der Mutter begeben – so wie man im Radio die richtige Frequenz einstellt. Kinder waren dazu wohl schon immer in der Lage, wir waren uns dessen nur nicht bewusst. Ich bin mir ziemlich sicher, dass diese angeborene Fähigkeit zur Einfühlung auch schon in den letzten

Monaten der Schwangerschaft vorhanden ist. Sie entsteht, mit anderen Worten, durch die Gemeinschaft von Mutter und Kind. Vom Mann erfordert es eine große Willensstärke, sich mit seinem Ungeborenen oder Neugeborenen bekannt zu machen. Mütter haben ein Radarsystem, das viele Väter nicht entwickeln. Seit vielen Jahren empfehle ich den Müttern schon, für mindestens eine Woche zu verreisen, wenn das Kind zehn bis 14 Monate alt ist. Dadurch erhalten die Väter die Chance, rund um die Uhr mit dem Kind zusammen zu sein. Als mein Sohn anderthalb Jahre alt war, bin ich ganztägig zu Hause geblieben, während meine Frau studiert hat. Ich trug die Verantwortung und war nicht nur ein zeitweiliger Aufpasser. Ich glaube, dass Mütter sich selbst und dem Kind einen Gefallen tun, wenn sie dem Vater die Möglichkeit geben, sich auszuprobieren. Damit bekommen sie einen richtigen Partner statt einer Person, die sie hin und wieder entlastet.

Wenn Frauen ein Kind bekommen, entdecken sie eines der bestgehüteten Geheimnisse der Liebe: Etwas zu bekommen, ist nur das Zweitbeste. Das Beste ist die Erlaubnis, selbst etwas geben zu dürfen. Das wird der Mutter spätestens beim Stillen klar – ein Erlebnis, das Männer nicht haben. Viele Männer leben in dem Glauben, es sei das Beste, etwas zu bekommen. Deshalb sind sie frustriert, wenn die Partnerin ihnen nichts geben will, keinen Sex haben will oder Ähnliches.

Wenn Frauen ein Kind bekommen, entdecken sie eines der bestgehüteten Geheimnisse der Liebe: Etwas zu bekommen, ist nur das Zweitbeste. Das Beste ist die Erlaubnis, selbst etwas geben zu dürfen.

Die Väter sollten sich im eigenen Interesse eine Zeit lang freinehmen. Man sollte nicht nur damit argumentieren, dass es gut für das Kind ist. Es gibt viele interessante Bücher, in denen Wirtschaftsmanager betonen, dass ihr drei- bis sechsmonatiger Vaterschaftsurlaub lehrreicher war als jedes Führungskräfteseminar. Es geht um persönliche Nähe,

Planung und Multitasking. Doch muss es eine bewusste Entscheidung des Vaters sein, sich diese Freude zu gönnen und von seiner Zeit etwas abzugeben, um die persönliche Reife zu erlangen, die es zwangsläufig mit sich bringt, sich einem Kind zu öffnen. Er muss sich fragen: Will ich das oder will ich etwas anderes? Das ist eine Frage, die von allen Vätern aufrichtig beantwortet werden muss, während die Partnerin zuhört. Hat man erst einmal eine bewusste Wahl getroffen, fällt es leichter, seine Meinung zu ändern, falls man merkt, dass es die falsche Entscheidung war. Schleppt man jedoch ein schlechtes Gewissen mit sich herum, weil man keine Entscheidung getroffen hat, dann wird es schwierig. Dann muss man sich verändern, weil man vorher falsch oder unzureichend gehandelt hat, und das ist sehr mühsam.«

»Wenn die Mutter ein wenig Verantwortung an den Vater abtritt, dann lernt sie auch, sich auf ihn zu verlassen, nicht wahr?«

»Genau. Ich sage immer, dass es der Mutter verboten ist, zu Hause anzurufen, wenn sie verreist. Wenn sie fort ist, muss sie dem Vater sämtliche Verantwortung übertragen. Natürlich kann der Vater anrufen, wenn er eine Frage hat, doch sollte die Mutter keinesfalls jeden Morgen und Abend anrufen. Sonst wird der Vater ja vollkommen ferngesteuert. Als ich mit meinem Sohn zu Hause war, lebten wir in einer Wohngemeinschaft. Wenn ich mit ihm nach draußen wollte, musste ich den Gemeinschaftsraum durchqueren, in dem mehrere Mütter saßen. Alle wussten natürlich ganz genau, was ich richtig und was ich falsch machte. Ich musste lernen, meine eigene Meinung zu äußern, und ihnen zeigen, dass ich es auf meine eigene Weise tun wollte. Unter Frauen gibt es viel Mütterchauvinismus – Mütter, die felsenfest davon überzeugt sind, das Richtige zu tun, und die Männer ausgrenzen.

In Europa gibt es Kulturen, in denen die Meinung vorherrscht, Mutter und Kind sollen in dessen ersten drei bis vier Lebensjahren so viel wie möglich zusammen sein. Erst danach darf der Vater ins Bild kommen. Die Säuglingsforschung zeigt, dass Babys eine ebenso starke Bindung zum Vater wie zur Mutter wollen. Alte psychologische Theorien, Babys würden ihre Mutter bevorzugen, haben sich als falsch erwiesen. Doch wenn der Vater sich ausschließlich als ›Kindermädchen‹ begreift, verwundert es nicht, dass ein Säugling ebenfalls eine gewisse Distanz wahrt. In meiner Generation haben nur etwa zehn Prozent aller Babys in ihrem ersten Lebensjahr eine Beziehung zu ihrem Vater aufbauen können. Inzwischen nähern wir uns 40 bis 50 Prozent. Das bedeutet eine gewaltige Veränderung im kindlichen Universum. In den letzten Jahren haben die Väter ernsthaft damit begonnen, eine neue Vaterrolle zu definieren, die nicht nur der Abklatsch einer Mutterrolle ist. In den Cafés der Stockholmer Bibliotheken sehe ich immer häufiger Männer mit Babys. In Norwegen wurde ein zehnwöchiger Vaterschaftsurlaub eingeführt, und ich habe gehört, dass es keine Seltenheit ist, wenn sich Väter dort mit ihren Kinderwagen zum Spazierengehen verabreden.«

»Die gesellschaftlichen Bedingungen haben sich also für die Väter verbessert, doch viele Mütter betrachten es immer noch als selbstverständlich, dass Kinder mehr Kontakt zur Mutter als zum Vater haben.«

»In der Praxis war es lange Zeit selbstverständlich, dass die Mütter den meisten Kontakt zu ihren Kindern hatten. Die Väter waren oftmals nur selten zu Hause. Ein interessantes damaliges Phänomen war die Anstellung von Kindermädchen. Dadurch traten beide Eltern gewissermaßen wie altmodische Väter auf. Die Eltern nahmen ihr Kind entgegen, wenn es gewaschen und frisch gekleidet war. Das Kindermädchen wechselte die Windeln und kümmerte sich um das Kind, wenn es krank war.

Eine der Konsequenzen bestand darin, dass der eminent wichtige Kontakt, der in den ersten vier Monaten zwischen Eltern und Kind etabliert werden sollte, nicht stark genug wurde. Mangelnder Kontakt zwischen Eltern und Kindern lässt diese – damals wie heute – wurzellos, rastlos und labil werden. Einige Kinder geben auf und resignieren, während andere still und in sich gekehrt werden.«

»Zurück zu den Säuglingen. Es gibt solche, die schreien wie am Spieß, wenn sie von anderen Menschen als von ihren Eltern auf den Arm genommen werden. Andere wollen ausschließlich bei ihrer Mama, nicht bei ihrem Papa sein.«

»Man kann sich fragen, ob die Kinder nur bei der Mama sein wollen, um sich selbst zu beruhigen, oder ob sie auch ihre Mama beruhigen wollen. Beides ist möglich, und eine ehrliche Antwort hierauf kann nur die Mutter geben.«

»Manche Kinder fassen sofort Vertrauen zu anderen Menschen, während andere sich stets unsicher fühlen.«

»Nach meinen Beobachtungen lassen sich Kinder in zwei Hauptgruppen einteilen: diejenigen, die sofort einen guten Kontakt zu Erwachsenen bekommen, und jene, die so lange eine gewisse Distanz halten, bis sie sich einigermaßen sicher fühlen. Nahe Bezugspersonen stellen manchmal fest, dass ein Kind von vier bis fünf Monaten es nicht erträgt, länger als 30 Sekunden engen Kontakt zu ihnen zu haben. Wenn man das ignoriert oder gar persönlich nimmt, dreht das Kind sich schreiend und heulend weg. Es kann aber sein, dass es nur eine Pause von zehn bis 15 Sekunden braucht, bis der Kontakt wieder hergestellt werden kann.«

»Eine Freundin und ich haben unsere Kinder im Abstand von einer Woche bekommen. Mein Sohn war ruhig und zufrieden, schlief aber sehr wenig. Die Tochter meiner Freundin hingegen, die eine Woche später geboren wurde, heulte und schrie. Wie fragten uns, ob es eine Kolik wäre, aber das war nicht der Fall. Was soll man mit Kindern machen, die sehr viel schreien, obwohl sie allem Anschein nach völlig gesund sind?«

»Man muss das Kind ernst nehmen und ihm so viel Sicherheit geben wie irgend möglich, bis diese Phase vorbei ist. Wenn man mit Leuten spricht, die spezielle, übernatürliche Fähigkeiten haben, sagen diese, dass Kinder sich ihre Eltern aussuchen. Ich weiß nicht, ob das stimmt, doch steht außer Frage, dass Kinder mit gewissen Reaktionsmustern auf die Welt kommen, die weder den Eigenschaften ihrer Eltern noch dem Verlauf der Geburt geschuldet sind. So oder so werden die Eltern aus den Herausforderungen lernen, die der Kontakt mit einem Neugeborenen mit sich bringt.«

●●●

Als er sechs Wochen alt war, wurde mein Sohn ins Krankenhaus eingeliefert. Er hatte eine Zyste am Hals. Man untersuchte ihn per Ultraschall, machte Röntgen- und Magnetresonanz-Aufnahmen. Fünf lange und besorgte Tage später stand fest, dass es sich um eine harmlose Wasserzyste handelte. Doch konnte ich meine Unruhe und Besorgnis nicht sogleich abschütteln. Ich hätte dieses Erlebnis besser bearbeiten sollen, denn eine ganze Zeit lang wurde ich eine richtige Glucke. Glücklicherweise wurde mir rasch klar, dass es sich um keine rationale Angst handelte. Mein Sohn bekam ziemlich früh sein eigenes Zimmer, und wir entwickelten eine Lebensweise, die es sowohl dem Kind als auch den Erwachsenen ermöglichte, sich sicher zu fühlen. Das erste Kind ist in vieler Hinsicht die große Feuertaufe. Alles muss man erst lernen – nicht nur darüber lesen, sondern am eigenen Leib erfahren.

»Für ein Paar ist es eine völlig neue Lebenssituation, wenn ein Baby im Zimmer der Eltern schläft. Aber muss es unbedingt im Schlafzimmer der Eltern liegen? Wann sollte es sein eigenes Zimmer bekommen?«

»Ich glaube, darauf gibt es nur individuelle Antworten. Historisch betrachtet haben Kinder nie ein eigenes Zimmer gehabt. Das begann ungefähr zu der Zeit, als mein Sohn geboren wurde, weil man plötzlich genug Geld und Platz für ein eigenes Kinderzimmer hatte. Mein Enkelkind wollte das Zimmer nicht mehr mit seinen Eltern teilen, sobald er abgestillt worden war. Auch bei uns möchte er für sich selbst sein. Während man stillt, ist es natürlich das Praktischste, das Kind im Elternschlafzimmer zu haben. Wenn Eltern wissen, was sie wollen, und dem Kind ein eigenes Zimmer geben, ist es oft unproblematisch. Doch falls sie Schuldgefühle haben und glauben, das Kind werde abends weinen, weil es in seinem eigenen Zimmer unglücklich ist, dann überträgt sich diese Besorgnis auf das Kind.

Es ist wichtig, dass die Entscheidung der Eltern sorgsam durchdacht ist, damit sie klar in ihrer Botschaft sein können. Wenn die Eltern uneins sind, sollten sie noch keine Entscheidung treffen. In einer Liebesbeziehung ist es nicht möglich, zwischen ›meinem Problem‹ und ›deinem Problem‹ zu unterscheiden. Herausforderungen und Probleme sind unsere gemeinsame Sache. Unser Kind schläft nicht in seinem eigenen Zimmer, bevor wir dies nicht beide gutheißen. Wenn die Eltern verschiedener Meinung sind, sollten sie Veränderungen so lange zurückstellen, bis beide dazu bereit sind. Will die Mutter noch warten, sollte der Vater ihr diese Zeit geben und umgekehrt. So muss der eine unter Umständen so lange auf den anderen warten, bis die Zeit reif ist.«

In einer Liebesbeziehung ist es nicht möglich, zwischen »meinem Problem« und »deinem Problem« zu unterscheiden. Herausforderungen und Probleme sind unsere gemeinsame Sache.

»Für viele Eltern ist Kindererziehung eine Sache, die ihnen unbedingt gelingen soll. Doch wenn Eltern unsicher und angespannt sind und an nichts anderes denken können, als dass ihr Kind endlich einschlafen soll, dann wird es bestimmt keine Ruhe finden, oder?«

»Nein, das ist klar. Leider wissen die meisten Leute nicht, dass 40 Prozent aller Kinder Einschlafprobleme haben. So ist es auf der ganzen Welt und so ist es immer gewesen. Heute wird alles so schrecklich ernst genommen. Man muss versuchen, die Dinge in einer weiteren Perspektive zu sehen. Während des hektischen Alltags bleiben den Eltern vielleicht 30 oder 45 Minuten, die sie ungestört mit ihrem Kind verbringen können, ehe sie es zu Bett bringen. In dieser Zeit haben sie die Möglichkeit, mit ihrem Kind vertraut zu werden. Sie können gemeinsam schöne Dinge tun, reden, ein Buch anschauen etc. Das Problem besteht darin, dass viele sich in dieser Zeit nicht von der Unruhe und Hetze des übrigen Tages befreien können, obwohl es doch eigentlich darum ginge, gewisse Routinen einzuüben und das Kind zu beruhigen. Ich habe Eltern erlebt, die diese Chance genutzt haben und nicht darauf fixiert waren, das Kind möglichst schnell zum Schlafen zu bringen. Meist hat das dazu geführt, dass die Kinder tatsächlich schnell einschliefen.

Was das Einschlafen betrifft, gibt es verschiedene Strategien und Methoden. Ich bin kein Anhänger der sogenannten Ferber-Methode, nach der man das Kind schreien lassen soll und in regelmäßigen Abständen nach ihm schaut. Wollen Eltern dies ausprobieren, dann sollten sie das Experiment spätestens nach vier Tagen abbrechen, wenn es nicht funktioniert. Alles andere betrachte ich als reine Kindesmisshandlung.

Die Methode stammt eigentlich aus England und soll die Fähigkeit des Kindes zum ›Self-soothing‹ fördern. Dieser Ausdruck bedeutet, dass die Kinder in verschiedenen Situationen lernen sollen, sich selbst zu trösten und zu beruhigen. Ein südafrikanischer Forscher sieht einen Zusammenhang zwischen dieser Methode und späterem Alkohol- oder Medikamentenmissbrauch. Wer im Alter von acht bis zehn Monaten lernt, dass Schmerz und Frustration etwas sind, mit dem man allein klarkommen muss, der wird sich auch als Erwachsener so verhalten. Der wird auch später im Leben bei Problemen nicht die Hilfe von Eltern oder Freunden in Anspruch nehmen, weil er schon als Baby den Schmerz allein ertragen musste.

Ich glaube, die Eltern sollten sich lieber selbst ein paar Fragen stellen. Wie geht es mir, wenn das Kind bei mir im Bett liegt, ich keinen Schlaf finde und nervös bin? Gehen meine Gedanken ständig auf Wanderschaft? Bin ich unruhig? Zornig? Man braucht sich nur zu seinem Partner ins Bett zu legen, wenn dieser zornig und unruhig ist, um zu entdecken, dass man dann selbst nicht schlafen kann. Dasselbe erlebt ein Kind, wenn es die Spannung spürt, die im Raum liegt.

Natürlich kann man nicht jeden Tag ruhig und ausgeglichen sein. Aber man kann zu dem Kind sagen: ›Ich bin heute Abend sehr müde und nervös. Könntest du mir einen Gefallen tun und heute allein schlafen?‹ Das Kind wird wahrscheinlich ›Ja, okay‹ antworten. Kinder möchten ihre Eltern gern zufriedenstellen, doch die Eltern müssen es ihnen beibringen. Und Kinder lernen nicht wie Schüler, sondern wie Forscher – sie wollen am liebsten selbst auf die Lösung kommen. Wenn die Eltern alle möglichen Methoden ausprobieren, um das Kind zum Schlafen zu bringen, dann kann es nicht selbst erforschen, wie das am besten gelingt.«

»Heißt das auch, dass Kinder, die leicht einschlafen, ausgeglichener sind?«

»Das ist möglich, doch es gibt viele Gründe, die ein Kind nicht schlafen lassen. Vielleicht hat es tagsüber etwas Unangenehmes erlebt. Auch Erwachsene schlafen ja nicht auf Kommando. Und wenn das Kind nicht schläft, bekommen auch die Eltern zu wenig Schlaf. Darum ist es wichtig, dass die Erwachsenen zwischendurch ein wenig schlafen, wenn auch das Kind schläft, damit sich ihr Schlafdefizit in Grenzen hält. Erwachsene gehen generell zu spät ins Bett.«

»Aber wie sagt man einem Kind, dass die Eltern ein bisschen Zeit für sich allein benötigen?«

»Wenn man das im falschen Tonfall sagt, fühlt sich das Kind natürlich im Weg. Doch man könnte es ja auch so sagen: ›Jetzt würde ich gern ein paar Stunden in Ruhe mit deinem Vater verbringen. Ich möchte also, dass du dich in deinem Zimmer aufhältst und dich da beschäftigst. Ruf mich, wenn du Hilfe brauchst, dann komme ich.‹«

»Ich hatte das Glück, dass mein Sohn fast nie weinte, wenn ich ihn ins Bett brachte. Er war noch ein wenig wach, hatte seinen Schnuller und einen Kassettenrekorder neben sich. Er ist immer mit Musik eingeschlafen, das hat ungefähr 20 Minuten gedauert.«

»Wenn Ihr Sohn keine Schwierigkeiten mit dem Einschlafen hatte, lag das nicht daran, dass er ein besonders lieber Junge ist, sondern dass er eine Mutter mit Autorität hat. Sie sind niemand, der ständig nachgibt oder auf Kompromisse aus ist. Sie sind es gewohnt zu bestimmen, und an diese Autorität hat sich Ihr Sohn gewöhnt. Nachdem mein Sohn mir beigebracht hat, wie ich meine Autorität benutzen soll, hatte ich weniger Probleme mit Kindern.

Lassen Sie mich eine lustige Episode erzählen: Wir wohnen im dritten Stock. Als mein Enkel Alex 15 Monate alt war, wollte er gern mit meiner Frau in dem breiten Flur neben der Treppe spielen. Danach wollte er die Feuertreppe hinuntergehen. Mein Frau sagte: ›Das können wir machen, aber dazu muss ich mir erst meine Schuhe anziehen.‹ Sie sagte das ein wenig entschuldigend, wie Frauen das gerne tun. Als Alex diesen Tonfall wahrnahm, wurde er missmutig und ungeduldig und gab ihr deutlich zu verstehen, dass die Sache mit den Schuhen ja wohl ewig dauert. Eine Woche später sagte ich: ›Alex, ich möchte gern mit dir zusammen die Treppe runtergehen, aber dazu muss ich mir erst die Schuhe anziehen.‹ Ich zog meine Schuhe an, und es gab keine Probleme. Am Nachmittag wiederholte sich das Ganze. Aus irgendeinem Grund hoffte ich später, nicht noch einmal mit ihm die Treppe hinunterzumüssen. Er wollte natürlich, aber ich sagte Nein. Kurz darauf kam er angekrabbelt und brachte mir meine Schuhe, weil er wieder die Treppe benutzen wollte.«

»Er wusste, was man dazu braucht.«

»Ja. Das liegt daran, dass ich eine entschlossene Stimme hatte und nicht diesen entschuldigenden Tonfall, der Unsicherheit signalisiert.«

»Deutliche und konkrete Miteilungen geben Kindern Sicherheit?«

»Ja. Wenn ich sage: ›Alex, ich mache jetzt Essen, du musst also alleine spielen‹, dann habe ich für 15 Sekunden einen nörgelnden Jungen, und danach spielt er allein. Bei meiner Frau hört sich das so an: ›Es tut mir schrecklich leid, aber …‹ Das frustriert Alex, weil er nicht weiß, wonach er sich richten soll. Wie vielen Menschen gelingt es, sich klar und konkret zu äußern? Nicht sehr vielen. Weder im Kindergarten und in der Schule noch in der Familie wird in der Regel zu persönlicher Autorität aufgerufen. Es geht vorwiegend um Anpassung. Je konformer man sich verhält, desto besser sind die Noten. Aber dann kommt das richtige Leben, und dem ist man nicht gewachsen, wenn man nichts als Konformität beherrscht. Damit sind auch nicht viele Jobs zu meistern. Die meisten Firmen stellen Leute ein, die Eigeninitiative besitzen, Verantwortung übernehmen und von etwas überzeugt sind. Keine Leute, die immer nur brav ausführen, was ihnen gesagt wird. Die Gesellschaft lebt heute weitgehend von der Kreativität der Menschen. Befehlsempfänger werden nicht mehr gebraucht. Die Schule produziert Kinder für eine Industriegesellschaft, die nicht mehr existiert.«

Die Menschen haben große Angst, eine Autorität zu sein, weil sie nicht autoritär sein wollen. Doch in der Realität ist es absolut möglich, persönliche Autorität zu entwickeln, ohne autoritär zu sein, und persönliche Autorität ist in jeder Art von Beziehung notwendig.

»Manche Leute bringen die Begriffe Autorität und autoritär durcheinander.«

»Ja, das ist wahr. Eine Person, die Autorität besitzt, hat Durchsetzungskraft. Eine autoritäre Person nutzt ihre Macht gegenüber anderen aus. Nach dem antiautoritären Aufruhr in meiner Generation ist eine große Angst vor Autoritäten entstanden, weil man nicht mehr autoritär sein will. Doch in der Realität ist es absolut möglich, persönliche Autorität zu entwickeln, ohne autoritär zu sein, und persönliche Autorität ist in jeder Art von Beziehung notwendig. Das ist das Hauptproblem vieler Eltern und Lehrer sowie die Ursache vieler unnötiger Probleme und Konflikte zwischen Erwachsenen und Kindern.«

●●●

Ich bezweifle, dass ich – bevor oder nachdem ich Mutter wurde – eine bewusste Autorität war. Im Lauf der Jahre habe ich für eine Reihe von Kindern die Babysitterin gespielt. Einmal habe ich auf ein Mädchen aufgepasst, das nicht einschlafen konnte. Wir hatten einen sehr schönen Abend miteinander verbracht, hatten Waffeln gebacken und mit Perlen gespielt. Aber das Mädchen hat sich schlichtweg geweigert, allein einzuschlafen. Sie bestand vielmehr darauf, dass ich mich zu ihr legte, bis sie eingeschlafen war. So machten das nämlich ihre Eltern jeden Abend. Es war nicht schwer zu durchschauen, wer in diesem Haus die Hosen anhatte!

»Sie haben über das kompetente Kind geschrieben. Mit welchen Fähigkeiten kommt ein Kind auf die Welt?«

»Die Entwicklungspsychologie hat früher gelehrt, dass Kinder nicht kompetent genug seien, dass es im Großen und Ganzen 18 Jahre lang dauere, bis ein Kind zu einem vollwertigen Erwachsenen heranwachse. Doch ich selbst habe erlebt, dass ein Kind mit vielen Kompetenzen geboren wird, die den Kompetenzen der Erwachsenen entsprechen. Es kommt mit empathischen Fähigkeiten auf die Welt, mit sozialen Bedürfnissen und Initiative, mit der Fähigkeit, in wesentlichen Dingen

Eigenverantwortung zu übernehmen, und mit der Gewissheit der eigenen Grenzen. Dass Kinder kompetent sind, heißt natürlich nicht, dass sie alles können. Sie können keine Verantwortung oder Mitverantwortung für ihre Beziehung zu Eltern oder anderen Erwachsenen übernehmen. Bevor sie nicht neun bis zehn Jahre alt sind, können sie auch nicht ausreichend Sorge für sich selbst tragen.«

»Eltern können sich wahrscheinlich darin üben, die angeborenen Fähigkeiten ihrer Kinder zu erkennen und diese zu inspirieren, sie bestmöglich zu entwickeln.«

»Wenn man die Kompetenz der Kinder wahrnimmt und anerkennt, dann entwickelt sie sich von allein. Wenn Kinder im umfassenden Sinn gesehen und gehört werden, wachsen sie und werden zu differenzierten Persönlichkeiten. Wenn man jedoch ihre Kompetenz nicht anerkennt, werden sie entweder sehr schwierig oder hilflos. Vor allem muss man wissen, dass die Reaktion eines Kindes immer von Bedeutung ist. Man kann sich stets hundertprozentig auf das Feedback der Kinder verlassen. Man muss nur richtig ableiten, welche Form von Begleitung es braucht. Kinder kommen mit viel Weisheit, doch ohne jede Erfahrung auf die Welt. Sie haben daher ein großes Bedürfnis nach erfahrenen Begleitern. Idealerweise sollte man die sieben bis acht verschiedenen Tonarten kennen, in denen ein Kind weinen kann. Die eine bedeutet Schmerz, die andere Frustration oder reale Gefahr usw. Sofern man diese Tonarten nicht voneinander unterscheiden kann, wird man hyperaktiv, sobald das Kind einen Laut von sich gibt. Kein Mensch sollte allein sein, wenn er unglücklich ist, das gilt auch für Babys. Falls ein Kind jedoch nur frustriert ist, weil es noch nicht müde ist, wenn wir es ins Bett bringen, dann brauchen wir dem keine besondere Aufmerksamkeit zu schenken.«

Kinder kommen mit viel Weisheit, doch ohne jede Erfahrung auf die Welt. Sie haben daher ein großes Bedürfnis nach erfahrenen Begleitern.

»Sie meinen, dann kann es einfach weinen?«

»Ja. Es ist sehr interessant und ein bisschen erschreckend, dass die meisten Eltern aufhören, ihre Kinder zu erforschen, wenn diese zu sprechen beginnen. In den ersten 16 bis 18 Monaten benutzen wir all unsere Antennen, um herauszufinden, welche Laute bedeuten, dass unser Kind hungrig oder müde ist. Doch wenn das Kind zu sprechen anfängt, tun wir so, als wüssten wir genau, wer es ist. Wir glauben, unser Kind gut genug zu kennen, und stellen unsere Bemühungen ein, es noch besser kennenzulernen. Wir sind nicht mehr daran interessiert, sein Wachstum, sein Suchen und seinen Forscherdrang zu beobachten, sondern begnügen uns damit, ihm mitzuteilen, was wir für richtig und was wir für falsch halten. Doch obwohl es mittlerweile spricht, wissen wir ja gar nicht, wer unser Kind eigentlich ist, denn es lernt jeden Tag tausend neue Dinge. Das Kind, das man vom Kindergarten abholt, ist nicht mehr dasselbe, das man am Morgen dort abgeliefert hat. Die Vorstellung, dass Eltern automatisch wissen, was das Beste für ihr Kind ist, macht uns bequem und dumm. Es wäre viel besser, neugierig und engagiert zu bleiben und die Körpersprache des Kindes, seinen Tonfall und seine Mimik zu studieren. Das vergessen die meisten Eltern, indem sie ausschließlich auf Erziehung setzen.«

»In welchem Alter beginnen Kinder, persönliche Verantwortung zu übernehmen?«

»Das tun sie von Geburt an. Ich möchte von einem Forschungsprojekt erzählen, das vor 35 Jahren stattfand. Der Schweizer Arzt Remo Largo arbeitete mit den Eltern aller Kinder zusammen, die im Lauf eines Jahres in der Geburtsabteilung zur Welt gekommen waren. Der eine Teil der Eltern ließ ihre Kinder von Anfang an die Verantwortung für ihren eigenen Appetit übernehmen. Sie mussten selbst ›Bescheid sagen‹, wenn sie hungrig oder satt waren. Bei der anderen Hälfte sollten die Mütter dies steuern. Man verfolgte die Entwicklung der Kinder über viele Jahre hinweg und stellte fest, dass sich die Kinder, die früh Eigenverantwortung übernommen hatten, in jeder Hinsicht besser entwickelten: keine Verhaltensstörungen, keine psychosozialen Probleme, weder Über- noch Untergewicht.«

»Vor diesem Hintergrund sind Sie also der Meinung, ein Kind solle selbst entscheiden, wann es gestillt werden will?«

»Es sollte das erste Menschenrecht sein, selbst entscheiden zu dürfen, was man in den Mund nimmt und was man essen will.«

●●●

In meiner Kindheit war es üblich, in »Babysprache« mit kleinen Kindern zu reden. Man wollte sich auf ihre Augenhöhe begeben und ein wenig albern mit ihnen sein. Das wurde als kluges pädagogisches Verhalten angesehen. Doch musste man dazu ein guter Schauspieler sein, denn authentisch war es nie. Auch der Tonfall vermittelt ja eine wichtige Botschaft, sowohl Kindern als auch dem Partner gegenüber. Ich kann in neutralem Ton fragen, warum eine bestimmte Sache nicht erledigt wurde, weil es mich aufrichtig interessiert; ich kann durch den Tonfall aber auch meine Enttäuschung und mein Missfallen zum Ausdruck bringen. Man muss üben, sich persönlich und ehrlich zu äußern, dann verbessert sich die Kommunikation und wird authentischer.

»Einige Kinder quasseln wie ein Wasserfall, wenn sie ein Jahr alt sind. Andere Eltern fragen sich, was mit ihrem Kind los ist, weil es erst mit zwei bis drei Jahren zu sprechen anfängt. Diese Unterschiede sind oft Anlass zu großer Besorgnis und Selbstvorwürfen der Eltern. Worauf sollten diese vor allem achten?«

»Einige Kinder entwickeln erst spät eine eigene Sprache, haben bis dahin aber schon einen großen passiven Wortschatz gesammelt. Meist geht es mit dem Sprechenlernen dann sehr schnell. Es kann damit zusammenhängen, wie viel die Eltern mit dem Kind reden und ob sie dabei eine normale oder eine bewusst infantile Sprache benutzen. Je mehr man den Kindern vorliest, desto besser entwickeln sie sich jedoch. Im normalen Umgang mit Kindern ist es wichtig, seine eigene Sprache zu benutzen, auch wenn das Kind nicht alle Wörter versteht. Auf diese

Weise lernen sie. In den ersten Wochen des Babys kommt es nicht so sehr darauf an, *was* man sagt, der Klang der Stimme ist das Wichtigste.

Eine Botschaft besteht aus zwei Teilen: Wortlaut und Tonfall. Viele Eltern sind frustriert darüber, dass ihre Kinder einfach nicht »hören« wollen. Das liegt oft daran, dass die Eltern nicht ihre eigene, sondern eine den Kindern angepasste Sprache benutzen.

Eine Botschaft besteht aus zwei Teilen: Wortlaut und Tonfall. Viele Eltern sind frustriert darüber, dass ihre Kinder einfach nicht ›hören‹ wollen. Das liegt oft daran, dass die Eltern nicht ihre eigene, sondern eine den Kindern angepasste Sprache benutzen. Somit entsteht ein falscher Tonfall. Wenn man auf andere Menschen Eindruck machen will, ist es wichtig, dass hinter den Worten der ganze Mensch spürbar wird. Man braucht auch nicht zu befürchten, das Kind könne womöglich nicht jedes Wort verstehen. Das Kind wird den Kern der Botschaft – ›Jetzt ist Papa wirklich böse‹ oder ›Mama ist traurig‹ – schon richtig auffassen. Es hat keinen Sinn, dem Kind zu sagen, es solle sich soundso verhalten, sonst wird Mama böse. Diese schreckliche Sprache wurde in den 60er-Jahren erfunden. Sie ist sinnlos, weil ihr jede Substanz fehlt. Wir glaubten, Rücksicht auf die Kinder zu nehmen, doch hat dies dazu geführt, dass die Kinder in Skandinavien und anderen Teilen der Welt ihre eigene Sprache immer schlechter beherrschen.

An dänischen Schulen hat man die klassische Literatur durch Comics ersetzt. Da ist es kein Wunder, dass es mit den Sprachfähigkeiten der Schüler bergab geht. Wer hingegen klassische Autoren liest, muss um das Verständnis ihrer Texte kämpfen. Auf diese Weise entwickelt man eine reiche und differenzierte Sprache. Wenn Ihr Partner zu Ihnen sagt, dass er Sie liebt, hört man leicht heraus, ob es eine routinemäßige Äußerung ist oder ob sie von Herzen kommt. Bei Kindern ist es nicht anders – sie nehmen das ernst, was von Herzen kommt. Es ist ungeheuer wichtig, dass die ganze Botschaft zum Ausdruck kommt, sonst macht das Gesagte keinen Eindruck. Wenn Eltern beklagen, dass ihre Kinder nicht richtig zuhören, liegt es daran, dass die Worte nicht von der richtigen Musik begleitet werden. Dass die Eltern nicht ihre eigenen Worte, Gedanken und Stimmungen zum Ausdruck bringen. Ich glaube, es ist kein Zufall, dass viele Naturvölker singen, wenn sie eine Krise haben. Auf diese Weise verbinden sie die Worte mit der richtigen Musik.«

Wenn Ihr Partner zu Ihnen sagt, dass er Sie liebt, hört man leicht heraus, ob es eine routinemäßige Äußerung ist oder ob sie von Herzen kommt. Bei Kindern ist es nicht anders – sie nehmen das ernst, was von Herzen kommt.

»Was Sie sagen, erfordert von den Eltern viel Selbstkenntnis. Es ist nicht leicht, die eigene Stimmung stets richtig einzuschätzen.«

»Ich glaube nicht, dass es so schwierig ist. Dieselben Eltern, die ihren Kindern gegenüber eine künstliche, infantile Sprache benutzen, reden ja auch mit ihren Partnern, Freunden und Kollegen. Sie glauben nur, dass Kinder eine amputierte Sprache brauchen. Wenn man beispielsweise sagt: ›Jetzt ist Mama sehr böse‹, dann redet man wie sein eigener Psychologe. Man beschreibt sich selbst, statt sich persönlich zu äußern. In der Kunst ist es unabdingbar, sich persönlich auszudrücken. Ein Schauspieler überzeugt erst dann, wenn er seine Rolle mit dem ganzen Körper spielt. Für einen Musiker genügt es nicht, die Noten zu beherrschen, denn Noten allein sind noch keine Musik. Man muss seine ganze Persönlichkeit einbringen, damit andere gern zuhören. Man kann es auch Seele nennen. Ich spreche vom Körper, um zu unterstreichen, dass es um die Substanz geht.

Eines der vielen Geschenke, die Kinder ihren Eltern machen, ist die Einladung, diese Sprache zu beherrschen. Sonst funktioniert die Beziehung nicht. Kinder drücken sich von Anfang an mit dem ganzen Körper aus und erhalten allzu oft eine vorgefertigte Antwort. Es ist absurd, wenn Eltern in ganz Europa in der dritten Person sprechen, wenn sie sich selbst meinen: ›Papa findet, du solltest jetzt ins Bett gehen.‹ Die Kinder verstehen das nicht, was man ihrem leeren Blick ansieht. Ist da noch ein Papa, den ich nicht sehen kann? Oder spricht er von seinem eigenen Papa? 90 Prozent unseres Verhaltens gegenüber den Kindern können wir an Erwachsenen testen. Funktioniert es nicht bei Erwachsenen, wird es auch bei Kindern nicht funktionieren. Ich kann zu meiner Frau nicht sagen: ›Dein Mann hat keine Lust, Parfum für dich zu kaufen.‹ Eltern glauben, dass sie den Kindern durch solch eine Sprache entgegenkommen. Aber das Gegenteil ist der Fall: Sie verstecken sich hinter ihren Worten und ihrem Schauspiel. Das hat zur Folge, dass die Kinder Grenzen austesten, um herauszufinden, wer ihre Eltern eigentlich sind, welche Ansichten sie wirklich vertreten und was sich hinter ihren Rollen verbirgt.«

»In der Paarbeziehung ist es doch genauso. Auch dort stellt sich die Frage, ob die Eltern wirklich liebevoll miteinander umgehen oder ob ihre Ehe nur eine Fassade ist.«

»Ja, das stimmt. Das Merkwürdige ist, dass die Mutter, die ihrem Kind gegenüber eine so künstliche Sprache benutzt, sich im nächsten Moment bei ihrem Mann darüber beklagt, dass es nicht zuhört. Sie weiß genau, dass die Liebe eine Sprache mit Substanz, Persönlichkeit und Emotionen braucht. Dennoch hat sie ihrem Kind gegenüber die besten Absichten. Die Strafe besteht darin, dass das Kind aufhört, mit den Eltern zu reden. Bei gut ausgebildeten Eltern wütet diese Krankheit wie die Pest, und sie begreifen nicht, warum ihre Kinder die Ohren vor ihnen verschließen. In diesem Moment ist es an der Zeit, seine eigenen Äußerungen zu überprüfen, statt sich zu fragen, was mit dem Kind nicht in Ordnung ist. Kinder müssen von uns lernen, nicht einfach drauflos zu reden, sondern sich persönlich zu äußern.

Viele Menschen sind ungeheuer eloquent, aber das meiste, was sie sagen, besteht aus geschliffenen Formulierungen und oberflächlichem Geschwätz. Sie sagen nichts Substanzielles. Im abstrakten sozialen oder politischen Kontext kann das funktionieren, doch in nahen zwischenmenschlichen Beziehungen muss man sich persönlicher und authentischer ausdrücken. Glücklicherweise werden Eltern rasch dafür belohnt, sobald sie sich einer persönlichen Ausdrucksweise bedienen. Und in der Regel weichen sie dann nicht mehr davon ab, weil sie sich so gut bewährt.«

»Was ist das eigentlich, eine persönliche Sprache?«

»Eine persönliche Sprache ist quasi die Grundstruktur unserer Ausdrucksweise. Man sagt ›ich will‹ oder ›ich will nicht‹, ›ich mag‹ oder ›ich mag nicht‹, wenn man von sich selbst, den eigenen Gefühlen, Bedürfnissen und Grenzen spricht. Man benutzt eine persönliche Sprache, wenn man seine eigene Integrität zum Ausdruck bringen will – wer bin ich in diesem Moment? Indem wir persönlich sind, ermöglichen wir es unserer Umgebung, uns näher kennenzulernen. So kann man sich auf authentische Weise gegenübertreten.«

Man benutzt eine persönliche Sprache, wenn man seine eigene Integrität zum Ausdruck bringen will – wer bin ich in diesem Moment? Indem wir persönlich sind, ermöglichen wir es unserer Umgebung, uns näher kennenzulernen. So kann man sich auf authentische Weise gegenübertreten.

»Können Sie mir ein Beispiel dafür geben, wie Eltern diese Art der Kommunikation untereinander und ihren Kindern gegenüber anwenden können?«

»Es lohnt sich, auf dieselbe Art und Weise mit Säuglingen zu reden wie mit anderen Erwachsenen und unseren Liebsten. Hier ein Beispiel: Neulich kam eine Slowenin zu mir, die ein vier Monate altes Baby hatte. Ihre beste Freundin hatte soeben ihr anderthalbjähriges Kind aufgrund eines Herzfehlers verloren. Nun war sie sehr unglücklich und weinte aus Mitleid mit ihrer Freundin. Sie hatte die Gesundheitsstation aufgesucht, weil ihr Baby nicht zunahm. Während wir sprachen, begann sie, ihr Kind zu stillen, aber das Baby löste sich sofort von ihrer Brust, als sie zu weinen begann, und sah sie besorgt an. ›Was soll ich tun?‹, fragte sie, und ich antwortete: ›Erzählen Sie Ihrem Baby genau das, was Sie mir vor 20 Minuten erzählt haben.‹ Die Frau befolgte meinen Rat, und als sie damit fertig war, hatte das Baby ein völlig glattes, unbekümmertes Gesicht. Die Mutter war überglücklich und konnte das Kind jetzt wieder stillen. Bekanntlich kann ein Baby das, was wir sagen, intellektuell nicht erfassen, doch es versteht die Tonlage unserer Stimme. Nachdem das Baby eine Erklärung erhalten hatte, war es beruhigt, obwohl es die Worte nicht verstand. Deshalb ist es so ungeheuer wichtig, sich persönlich auszudrücken, statt eine Sprache zu benutzen, die dem Alter des Kindes vermeintlich angepasst ist.«

Das Kinder-
zimmer:
Spiel und
Selbstständigkeit

Woran erinnern wir uns am besten, wenn wir an unsere Kindheit denken? Ich selbst kann mich an Gefühle, aber auch an konkrete Ereignisse erinnern. Ich erinnere mich auch an den Geruch der Wäscherei auf Mallorca, wo wir die Sommerferien verbrachten. Wenn ich heute einen vergleichbaren Duft wahrnehme, fühle ich mich sofort in meine Kindheit zurückversetzt. Ich weiß noch, dass ich eines Sonntags, ich war damals fünf Jahre alt, unheimlich trotzig war, weil ich nicht zu meiner Tante Liv aufs Land mitkommen wollte. Ich war eifersüchtig auf eine Freundin, die dort wohnte. Ich kam mir sehr böse vor, konnte mich aber nicht aus meiner trotzigen Haltung befreien.

»Die erste Phase im Ablösungsprozess eines Kindes wird gern als Trotzalter bezeichnet. Warum sind Kinder trotzig?«

»Selbst Psychologen und Kinderkrankenschwestern, die es eigentlich besser wissen müssten, benutzen leider noch immer den Begriff Trotzalter. Wenn die Mutter den Pullover in der Hand hält und das Kind ihn selbst anziehen will, werden manche Eltern trotzig und sagen: ›Nein, das kannst du nicht. Lass mich das lieber machen.‹ Wir projizieren unseren eigenen Trotz auf das Kind und behaupten dann, es sei trotzig. Das ist ein weit verbreitetes Phänomen, so wie 80 Prozent all dessen, was wir zueinander sagen, reine Projektion ist. Wir bringen den Kindern eine bestimmte Lebensweise bei – nämlich unsere eigene. Schlimmstenfalls machen wir sie damit hilflos. Wir machen die Kinder hilflos, indem wir ihnen ständig erzählen, was Erwachsene alles besser können.

Kinder lernen nicht durch Unterweisung, sondern durch eigenes Erforschen – und Belehrungen irritieren sie gewaltig. Wenn Eltern dies Trotz nennen und dem Kind mit Widerwillen begegnen, beginnt das Kind damit, das Verhalten seiner Eltern zu kopieren, also Trotz mit Trotz zu beantworten.

> Ich bezeichne das sogenannte Trotzalter lieber als Selbstständigkeitsphase. Eltern sollten sich darüber freuen, dass ihre Kinder selbstständig werden, statt sich Probleme zu erwarten.

Diese Phase in der kindlichen Entwicklung ist eine Selbstständigkeitsphase. Entwicklungspsychologisch betrachtet beginnt das Kind damit, sich allmählich aus der totalen Abhängigkeit von seinen Eltern zu lösen, in der es zwei Jahre lang verharrt hat. Dabei fällt auf, dass es pädagogisch äußerst geschickt vorgeht, indem es sich stets Aufgaben stellt, die ein wenig zu anspruchsvoll sind. Wenn Kinder sich selbst den Pullover anziehen oder die Schuhe zubinden wollen, obwohl sie dazu eigentlich erst in drei Wochen in der Lage sind, dann müssen sie auch die Möglichkeit bekommen, dies auszuprobieren, auch wenn sie den rechten Fuß in den linken Schuh stecken usw. Kinder lernen durch dieses Ausprobieren. Sie stellen Theorien und Hypothesen auf, und wenn sie ihre Experimente durchführen, lernen sie ebenso durch Erfolg wie durch Misserfolg. Sie lernen nicht wie Schüler, die den Stoff in sich aufnehmen. Sie haben die Theorie, dass sie sich selbst die Schuhe zubinden können, merken im Zuge ihres Experiments, dass es nicht klappt, und versuchen es immer wieder, bis es schließlich gelingt. Daher sollte man Kindern genug Zeit für ihre Experimente geben, statt ihnen die Sache aus der Hand zu nehmen.

> Wenn man diese Phase als Trotzalter bezeichnet, problematisiert man etwas, das ein Geschenk ist. Es ist ein natürlicher Prozess, der die kindliche Entwicklung vorantreibt.

Wenn man diese Phase als Trotzalter bezeichnet, problematisiert man etwas, das ein Geschenk ist. Es ist ein natürlicher Prozess, der die kindliche Entwicklung vorantreibt. Falls Eltern völlig auf das baldige

Auftreten des ›Trotzalters‹ fixiert sind, dann kommt es auch. Nicht, weil es im Kind so angelegt ist, sondern weil es den elterlichen Erwartungen entspricht. Das Verhalten der Eltern ihrem zwei- bis dreijährigen Kind gegenüber ist entscheidend dafür, wie später dessen Pubertät verläuft. Die Pubertät ist ja die zweite Möglichkeit des Kindes, selbstständig zu werden. Falls die Eltern im sogenannten Trotzalter gegen das Kind angekämpft haben, erwartet sich das Kind denselben Widerstand und dieselbe Missachtung der eigenen Integrität, wenn es in die Pubertät kommt. Heftige Machtkämpfe werden die Folge sein. Wenn Sie sich das Verhalten Ihres dreijährigen Kindes in Erinnerung rufen, dann wissen Sie, was in der Pubertät auf Sie zukommen wird.«

»Wir werden später noch auf die Pubertät zu sprechen kommen, aber bedeutet das auch, dass Eltern eine zweite Chance bekommen?«

»Absolut. Im Grunde genommen ist es für Eltern nie zu spät, sich zu ändern und bestimmte Dinge anders zu machen. In dieser Phase haben die Kinder zum ersten Mal die Möglichkeit, hinsichtlich ihres Selbstwertgefühls und Selbstvertrauens einen großen Entwicklungssprung zu machen. Sie lernen ihr Potenzial und ihre Begrenzungen kennen und entwickeln verschiedene Fertigkeiten, die ihr Selbstvertrauen stärken. Natürlich kann man dem Kind seine Hilfe anbieten. Es ist ungeheuer wichtig für das Kind, dass es um Hilfe bitten darf und sich deswegen nicht dumm vorkommen muss. Doch es muss selbst entscheiden können, ob es Hilfe braucht oder nicht.«

»Eltern freuen sich auf den Zeitpunkt, zu dem das Kind ihre Werte, Normen und Grenzen in seinen eigenen Alltag integriert hat. Wann geschieht das?«

»Das geschieht erst, wenn das Kind vier bis fünf Jahre alt ist. Viele Eltern haben allzu hohe Erwartungen. Sie fragen sich, ob sie denn wirklich alles hundert Mal sagen müssen, aber genau das ist der Fall. In anderen Teilen der Welt sind Strafen ein Teil der Kindererziehung. Mit einer solchen Erziehung bringt man Dreijährige dazu, die Erwartungen ihrer Eltern zu erfüllen, weil sie Angst vor der Bestrafung haben. Ich denke, dass Strafe und Belohnung zwei Seiten derselben schlechten Sache sind.«

»In unserer Gesellschaft denken viele, es sei richtig, Kinder zu belohnen, wenn sie etwas Gutes tun, statt sie zu bestrafen, wenn sie etwas Schlechtes tun.«

»Belohnungen funktionieren ausgezeichnet, wenn es sich zum Beispiel um schulische Herausforderungen handelt. Doch wenn es um das Verhalten von Kindern geht, sind sie fehl am Platz. Durch Belohnung und Strafe weckt man in ihnen den Drang, etwas zu tun, das sich lohnt. Doch beides ist ungeeignet, um ihr Selbstwertgefühl zu steigern, weil die Kinder nichts anderes lernen, als die Signale ihrer Eltern zu verstehen. Die Kinder lernen, wie sie ihre Eltern zufriedenstellen können – über sich selbst lernen sie verhältnismäßig wenig. Es gibt in dieser Hinsicht kein Patentrezept, aber das Positivste, das ein Kind erleben kann, ist eine persönliche Rückmeldung.

Lob ist das eine, eine persönliche Botschaft etwas ganz anderes. Zwischen den Aussagen: ›Oh, wie toll du das machst‹ und ›Ich freue mich so darüber, wie gut du das machst‹ besteht ein großer Unterschied. Die erste Aussage begreift das Kind als Ideal, wie es möglichst sein sollte. Dann denkt es, es ginge im Leben darum, etwas möglichst gut zu können, unabhängig davon, wie sich das eigene Verhalten auf andere Menschen auswirkt. Doch es ist asozial, wenn sich alles um Leistung und Hierarchie dreht. Eltern müssen sich fragen, wie sie ihrem Kind eine persönliche Botschaft übermitteln können.«

Zwischen den Aussagen: »Oh, wie toll du das machst« und »Ich freue mich so darüber, wie gut du das machst« besteht ein großer Unterschied. Die erste Aussage begreift das Kind als Ideal, wie es möglichst sein sollte. Dann denkt es, es ginge im Leben darum, etwas möglichst gut zu können, unabhängig davon, wie sich das eigene Verhalten auf andere Menschen auswirkt.

»Ich fühle mich oft herausgefordert, wenn Kindern beim ersten Versuch etwas nicht gelingt. Dann werden sie missmutig, quengelig und traurig. Wie soll man sie motivieren und ihnen zeigen, dass sie nicht alles von Anfang an perfekt beherrschen müssen?«

»Perfektionistische Kinder haben diese Eigenschaft meist von ihren Eltern übernommen. Wenn das Kind eine Mutter hat, der scheinbar alles gelingt, glaubt es, das Leben wäre so, und es müsse einem tatsächlich alles gelingen.

Als mein Sohn noch auf die Grundschule ging, wollte er keine Aufsätze schreiben. Angefangen hat er damit erst in der achten Klasse, nachdem seine Mutter herausfand, wo eigentlich das Problem lag. Unzählige Male hatte er miterlebt, dass ich vom Esstisch aufstand und sagte: ›Oh, ich hab vergessen, etwas fertig zu machen.‹ Dann erledigte ich die vergessene Schreibarbeit und kehrte wieder an den Tisch zurück. Er glaubte, so wäre das eben: Man nimmt Papier und Stift zur Hand, und nach einer halben Stunde ist man fertig. Da er seine Schreibarbeiten nicht so schnell erledigen konnte wie ich, glaubte er zu versagen. Ich habe ihm dann beigebracht, was man tut, wenn man einen Aufsatz schreibt. Danach war es kein Problem mehr für ihn.«

»Es ist für alle Eltern eine Herausforderung, die starken Kräfte zu spüren, wenn es um Loslösung und Perfektion geht. Man will den Kindern ja zugestehen, Fehler zu machen, auch wenn man ungeduldig und stets versucht ist, ihnen zu helfen, damit es sofort gelingt.«

»Vergleicht man die Kindheit mit einem Marathonlauf, dann versuchen viele Eltern heutzutage, die ganze Strecke für ihre Kinder zurückzulegen. Sie ertragen es nicht, wenn ihre Kinder Frustrationen ausgesetzt sind, weil sie glauben, sie seien dann unglücklich. Das hängt damit zusammen, dass sie selbst keine Frustrationen ertragen. Alles soll schnell und erfolgreich vonstatten gehen. Wenn nicht, dann soll's halt nicht sein. Diese hilfsbereiten Serviceeltern machen ihre Kinder hilflos. Stattdessen sollten sie an der Marathonstrecke lieber ein paar Stationen einrichten, an denen sie ihren Kindern Wasser oder Motivation – oder was auch immer diese gerade brauchen – geben können. Die Hilflosigkeit und mangelnde Kompetenz zeigt sich in der Pubertät, in der sich allzu viele Jugendliche mit Selbstmordgedanken tragen, deprimiert oder aggressiv sind oder Drogenprobleme haben, weil es ihnen an Lebenskompetenz fehlt. Die Eltern sind zu sehr mit sich selbst beschäftigt. Dass ich die Frustration meiner Kinder nicht ertrage, ist ja im Grunde reine Egozentrik. Frustration gehört zu jedem Lernprozess und ist ebenso natürlich wie notwendig.«

»In der Paarbeziehung ist es oft besser zu spüren, dass die ›Chemie stimmt‹, als Lob zu bekommen. Ich höre lieber, dass es schön ist, mit mir zusammen zu sein, als Komplimente über mein Aussehen oder meine Fähigkeiten. Geht es Kindern genauso?«

»Ja. Wir können unseren Kindern erzählen, was mit uns geschieht, wenn wir mit ihnen zusammen sind. Ich halte es für keine gute Idee, Kinder für etwas zu loben, das ganz natürlich ist, etwa allein aufs Töpfchen zu gehen. Dennoch hat sich dies zur stereotypen Form vieler Eltern entwickelt, ihre Liebe zu zeigen. Ich fordere sie auf, andere Wörter zu finden. Lob führt zur Ausschüttung von Endorphinen – einem Hormon, das ein kurzzeitiges Gefühl des Glücks und der Zufriedenheit auslöst. So wie beim Shopping. Es verschafft uns ein kurzzeitiges Gefühl der Zufriedenheit, von dem man abhängig werden kann. Kinder, die zu viel gelobt werden, lechzen nach Lob und wollen unablässig im Mittelpunkt stehen.«

»Soll ich mein Kind also nicht dafür loben, dass es so gut den Ball fangen kann, sondern dies einfach zur Kenntnis nehmen und sagen: ›Ich sehe, dass es dir Spaß macht.‹«

»Ja, zum Beispiel. Damit geben Sie Ihrem Kind etwas sehr Wichtiges. Das erleichtert es ihm auch, über seine Gefühle zu sprechen. Die Kunst des Lebens in der Familie besteht darin, liebevolle Gefühle in liebevolles Verhalten umzuwandeln. Man muss der Tatsache ins Auge sehen, dass unser liebevoll gemeintes Verhalten vom anderen nicht unbedingt als liebevoll empfunden wird. Kleine Kinder lieben es, gelobt zu werden, und auch derjenige, der lobt, erlebt einen kurzen Moment der Zufriedenheit. Deshalb betrachten wir dies als sinnvoll. Ein guter Test besteht darin, seinem Partner dasselbe zu sagen, das man auch seinem Kind sagt. Wenn meine Frau mich täglich dafür loben würde, was für ein guter Koch ich bin, würde mir der Appetit vergehen. Es wäre etwas anderes, wenn sie sagt, dass ihr das Essen schmeckt oder sie sich darüber freut, dass ich mich täglich an den Herd stelle. Das ist ein persönliches Feedback, das die Beziehung stärkt und den Partner dazu animiert, an ihr festzuhalten.«

Lob »wärmt«, weil es zur Ausschüttung von Endorphinen führt – einem Hormon, das ein kurzzeitiges Gefühl des Glücks und der Zufriedenheit auslöst –, doch stärkt es nicht die Beziehung zwischen Eltern und Kind, weil der eine dem anderen nur eine Note gibt.

»Was geschieht mit Kindern, die in ihrer Kindheit zu viel gelobt werden? Ein bisschen Lob ist doch wohl erlaubt, oder?«

»Aber natürlich. In Verbindung mit den Leistungen eines Kindes in der Schule oder im Sportverein ist Lob absolut angebracht. Dort richtet es auch keinen Schaden an – es sei denn, es handelt sich um unverhältnismäßige Lobhudelei. Davon abgesehen geht es weniger um die Form als um den Inhalt, um Tonfall und Motiv. In den letzten Jahren hat sich das Lob zur stereotypen Form vieler Eltern entwickelt, ihre Liebe zum Ausdruck zu bringen, doch Lob funktioniert in dieser Hinsicht weit weniger gut als eine persönliche Sprache, zum Beispiel: ›Ich bin froh, dass ich dich sehe.‹ Lob ›wärmt‹, wie gesagt, weil es zur Ausschüttung von Endorphinen führt – einem Hormon, das ein kurzzeitiges Gefühl des Glücks und der Zufriedenheit auslöst –, doch stärkt es nicht die Beziehung zwischen Eltern und Kind, weil der eine dem anderen nur eine Note gibt. Es bringt also eine asymmetrische, keine gleichwürdige Beziehung zum Ausdruck.

Heutzutage wird das Lob oft als bewusste Manipulation des Kindes von bestimmten Erziehungsprogrammen oder sogenannten ›Elternschulen‹ benutzt, die das Ziel haben, das Verhalten zu fördern, das von den Erwachsenen gewünscht wird. Lob als Methode führt oft zu sehr unsicheren Kindern und Erwachsenen, die abhängig von positiven

Rückmeldungen ihrer Umgebung sind und hart um ein gesundes Selbstwertgefühl und einen inneren Maßstab für das eigene Verhalten kämpfen müssen.

Wenn Sie Ihr Kind loben, weil Sie ihm gewissermaßen eine persönliche Postkarte schicken möchten, dann ist das nicht schädlich, obwohl Ihr Kind damit nicht erfährt, wer Sie sind. Daher ist Lob für mich nur die zweitbeste Lösung. Ich rate dazu, sich zunächst selbst zu befragen, warum man eigentlich lobt, was man damit erreichen will und ob man nicht auch etwas Persönlicheres sagen könnte. Vor allem sollte man sich vergegenwärtigen, dass Lob weder bei Kindern noch bei Erwachsenen das *Selbstwertgefühl* stärkt. Hingegen ist es ein wichtiger Baustein für den Aufbau des *Selbstbewusstseins*. Beides wird oft verwechselt.

Wenn Eltern und Umgebung so tun, als sei ein Kind Weltmeister aller Klassen, wird es einen Schock erleiden, wenn es sich mit der Realität konfrontiert sieht. Dann wird es nämlich unzähligen anderen Weltmeistern begegnen – all den Kindern, die in ihren Familien stets die Nummer eins waren. Doch Eltern, die ihren Kindern vorenthalten, dass das Leben auch schmerzhaft sein kann, dass man manchmal traurig und enttäuscht ist, erweisen ihnen einen Bärendienst. Das ist so, als würde man ihnen nur die weißen Tasten eines Klaviers zeigen. Wer in solch einer Familie aufwächst, kann seine Emotionen nicht umfassend entwickeln und glaubt später, sich beim kleinsten Konflikt von seinem Partner trennen zu müssen.«

»Ich bin in den 70er-Jahren aufgewachsen und bekam in meiner Kindheit oft zu hören, was für ein tolles Mädchen ich sei. Wann hat diese Art der Kommunikation angefangen?«

»Das war zu Beginn der 60er-Jahre. Damals begann man endlich zu begreifen, dass die kindliche Seele durch zu viel Kritik oder Kritik im Allgemeinen Schaden nimmt. Kinder nehmen jede Kritik persönlich. Und leider ist unser Gehirn so beschaffen, dass es in Gegensätzen denkt: Wenn Kritik schlecht ist, dann muss das Gegenteil richtig sein, also das Lob. Lob ist vollkommen in Ordnung, wenn es von einem Mentor oder Coach kommt. Wenn ich ein Buch schreibe, will ich zwischendurch Kritik und Lob bekommen, weil es mir darum geht, ein möglichst gutes Produkt zustande zu bringen. Außerdem ist Lob für Erwachsene weniger gefährlich als für Kinder. Es ist auch weniger gefährlich, wenn Kinder das Lob nicht von ihren Eltern, sondern anderen Erwachsenen erhalten. Wenn Eltern ihr Kind loben, wird dessen Wertekanon beeinflusst. Was ist wichtig im Leben? Interessanterweise kopieren die Kinder *dieses* Verhalten ihrer Eltern fast nie. Es kommt sehr selten vor, dass Kindergartenkinder sich gegenseitig loben.«

»Können Sie mir ein Beispiel geben, wie ich mit meinen Kindern reden soll? Wann ist ein ›Ich‹, wann ein ›Du‹ am Platze?«

»Statt zu sagen: ›Das hast du toll gemacht‹ oder: ›Das hättest du besser machen können – deine Noten sind ja nicht gerade berauschend‹ sollte man lieber sagen: ›Ich freue mich darüber, wie gut du das machst‹ oder: ›Da bin ich aber überrascht. Ich dachte, du hättest keine Schwierigkeiten in der Schule, doch deine Noten sprechen eine andere Sprache. Kannst du mir sagen, woran das liegt?‹ Man sollte Interesse zeigen und neugierig sein, statt dem Kind zu sagen, es sei so oder so. Vor allem ist es wichtig, sich mit Zuschreibungen über vermeintliche Eigenschaften des Kindes zurückzuhalten.«

●●●

Die meisten Kinder spüren, dass sie zu einem Elternteil einen näheren und intensiveren Kontakt haben als zum anderen. Das kann an gemeinsamen Interessen, ähnlichen Charaktereigenschaften oder verwandten Stimmungslagen liegen. Das bedeutet jedoch nicht, dass das Verhältnis zum anderen Elternteil schlecht sein muss.

»Ist es nicht immer so, dass man zu einem der beiden Elternteile eine besondere Beziehung hat? Woher kommt das?«

»Ich würde nicht sagen, dass es immer so ist, aber die meisten Kinder empfinden, dass sie zu einem ihrer Elternteile einen besonderen Kontakt haben. Dabei geht es aber nicht um Gefühle oder die Menge der gemeinsam verbrachten Zeit. Es handelt sich eher darum, dass ein Kind sich einen Elternteil als Lehrmeister aussucht, wie man im Leben zurechtkommt. Das ist ein Kontakt auf einem existenziellen Niveau. Viele Erwachsene spüren das, wenn ihre Eltern sterben. Wenn der eine der beiden stirbt, ist dies sehr traurig, wenn aber der andere stirbt, fühlt man sich für eine Weile vollkommen allein auf der Welt.«

»Eltern stehen von staatlicher und gesellschaftlicher Seite enorm unter Druck, weil ihre Kinder überall Erfolg haben sollen. Ständig werden die Leistungen der Kinder miteinander verglichen. Auch viel Neid ist im Spiel.«

»Wenn Eltern erleben, dass sie diesbezüglich unter großem Druck stehen, sollten sie in den Spiegel schauen und sich sagen: ›Es ist mein Kind, nicht das Kind der Gesellschaft.‹ Fachleute und Politiker kommen stets mit neuen mehr oder minder intelligenten Vorschlägen und Initiativen, doch besteht kein Grund, diesen vorbehaltlos zu glauben. Auch wenn ununterbrochen von übergewichtigen Kindern geredet wird, geht es dem Staat nicht um das Wohlergehen des einzelnen Kindes, sondern darum, die Kosten für das Gesundheitswesen zu reduzieren. Rufen Sie sich immer wieder ins Gedächtnis, dass es um Ihr eigenes Kind geht, nicht um das Kind der Nachbarn, der Schwiegermutter oder des Kindergartens. Sie selbst bestimmen die Tagesordnung. Achten Sie darauf, wie es Ihrem Kind geht und wie Ihr Verhältnis zueinander ist. Das ist viel wichtiger als die zufällige Meinung anderer Leute und Instanzen.«

»Kinder sind sehr verschieden. Wir können nicht alle auf die gleiche Art und Weise begleiten, und Eltern fragen sich oft bekümmert, ob ihr Kind sich normal entwickelt, die erforderlichen Leistungen erbringt oder ausreichend stimuliert wird.«

»Ja, Eltern machen sich oft zu viele Sorgen. Ich bekomme zahlreiche Briefe von Eltern, die sich darüber Sorgen machen, dass ihr Kind nur zwei Freunde hat. Was ist daran nicht in Ordnung, nur zwei Freunde zu haben? Es gibt schließlich Kinder, die überhaupt keine Freunde haben, doch für viele Menschen ist die Anzahl der Freunde eine Prestigeangelegenheit. Ich sage meistens: ›Für Eltern gibt es nur ein wichtiges Ziel: Ihre Kinder so gut wie möglich kennenzulernen.‹ Damit meine ich, dass man das Potenzial eines Kindes nicht zur Entfaltung bringt, wenn man sich auf seine Begrenzungen konzentriert. Im Laufe der letzten 30 Jahre habe ich mehrere tausend Erwachsene zwischen 30 und 60 bei mir in der Therapie gehabt. Unabhängig von den Individuen und der sozialen Schicht, der sie entstammen, lässt sich feststellen, dass es eine ›normale Kindheit‹ nicht gibt. Niemand durchlebt seine Kindheit, ohne seelische Wunden und körperliche Narben davonzutragen.

> Für Eltern gibt es nur ein wichtiges Ziel:
> Ihre Kinder so gut wie möglich kennenzulernen.

Das schlimmste Wort, das ich kenne, tauchte Mitte der 80er-Jahre in Dänemark auf. Es war der Ausdruck des ›wohlfunktionierenden‹ Kindes. Ein Ausdruck ohne Sinn und Verstand, und niemand hat je definiert, was damit eigentlich gemeint sein soll. Es ist ein bürokratischer Begriff, der möglicherweise in der Kommunalpolitik seinen Platz hat und Bürger meint, die ihre Kommune nicht finanziell belasten. Je billiger ein Mensch für seine Kommune ist, desto besser ›funktioniert‹ er. Doch wenn Eltern ›wohlfunktionierende‹ Kinder wollen, ist das krank. Ich habe Eltern bereits halb im Spaß dazu aufgefordert, in der Schule oder im Kindergarten Widerstand zu leisten, wenn sie dort zu hören bekommen, ihr Kind sei ›wohlfunktionierend‹. Die Eltern sollten am besten aufstehen und erwidern: ›Wenn Sie nichts Nettes über mein Kind zu sagen haben, will ich nicht mehr hören.‹ Betrachtet man Menschen, die wirklich etwas zu sagen haben, die etwas für die Gesellschaft, ihre Familie und Freunde bedeuten, dann werden Sie entdecken, dass diese in den seltensten Fällen ›wohlfunktionierende‹ Kinder waren.«

»Ich habe gelernt, dass man es im Leben zu nichts bringt, ehe man nicht gelernt hat, sich selbst zu vertrauen. Es ist leicht, sich von den Meinungen anderer leiten zu lassen, doch letztlich muss man sich selbst vertrauen. Wie können die Eltern diese Fähigkeit bei ihrem Kind fördern?«

»Das ist eine klassische psychologische Frage, auf die es keine Antwort gibt, weil sie auf Ideologie beruht. Der Ideologie zufolge ist es für Kinder besser, zu spielen als miteinander zu konkurrieren. Die damit einhergehende Problematisierung ist in unserer Kultur tief verwurzelt.

Wenn ein Kind beim Fußball erklärt: ›Ich bin der Beste‹, dann wird auch das problematisiert. Dann erklären wir, dass die drei anderen Kinder auf dem Spielfeld ›gut funktionieren‹, dieser Junge jedoch nicht. Viele Kinder wagen nicht, sich an irgendeinem Spiel zu beteiligen, weil sie daran zweifeln, dass sie den Anforderungen gewachsen sind. Deutlich wird dies beim Sport, wo die Leistung, nicht die Teilnahme im Vordergrund steht. Manche Kinder glauben, eine bestimmte Leistung erbringen zu müssen, um teilnehmen zu können, was weitgehend davon abhängt, welche Eltern sie haben. Eltern können sehr ängstlich sein oder enorm hohe Leistungsanforderungen stellen.«

»Aber wie sollen sich Eltern denn verhalten? Ihre Anforderungen herunterschrauben? Sich weniger ängstigen?«

»Ich glaube nicht, dass man sich auf Kommando weniger ängstigen kann. Ich empfehle hingegen, sich darüber Rechenschaft abzulegen, ob man das nötige Vertrauen (das alle Kinder brauchen) in sein Kind hat. Die Ängstlichkeit hat keinerlei konstruktive Auswirkungen, wohingegen das Vertrauen ein wertvolles Geschenk ist. Die Leistungsanforderungen in Schule und Sportverein, die Eltern bewusst an ihre Kinder stellen, sollten sich natürlich an der Motivation und Begabung des Kindes orientieren. Es ist gar nicht so leicht, die Fähigkeiten eines Kindes richtig einzuschätzen, weil Kinder sich sehr bemühen, den Erwartungen ihrer Eltern gerecht zu werden. Doch wenn ein Kind oder Jugendlicher plötzlich weit unter seinen Möglichkeiten bleibt, ist dies oft ein Signal dafür, dass Eltern und Kind sich zusammensetzen sollten, um die Erwartungen der Eltern mit den Fähigkeiten des Kindes in Einklang zu bringen.

Stimmen die Wünsche der Eltern nicht mit denen des Kindes überein, muss man sagen: ›Okay, so ist das Kind eben. Gut, dass das Leben länger dauert als die Kindheit.‹ Irgendwann wird das Kind selbst entscheiden müssen, wie es mit dem Problem umgeht. Es ist Aufgabe der Eltern, ihre Kinder so zu lieben, wie sie sind. Stellen Sie sich vor, es ginge bei Ihrem Kind nicht um eine psychische Blockade, sondern um eine körperliche Behinderung. Dann würden Sie vielleicht Ihr ganzes Leben im Internet verbringen, um sich über mögliche Behandlungsmethoden und Operationen zu informieren. Und im Laufe der Zeit würde sich Ihr Kind immer mehr als größtes Problem seiner Eltern begreifen.

Ich habe einmal mit einer Familie gesprochen, deren siebenjährigem Sohn krankheitsbedingt die Haare ausgingen. In Deutschland gab es einen Spezialisten, der eine Haarimplantation hätte durchführen können. In den Köpfen der Erwachsenen hatte sich das alles zu einem riesigen Problem ausgewachsen: Wie soll unser Sohn in seinem sozialen Umfeld zurechtkommen, fragten sie sich, ohne wegen seiner Haarlosigkeit gemobbt zu werden? Als ich ihnen zum ersten Mal begegnete, brach der Junge zusammen, noch ehe ich irgendetwas hätte sagen können. ›Warum seht ihr immer nur meine fehlenden Haare?‹, fragte er seine Eltern verzweifelt. Er hatte das Gefühl, gar nicht mehr zu existieren. Die Eltern dachten nur noch an seine Haare, also an das, was ihm *fehlte*. Das geschieht, wenn Eltern sich auf die Probleme eines Kindes fokussieren und alles dafür tun wollen, um seine Probleme zu lösen.«

»Eltern wollen in der Regel alles dafür tun, dass ihr Kind glücklich und zufrieden ist. Es ist schwierig einzusehen, dass nicht alles perfekt ist und man manchmal mit einem gewissen Schmerz leben muss. Wie können Eltern es vermeiden, die Probleme ihrer Kinder allzu sehr in den Vordergrund zu rücken?«

»Indem sie sich Rechenschaft darüber ablegen, wie viel Energie sie für ein bestimmtes Problem aufwenden, verglichen mit der Energie, die sie für das restliche Leben ihres Kindes und seine Qualitäten erübrigen. Auch müssen sie begreifen, dass es Selbstvertrauen gibt, zu helfen, aber Selbstvertrauen kostet, wenn einem geholfen wird. Die beste Faustregel ist die, dass man niemals etwas für das Kind tun sollte, was dieses auch allein tun kann.«

Die beste Faustregel ist die, dass man niemals etwas für das Kind tun sollte, was dieses auch allein tun kann.

»Wie kann man ängstliche Kinder motivieren – Kinder, die Angst davor haben, neue Dinge auszuprobieren und neuen Menschen zu begegnen?«

»Zu solchen Dingen kann man Kinder nicht motivieren. Man kann sie in den Arm nehmen, gemeinsam mit ihnen weinen und sagen: ›Es muss schrecklich sein, so viel Angst zu haben wie du. Ich wünschte, ich könnte deine Angst einfach wegzaubern, aber das kann ich nicht.‹ Das könnte man sagen, aber man kann das Kind nicht dazu motivieren, seine Ängste zu überwinden. Wenn man dies versucht, rücken die Probleme zu sehr in den Fokus. Das Kind empfindet sich dann selbst als Problem und Belastung für seine Eltern und denkt: Ich bin daran schuld, dass Mama und Papa sich Sorgen machen. Wenn ich diese Angst nicht hätte, wären meine Eltern glücklicher. Darum darf man seine Kinder niemals zu einem Projekt machen.«

»Man hört oft, dass Eltern sich Sorgen machen. Eine Mutter erlebt vielleicht, dass ihr zweijähriger Sohn schüchterner ist als andere Kinder, in der Tanzgruppe nicht richtig mitmacht und sich erst ganz am Ende, wenn überhaupt, ein wenig entspannt. Wenn sie hinterher fragt, ob es ihm Spaß gemacht hat, sagt er einfach Ja. Wie kann sie ihrem kleinen Jungen helfen, seine Schüchternheit zu überwinden?«

»Indem sie darauf vertraut, dass er selbst weiß, was dazu erforderlich ist. Indem sie darauf vertraut, dass er die Tanzgruppe trotz seiner Schüchternheit als schön empfindet. Einige Kinder sind empfindsamer als andere. Sie vertragen nur wenig Chaos und bekommen Panik, wenn sie zu einer Geburtstagsfeier eingeladen werden. Sie schaffen es nicht, mit mehr als zwei, drei anderen Kindern gleichzeitig zu spielen. Mein Sohn hatte damals Probleme, weil in seinem Kindergarten die Regel bestand, dass man entweder alle oder niemand zu seinem Geburtstag einlud.«

»Diese Regel gibt es teilweise heute noch.«

»Ich finde diese Regel ganz furchtbar. Mein Sohn hat seinen Geburtstag nicht gefeiert, weil er nicht so viele Kinder zu Besuch haben wollte. Darüber lässt sich trefflich psychologisieren, aber warum eigentlich? Es gibt auch Frauen, die für ihr Leben gern flirten, während anderen dies unangenehm ist. Doch eigentlich sollte das kein Problem sein. Wir sind eben verschieden.«

»Kann der kindliche Glaube ein Trost sein, wenn die Eltern versagen? Kann die Religion einem Kind helfen, den Glauben an sich selbst zu finden und sein Selbstwertgefühl zu entwickeln?«

»Das kommt darauf an, ob das Religiöse einen persönlichen Bezug bekommt, ob es von einer erlernten Ideologie zu einem spirituellen Erlebnis wird. Das kann in jedem Alter geschehen. Die Psychologie hat sich vorwiegend dafür interessiert, wie verschiedene Religionen die Entwicklung des Menschen in emotionaler und anderer Hinsicht beeinflussen. Doch besteht ein großer Unterschied zwischen Religion und Spiritualität. Spiritualität handelt im Grunde von Selbsterkenntnis und Selbstwertgefühl. Religion ist ein gutes Beispiel dafür, wie Kinder sich üblicherweise zu den Werten ihrer Eltern verhalten. Kinder müssen verschiedene religiöse Werte an sich selbst erproben, wenn sie ein gewisses Alter erreichen. Ich finde, dass Eltern ihre Kinder mit ihrem Glauben beeinflussen sollten, ohne Zwang auszuüben oder Strafen auszusprechen, wenn sich diese nicht damit identifizieren. Sich als Kind und Jugendlicher eine Identität zu schaffen, bedeutet nicht nur, zu entscheiden, wer man sein will, sondern auch, wer man nicht sein will. Viele Jugendliche distanzieren sich von der Religion, und erst wenn sie über 20 sind, wird sich zeigen, wie viel davon sie wieder aufnehmen, wenn sie sich frei fühlen.

Ich glaube, dass Gebete Kindern in manchen Situationen helfen können. Viele Kinder beten zu Gott, wenn Mama krank ist. Falls man eine religiöse Familie ist, sollte man die Kinder auf diese Möglichkeit aufmerksam machen und eventuell zusammen mit ihnen beten. Man muss als Erwachsener auch seine Begrenzungen einräumen und den eigenen Kindern sagen, dass man nicht auf alles eine Antwort weiß: ›Vielleicht gibt es eine Lösung, aber ich kann sie dir nicht sagen.‹ Auf manche Fragen gibt es einfach keine Antwort.

Viele Psychotherapeuten, Psychologen und Psychiater suchen unablässig nach verbindlichen Kategorien, zum Beispiel bei der Frage, was Familien kennzeichnet, in denen Essstörungen auftreten. Ich pflege mich nicht vorzubereiten, ehe ich eine neue Familie kennenlerne, und denke auch nicht an andere Familien, die ein ähnliches Problem haben. Ganz gleich, ob die Symptome den Symptomen anderer Familien ent-

sprechen, suche ich mehr nach Unterschieden als nach Gemeinsamkeiten. Das heißt nicht, dass ich ein fanatischer Individualist bin. Ich bin nur der Meinung, dass man die Individualität jedes einzelnen Menschen respektieren sollte. In Politik und Religion wie auch auf anderen Gebieten sehen wir, dass der Drang zur Konformität überhand nimmt.«

»Das setzt voraus, dass Eltern in der Lage sind, die Religion vorwiegend als Wertekanon, weniger als mahnende Ideologie zu betrachten. Ein Wertekanon, der beinhaltet, dass auch Kinder sich über das Unerklärliche wundern können. Warum fühle ich so, wie ich es tue, warum bin ich ängstlich oder fröhlich, warum fühle ich mich schuldig? Diese Form der geistigen Zugehörigkeit vermittelt einem im besten Fall ein Gefühl der Freiheit, weil man sich niemand gegenüber zu verantworten hat. Über alles, was man auf dem Herzen hat, kann man mit Gott sprechen.«

»Ein solches Verhältnis zur Religion lindert in erster Linie die Angst. Zum anderen stiftet es Identität. Wer in ein fremdes Land kommt, muss die religiösen Vorstellungen der Einheimischen kennen, um mit ihnen zusammen zu sein. In der westlichen Welt ist die Wissenschaft Religion und eine Sprache, die andere erlernen müssen, um uns zu verstehen. Erfahrungen und Erlebnisse haben in unserer Gesellschaft keinen Wert, wenn es um große politische Entscheidungen geht. Nur die Forschung ist wichtig. Zugleich werden die Erlebnisse kommerzialisiert. Man verkauft sie, statt sie zu teilen. Das ist eine interessante Entwicklung, die uns immer weiter vom Menschlichen entfernt. Im Fernsehen sieht man allzu selten alte kluge Menschen, die von ihren Lebenserfahrungen erzählen. Heutzutage sind wir in erheblichem Maße Zeuge der gegenwärtigen Entwicklung und der Extreme.

Ich glaube, viele Eltern stellen sich dieselbe Frage: Die Welt, in der meine Kinder aufwachsen, ist so anders als die Welt, in der ich groß geworden bin. Haben unsere Erfahrungen überhaupt noch irgendeine Bedeutung? Man muss die Essenz seiner Erfahrungen an die nächste Generation weitergeben. Auch wenn man nicht ihre Sprache spricht, muss man versuchen, sich verständlich zu machen.«

Die Welt, in der meine Kinder aufwachsen, ist so anders als die Welt, in der ich groß geworden bin. Haben unsere Erfahrungen überhaupt noch irgendeine Bedeutung?

»Der Gedanke an eine höhere Macht lehrt uns Demut. Katholiken bekreuzigen sich ständig, unabhängig davon, was in ihrem Leben geschieht. Auch darin kommt viel Demut zum Ausdruck. Niemand weiß, was kommen mag.«

»Demut lernen die Kinder von ihren Eltern. Dazu bedarf es nicht zwangsläufig der Religion. Es geht darum, wie man die Welt, seine Mitmenschen und das eigene Leben betrachtet. Es bringt nichts, über Demut zu reden. Ich habe nichts für christliche Fundamentalisten übrig, doch angesichts der allgemeinen Religionskritik kann man sich vielleicht durch einen Vergleich mit dem Sport behelfen. Bei jedem Sport kann es um Leistung oder Meditation gehen, bestenfalls verschmilzt beides in der Person dessen, der den Sport ausübt. Wenn ein Großteil der Kinder sich heutzutage nicht mehr konzentrieren kann, liegt das nicht daran, dass sie emotionale Probleme oder Traumata hätten, doch sind wir völlig darauf fixiert, ständig zu psychologisieren und nach irgendwelchen Ursachen zu suchen. Kinder können sich meist deshalb nicht konzentrieren, weil sie es noch nicht gelernt haben. Natürlich mögen in dem einen oder anderen Fall individuelle Probleme ausschlaggebend sein, aber das ist etwas ganz anderes. Erwachsene haben vor 40 bis 50 Jahren herausgefunden, dass es Übungen gibt, mit deren Hilfe man zu sich selbst findet und sich besser konzentrieren kann, aber die wollen sie ihren Kindern nicht beibringen. Das ist mir einfach ein Rätsel.«

»Unter christlichen Eltern würde es einen Aufschrei geben, wenn man im Kindergarten anfinge zu meditieren. Die würden denken, der Kindergarten sei buddhistisch geworden, statt Meditation als notwendige Entspannungsübung anzusehen. Wie, glauben Sie, können wir die spirituelle Seite der Kinder stärken?«

»Wie fördern wir bei ihnen die Güte des Herzens? Kinder müssen ihre innere Freundlichkeit kennenlernen. Eltern, Lehrer und Politiker klagen darüber, dass wir alle so gestresst sind, weil wir zu viele Projekte im Leben verfolgen, die uns unbedingt gelingen sollen. Die Folge kann man als Stress bezeichnen, doch ist die Erklärung, dass Eltern den eigenen Stress auf ihre Kinder übertragen, zu kurz gegriffen. In Dänemark haben wir eine Vereinigung gegründet (www.bornslivskundskab.dk), um die spirituelle und existenzielle Intelligenz der Kinder zu stimulieren. Dort praktizieren wir verschiedene Übungen, die es Kindern ermöglichen, innere Ruhe zu finden und über den Kontakt mit sich selbst auch Kontakt mit der Natur und anderen Menschen aufzunehmen.

Eine Übung, die meine Kollegen mit Schülern der siebten Klasse machten, bestand darin, Holz zu hacken. Die Axt war genauso groß wie die Kinder. Normalerweise hätte man das für viel zu gefährlich gehalten. Aber meine Kollegen haben festgestellt, dass es den Kindern leichtfiel, die Holzstücke mit einem einzigen Hieb zu spalten, wenn sie zuvor gewisse Atemübungen praktiziert hatten, um sich zu entspannen. Auch hat sich gezeigt, dass die Kinder diese Erfahrung auf andere Bereiche, zum Beispiel die Mathematik, übertragen können. Ein hervorragender Lehrer, den ich kenne, ist noch einen Schritt weiter gegangen, hat die Kinder an den Strand mitgenommen und sie auf je einen Stein gesetzt. Jeder Schüler hatte ein Heft, in das er seine Gedanken eintragen konnte, wenn er unruhig wurde. Ansonsten sollte jeder eine halbe Stunde lang ruhig sitzen bleiben. Nach Beendigung dieser Übung brachten die elf- bis zwölfjährigen Schüler ihre Verwunderung darüber zum Ausdruck, was für ein seltsames Gefühl es doch ist, wenn absolute Stille herrscht und man in Ruhe nachdenken kann. Für die meisten von ihnen war dies eine völlig neue Erfahrung. Man sollte sich dieses Beispiel gut merken, denn auch Kinder brauchen diese Stille und das Erstaunen – die Erfahrung, sich vollkommen vom alltäglichen Stress befreit zu haben. Diese Erfahrung ist dem religiösen Gefühl vieler Menschen durchaus ähnlich: Sie spüren die Nähe zur Natur, dem Universum oder dem Leben.«

»Sie sagen, dass wir uns vom täglichen Stress befreien müssen. Doch wie soll man wissen, ob ein Kind gestresst ist, und was stresst Kinder am meisten?«

»Bei älteren Kindern kann man beobachten, dass sie Schwierigkeiten damit haben, still zu sitzen und sich zu konzentrieren. Oft können sie nicht einschlafen und haben Alpträume. Wenn es ihnen schwerfällt, allein zu spielen oder sich in ein Spiel zu vertiefen, kann das ebenfalls darauf hinweisen, dass ein Kind gestresst ist. Was Kinder ebenfalls stresst, ist die Unsicherheit der Eltern. Wenn Eltern sich unentwegt Gedanken darüber machen, wie sie ihr Kind zum Schlafen bringen oder welche Erziehungsmethode sie am besten anwenden sollen, dann gehen ihre Unruhe und Besorgnis auf das Kind über.«

»Was sollte man also tun, um seinen Kindern Stress zu ersparen?«

»Eine wichtige Eigenschaft, die Stress entgegenwirkt, ist ein intaktes Selbstwertgefühl. Für Eltern ist es sehr wichtig, das Selbstwertgefühl ihrer Kinder zu stärken, damit diese sich selbst besser kennenlernen und den Signalen ihres Körpers Aufmerksamkeit schenken. Was das Selbstwertgefühl der Kinder betrifft, gibt es zwei wichtige Fragen. Die eine lautet: Was weiß ich über mich selbst? Die andere: Wie verhalte ich mich zu dem, was ich über mich selbst weiß? Kinder sind extrem verletzlich, außerdem kopieren sie das Verhalten der Erwachsenen und verhalten sich zu sich selbst, wie sich die Erwachsenen zu sich selbst verhalten. Wenn Eltern sich selbst verurteilen, werden auch ihre Kinder sich selbst verurteilen. Als Menschen sind wir weder positiv noch negativ, wir *sind* einfach. Das Selbstwertgefühl eines Kindes wird gestärkt, wenn es spürt, dass es wertvoll für seine Eltern ist. Um zu verhindern, dass Kinder unglücklich und gestresst werden, muss man gewillt sein, die Herausforderungen anzunehmen, im Positiven wie im Negativen. Eltern müssen es zulassen, dass Kinder ihr Leben bereichern, auch wenn es wehtut. Kinder, deren Selbstwertgefühl gestärkt wird, sind weniger gestresst, weil sie sich sicherer fühlen und sich selbst besser kennen.«

•••

Eltern müssen es zulassen, dass Kinder ihr Leben bereichern, auch wenn es wehtut.

Was können wir tun, um ein harmonisches Familienleben zu erreichen? Viele sind der Meinung, dass für die Kinder ein geregelter Tagesablauf dazugehört. Ich selbst bin eine große Anhängerin fester und geregelter Tagesabläufe, in denen Prioritäten für Spaß und Arbeit festgelegt werden, um Chaos zu vermeiden. Selbst die gemütlichsten Stunden im Kreis der Familie, in denen gemeinsam Filme geschaut, Mahlzeiten eingenommen oder Bücher gelesen werden, sind am schönsten, wenn sie in eine bestimmte Ordnung eingebettet sind.

»Wie steht es um die Angewohnheit, seinen Kindern eine Gutenachtgeschichte vorzulesen? Wird die überschätzt?«

»Zunächst kann man feststellen, dass diese Angewohnheit kulturbedingt ist. Ein Großteil der Kinder dieser Welt schläft ja jede Nacht, ohne zuvor etwas vorgelesen oder vorgesungen zu bekommen. In unserem Kulturkreis ist dies ein beliebtes Ritual, das die sprachliche Entwicklung der Kinder fördert und ihnen Appetit auf Bücher macht. Dennoch kann es natürlich passieren, dass sie zwischen dem achten und 20. Lebensjahr kein Interesse mehr an Büchern haben, doch bei vielen kehrt die Leselust danach wieder zurück. In Dänemark hat es eine große Initiative gegeben, in deren Rahmen die Eltern zum abendlichen Vorlesen aufgefordert wurden. Ein Jahr später hatten sich die schriftlichen und mündlichen Schulleistungen in Dänisch stark verbessert. Es bedeutet eine Menge, eine Sprache, die nicht persönlich ist, möglichst viel zu hören. Literarische Sprache hat einen eigenen Ton. Gute Kinderbücher sind ja Literatur, und alle Kinder haben Freude daran, gute Geschichten zu hören.«

»Mein Mann und ich haben uns getrennt, als Max ein Jahr alt war. Damals hatte ich einen sehr anstrengenden Job beim Fernsehen und musste morgens früh aufstehen. Max schlief nachts sehr schlecht. An den Abenden schaltete ich gewissermaßen den Autopilot ein: Wir hörten Musik oder ich las ihm eine halbe Stunde lang etwas vor, ehe ich ihn ins Bett brachte. Ich musste das einfach tun, denn mehr konnte ich damals nicht geben. Sind solche Beschäftigungen mit den Kindern in Ordnung, auch wenn man nicht sehr konzentriert bei der Sache ist?«

»Ein Kind genießt es, wenn Mama ihm etwas vorliest, obwohl die Mama am liebsten in ihrem Bett liegen würde. Durch gemeinsame Beschäftigungen kommuniziert man am besten mit seinem Kind. Man kann sich ja schlecht zusammensetzen und sagen: ›So, jetzt reden wir mal über unsere Beziehung.‹ Viele Kinder finden es merkwürdig, einfach nur dazusitzen und zu reden. Aber das hängt vom Kind und seinen verschiedenen Lebensphasen ab.«

»Eltern lassen sich oft zu gemeinsamen Beschäftigungen oder Spielen mit ihren Kindern breitschlagen, obwohl sie eigentlich keine Lust haben. Dabei versuchen sie möglicherweise, heimlich ein wenig Zeitung zu lesen oder eine SMS zu schreiben. Sie sind nur physisch, aber nicht mental anwesend. Kinder merken das in der Regel. Soll man, gerade angesichts der Diskussion um Qualitäts- und Quantitätszeit, auf jeden Fall mit dem Kind spielen?«

»Wenn man nicht bereit ist, sich richtig darauf einzulassen, sollte man gar nicht spielen. Auch sollte man die Tatsache nicht außer Acht lassen, dass sich manche Erwachsene mit dem Spielen generell schwer tun. Entweder weil sie es nie getan haben, oder weil das Spielkind in ihnen verschwunden ist. So erging es mir selbst vor einigen Jahren, ich musste bei meinem Sohn sprichwörtlich in die Lehre gehen. Ich selbst hatte keine Rollenvorbilder, aber meinem Sohn war es selbstverständlich egal, ob ich gut im Spielen war oder nicht. Er wollte einfach mit mir zusammen sein.

Unabhängig davon glaube ich, dass Erwachsene sich davor hüten sollten, aus dem Spiel eine Pflicht zu machen. Spielen Sie mit Ihrem Kind und versuchen Sie, darin einen Sinn zu finden. Wenn Sie dem Spiel mit Autos, Legosteinen und Puppen nichts abgewinnen können, dann erkennen Sie vielleicht einen Sinn, wenn Sie die Freude und das Engagement Ihres Kinder erleben.«

Erwachsene sollten sich davor hüten, aus dem Spiel eine Pflicht zu machen. Spielen Sie mit Ihrem Kind und versuchen Sie, darin einen Sinn zu finden.

»In der Erziehungsliteratur ist viel vom Spielen die Rede. Kinder, so heißt es, entwickeln sich durch das Spiel. Eltern sollen Kinder zu verschiedenen Spielen ermuntern, mit ihnen zusammen spielen und sie während des Spiels loben. Was halten Sie davon?«

»Das kommt ganz darauf an, wie man ›Spiel‹ definiert. Eigentlich ist das ja die Definition der Erwachsenen für eine Beschäftigung, durch die Kinder lernen, und auch hier lernen sie wie Forscher. Sie stellen Theorien auf und führen Experimente durch. Manche Spiele entwickeln sich zu Ritualen, deren Wiederholung ein Erlebnis an sich ist. Ein sechsmonatiges Kind lernt anders als ein sechsjähriges.

Für Kinder ist es wichtig, dass die Eltern am Spiel teilnehmen, sie selbst aber das Spiel leiten. Denn das Spiel ist für Kinder die einzige Möglichkeit, auf ihrem eigenen Niveau mit den Eltern zusammen zu sein – einem Niveau, das Kinder ebenso gut beherrschen wie Erwachsene. Eltern sollten das Spiel nicht in erster Linie unter pädagogischen Gesichtspunkten betrachten, sondern als eine von vielen Möglichkeiten, mit ihrem Kind zusammen zu sein und es besser kennenzulernen.«

»Was ist mit den Kindern, die nicht in der Lage sind, allein zu spielen, und stets ihre Eltern dabeihaben wollen?«

»In gewissen Phasen, vor allem zwischen dem ersten und dritten Lebensjahr, wollen viele Kinder gerne ihre Mutter oder ihren Vater dabeihaben. Eltern können sich darauf einlassen, solange sie selbst Zeit und Freude daran haben. Das Optimum in diesem Alter liegt wohl bei mindestens einer halben Stunde täglich.«

»Wenn man als Familie Zeit miteinander verbringt, geschieht dies leicht zu den Prämissen der Erwachsenen. Wir haben mal eine Fahrradtour unternommen. Hinterher sagte mein Sohn, das wäre die beste Fahrradtour seines Lebens gewesen. Unterwegs mussten wir anstrengende Hügel erklimmen und wechselndes, teils ungemütliches Wetter über uns ergehen lassen. Er war eine ziemliche Plackerei, und ich war mir sicher, dass er ganz schön sauer sein würde.«

»Kinder brauchen zwei Dinge: zum einen die Gemeinschaft und das Spiel mit Gleichaltrigen, zum anderen müssen sie lernen, wie es ist, erwachsen zu sein. Aber das lernen sie nicht von Kindergartenerziehern oder Lehrern, weil diese eine Servicefunktion innehaben. Sie sind der Kinder wegen da und richten unentwegt ihren Fokus auf sie. Wenn Eltern versuchen, die Lehrer zu imitieren, wenn ihre Kinder nach Hause kommen, dann verweigern sie diesen eine echte Gemeinschaft. Darum ist es sehr wichtig, dass Erwachsene es sich erlauben, in ihrer Freizeit erwachsene Dinge zu tun, entweder eine halbe Stunde auf dem Sofa zu liegen und Zeitung zu lesen oder die Rosen im Garten zu beschneiden etc. Wenn es dem Erwachsenen danach verlangt, sollte er das tun.

In den letzten 20 Jahren haben Kulturanthropologen bemerkt, dass Erwachsene keine Erwachsenen mehr sein wollen. Sie wollen am liebsten für immer jung bleiben, weil sie selbst keine erwachsenen Rollenvorbilder haben. Ich habe mal erlebt, dass man einen erfahrenen Tischler in den Kindergarten eingeladen hat. Dort begann er, ein Möbelstück herzustellen, und die Kinder sahen ihm stundenlang zu, ohne sich zu langweilen. Die Eltern müssen ihrer Führungsrolle gerecht werden und sagen: ›Jetzt machen wir eine Fahrradtour.‹ Wenn die Kinder protestieren, dann sagen Sie einfach: ›Okay, aber ich fahre auf jeden Fall.‹ Sie sollten nicht darauf verzichten, weil die Kinder nicht mitkommen wollen. Dann übernehmen die Kinder zu sehr die Führung, und sie wissen nicht, was gut für sie ist, ehe sie es nicht versucht haben.«

»Sie wollen, dass Kinder lernen, was persönliche und soziale Verantwortung bedeutet. Sie sollen selbst erkennen, ob sie müde oder hungrig sind. Dennoch sind Sie der Meinung, dass Eltern Führerschaft übernehmen und beispielsweise sagen sollten: ›Am Samstag ist die Familie zusammen, da gehen wir Skifahren oder machen eine Wanderung.‹«

»Ja, das ist notwendig. Es gibt verschiedenste pädagogische Schulen und Richtungen, doch alle sind sich darin einig, dass Kinder führungsstarke Erwachsene benötigen. Sonst entwickeln sie sich schlecht und fühlen sich unwohl. Derjenige Vater, der seinen Sohn einmal im Monat sieht und ihn dann in die Kneipe mitnimmt, sollte natürlich eine andere

Möglichkeit finden, seiner Führungsrolle gerecht zu werden. Wir müssen eine relevante Art von Führung ausüben, die etwas anderes als ein persönlicher Egotrip ist. Wenn aus Kindern Teenager werden, kommen sie in ein Alter, in dem sie sich nicht mehr so leicht verführen lassen. Sie müssen selbst erkennen, was das Beste für sie ist. Doch um das erkennen zu können, müssen sie experimentieren. Die Antwort werden Sie erhalten, wenn Ihr Kind selbst Kinder bekommt. Dann wissen Sie, wie vieles es von zu Hause übernommen hat.«

Kinder brauchen die Führerschaft der Erwachsenen. Sonst entwickeln sie sich schlecht und fühlen sich unwohl.

»Vor einiger Zeit haben wir mit mehreren Erwachsenen und Kindern eine Radtour gemacht und unterwegs gemeinsam übernachtet. Am nächsten Morgen schien die Sonne, es herrschte eine heitere Stimmung. Ich schlug vor, dass wir zusammen ein paar Yogaübungen machen könnten. Alle reagierten positiv, außer einem der Kinder. Das Mädchen sagte: ›So ein Quatsch, dazu hab ich keine Lust.‹ Dennoch blieb es stehen und demonstrierte uns unablässig, wie blöd es alles fand, während wir unsere Übungen machten. Das Ganze dauerte nur drei Minuten. Als wir fertig waren, sagte die Mutter zu ihrer Tochter, sie sei traurig, dass sie die Übung sabotiert habe. Außerdem habe sie sich wie ein verzogenes kleines Kind aufgeführt, das seinen Willen nicht bekommt. In diesem Moment fing das Mädchen an zu weinen.«

»Das Kind fängt genau in dem Augenblick an zu weinen, in dem die Mutter ihre Definitionsmacht benutzt. Definitionsmacht bedeutet, jemand aufgrund seines Verhaltens eine Eigenschaft zuzuschreiben – ihm gewissermaßen einen Zettel anzukleben. In diesem Beispiel bezeichnet die Mutter ihre Tochter als ›verzogenes kleines Kind‹. Stattdessen hätte sie sagen können: ›Hör mal zu, ich bin sehr wütend, weil du etwas sabotierst, was mir Spaß macht, dir aber nicht. Ich will, dass du entweder mitmachst oder dich raushältst.‹ Fertig. Diese zwei Sätze der Mutter hätten genügt, um ihrer Tochter eine klare Botschaft zukommen zu lassen.«

»Meinen Sie, dass sich fast alle klaren Botschaften auf ungefähr zwei Sätze reduzieren lassen?«

»Ja, mit allem anderen moralisieren und kritisieren wir. Und das bedeutet, mit Kanonen auf Spatzen zu schießen. Das Mädchen hat noch nicht gelernt, alle Situationen zu meistern, und ist gefangen zwischen der Loyalität zu seiner Mutter und seiner eigenen Autonomie. Es könnte sein, dass es Hilfe benötigt, um zu erkennen, dass es in Ordnung ist, autonom zu sein. Deshalb sage ich immer, die wichtigste Aufgabe einer Familie besteht darin, sich gegenseitig zu helfen, Nein zu sagen. Man muss spüren, dass die eigene Autonomie akzeptiert wird, statt zu denken, Mama ist bestimmt traurig, wenn ich nicht mitmache.«

»Viele Kinder erleben aber, dass es sehr schwierig ist, Nein zu sagen, ganz gleich ob es um das Spielen auf dem Schulhof oder um einen Freund geht, der sich einen Ball ausleihen möchte. Wie kann man Kinder darin bestärken, Nein zu sagen?«

»Ich schlage vor, dass Kinder dies zunächst an den eigenen Eltern trainieren, ehe sie es gegenüber Freunden versuchen. Trainieren kann man am besten innerhalb der Familie. Die Kunst, Nein zu sagen, besteht darin, Ja zu sich selbst zu sagen, und in einer kompetenten Familie brauchen alle Hilfe, um Nein sagen zu lernen. Viele werden ernsthaft mit ihrer eigenen Erziehung konfrontiert, wenn sie selbst Kinder bekommen. Als Eltern können wir nicht wissen, welche unserer Eigenschaften unseren eigenen Kindern Schwierigkeiten bereiten. Ein aussagekräftiges Feedback auf Ihre Elternrolle bekommen Sie nur in kleinen Portionen. Beobachten Sie einfach, wie Ihre Kinder im Leben zurechtkommen, wie ihre ersten ernsthaften Paarbeziehungen verlaufen. Sie machen aufschlussreiche Beobachtungen, wenn Ihre Kinder selbst Eltern werden, und vielleicht werden Sie Ihre letzten Schlüsse erst ziehen, wenn Sie 80 Jahre alt sind.

Ein elfjähriges Kind können Sie bitten, Ihre drei schlimmsten Eigenschaften als Mutter aufzuschreiben. Einer der letzten Briefe, die ich bekommen habe, war von einem Jugendlichen. Einem Mädchen, das er im Internet kennengelernt hatte, schrieb er: ›Meine Mutter ist eine Hure und eine Hexe.‹ Später meinte er, so etwas schreibe man eben, das habe nichts zu bedeuten. Aber was steckt eigentlich dahinter? In jedem Fall hat er etwas über seine Mutter zu sagen, das er sonst zurückhält, um sie nicht zu verletzen. Soll man ihn dafür kritisieren? Nein. Die erste ernsthafte Freundin wird die Geschichte seiner Kindheit erfahren, und die wird sicher in einigen Punkten von der Einschätzung seiner Eltern abweichen.«

»Können Sie etwas über die Fähigkeit von Kindern sagen, Eigenverantwortung zu übernehmen oder Verantwortung zu verstehen? Bei uns wohnen die Kinder nicht wie in einem Hotel. Sie müssen mithelfen, weil wir Erwachsenen nicht alles alleine schaffen.«

»Es gibt zwei Arten der Verantwortung, die sehr verschieden sind: die soziale Verantwortung anderen Menschen gegenüber und die existenzielle Verantwortung für unser eigenes Leben. Kinder haben ihre eigenen Werte nicht auf dieselbe Art und Weise entwickelt wie Erwachsene. Dennoch können Kinder relativ früh die Verantwortung für sich selbst übernehmen. Kinder haben eigene Meinungen und Wünsche und einen eigenen Stil. Sie wissen, wie sie ihre Haare tragen, was sie anziehen und essen wollen und welche Spiele sie bevorzugen. Und für diese Dinge kann man ihnen auch die Verantwortung übertragen. Denken Sie daran, dass Kinder vieles selbst, aber nicht allein können. Für Eltern geht es darum, die Kinder als Ratgeber zu begleiten, statt Macht auszuüben oder billige Manipulation anzuwenden. Sie müssen den Zeitpunkt erkennen, zu dem Kinder eine größere Eigenverantwortung einfordern. Das geschieht, wenn sie sich lautstark darüber beschweren, dass die Erwachsenen immer alles bestimmen. Oder wenn sie darauf insistieren, Dinge selbst zu entscheiden. Wenn etwas entsteht, das man als destruktiven Konflikt bezeichnen könnte, ist dies oft ein Zeichen dafür, dass die Eltern dem Kind zu viel Verantwortung abgenommen haben. Fürsorge und Erziehung bestanden in den letzten 300 Jahren im Kern darin, dass Eltern ihren Kindern die persönliche Verantwortung aus der Hand nahmen. Das funktioniert, solange die Eltern absolute Autoritäten darstellen und gewillt sind, notfalls Gewalt und Zwang auszuüben, um dies durchzusetzen. Heutzutage legen wir indessen großen

Wert auf die soziale Verantwortung der Kinder in Familie, Kindergarten und Schule. Wir betonen, dass sie eine große Verantwortung gegenüber anderen Menschen und deren Eigentum haben. Daran ist nichts auszusetzen, es fördert eine Gesellschaft, die uns vorschwebt. Doch versäumen wir es, unseren Kindern beizubringen, was es heißt, persönliche Verantwortung zu übernehmen. Wir geben ihnen zu wenig Möglichkeiten, dies zu trainieren, und es wird zunehmend deutlich, dass in dieser Hinsicht ein riesiger Nachholbedarf besteht.«

»Ich bemerke häufig, dass Eltern mit ihren Kindern schimpfen, weil sie ihr Handy, ihre Tasche oder ihre Schlüssel vergessen haben. Dabei haben diese Eltern ihren Kindern nie die Möglichkeit gegeben, sich für ihr Eigentum verantwortlich zu fühlen.«

»Eltern tragen die Verantwortung, sollen ihre Kinder aber nicht von oben herab belehren. Sie können zu ihren Kindern sagen: ›So war es bisher, aber das war ein Fehler. Von nun an machen wir es anders: Wenn du dein Handy irgendwo liegen lässt, musst du es dir wiederholen oder selbst ein neues kaufen. Wenn dein Fahrrad gestohlen wird, weil du es nicht abgeschlossen hast, dann hast du eben fürs Erste kein Fahrrad mehr.‹ Natürlich werden die Kinder eine Zeit lang maulen, weil sie sich den Service erwarten, den sie bisher gewohnt waren.

Dasselbe geschieht in Paarbeziehungen, in denen die Frau ihrem Mann stets alles abgenommen hat. Wenn sie ihm diesen Service plötzlich verweigert, ist er verstimmt und sagt, sie liebe ihn nicht mehr, weil Liebe und Service für ihn zusammengehören. Doch ist dies ein Irrtum, der dringend korrigiert werden muss. Zu einem Kind kann man sagen: ›Hör mal, wenn du wirklich glaubst, dass es irgendwo in der Welt eine Gemeinschaft gibt, der man angehören kann, ohne einen eigenen Beitrag zu leisten, dann kannst du dich ihr gerne anschließen. Hier kannst du jedenfalls nicht wohnen bleiben, ohne etwas beizutragen.‹ Ich bin noch keinem Jugendlichen begegnet, der auf so eine Botschaft nicht reagiert hätte. Wenn die Botschaft klar und definitiv ist und das, was die Eltern sagen, von Herzen kommt, statt einer abstrakten Moral zu folgen, dann werden die Worte ihre Wirkung nicht verfehlen.«

»Wenn du wirklich glaubst, dass es irgendwo in der Welt eine Gemeinschaft gibt, der man angehören kann, ohne einen eigenen Beitrag zu leisten, dann kannst du dich ihr gerne anschließen. Hier kannst du jedenfalls nicht wohnen bleiben, ohne etwas beizutragen.«

»Kann man von Kindern erwarten, ihr eigenes Zimmer in Ordnung zu halten?«

»Ja, mit gewissen Einschränkungen. Denken Sie an sich selbst und Ihren Partner. Ist Hausarbeit etwas, das Ihnen Spaß macht? Oder müssen Sie sich zwingen, sie zu erledigen? In jedem Fall beeinflusst die Einstellung der Eltern in dieser Frage ihre Kinder. Kinder haben zunächst keine feste Vorstellung davon, wann wieder mal aufgeräumt werden müsste. Deshalb sollten Eltern zu kleinen Kinder sagen: ›Oh, hier muss dringend mal wieder aufgeräumt werden. Die Dinge müssen vom Boden verschwinden und in die Regale und Schubladen geräumt werden. Dabei werde ich dir morgen mal helfen.‹ Wenn ein Kind schon sechs bis acht Jahre alt ist, könnten Eltern es so formulieren: ›Ich war in deinem Zimmer und finde, es sieht dort schrecklich aus. Wenn das mein Zimmer wäre, würde ich sofort aufräumen. Sag Bescheid, wenn du dabei Hilfe brauchst.‹ Es ist keine gute Idee, einem Kind zu erklären, es müsse lernen aufzuräumen, damit es dies später als Erwachsener beherrscht. Übrigens gibt es auch Kinder, die ganz von selbst aufräumen. Und wenn sie zu Teenagern geworden sind und sich Hals über Kopf verliebt haben, dann garantiere ich Ihnen, dass sie putzen und aufräumen, bevor ihr Schatz zu Besuch kommt.«

»Welche Tätigkeiten dürfen sich Eltern von ihren Kindern erwarten, und soll man sie dafür entlohnen?«

»In einer Gesellschaft, in der die meisten Menschen über Geld verfügen, haben Kinder ein Recht darauf, Taschengeld zu bekommen. Dabei sollten die eigenen finanziellen Möglichkeiten und die Höhe des

Taschengelds von befreundeten Kindern als Maßstab dienen. Kinder sollten ein wöchentliches Taschengeld bekommen, das an keinerlei Voraussetzungen gebunden ist. Will man ein Kind dafür belohnen, dass es das Badezimmer putzt oder auf seine kleine Schwester aufpasst, kann man mit ihm darüber diskutieren. Als mein Sohn sieben Jahre alt war, fragte er von sich aus, ob er etwas tun könne. Danach ist es in unserer Familie zur Tradition geworden, dass er uns seine Arbeitskraft anbot, wenn er ein bisschen Geld brauchte. Das fand ich ganz ausgezeichnet. Historisch betrachtet ist es die Oberschicht, die mit solchen Dingen Erfahrung hat, und den Oberschichteltern standen von jeher zwei Strategien zur Auswahl. Die einen wollen, dass ihre Kinder den Wert des Geldes kennen und schätzen lernen. Deshalb lassen sie sie dafür arbeiten. Die anderen denken, ich habe doch Geld genug, warum soll ich es also nicht mit meinen Kindern teilen? Welche Kinder schlagen sich später am besten? Ich glaube, die Kinder der ersten Gruppe, bin mir jedoch nicht ganz sicher. Sicher bin ich hingegen, dass man Kindern das Geld nicht aus falschen Gründen geben sollte, das heißt, als Symbol der Liebe oder um des lieben Friedens willen. Das geht mit Sicherheit schief. Natürlich kann man auch in einer wohlhabenden Familie aufwachsen und von jeher genug Geld zur Verfügung haben, ohne dass die soziale Kompetenz dadurch beeinträchtigt wird. Das kommt ganz auf die Beziehung der Eltern zum Geld an.«

Kinder sollten ein wöchentliches Taschengeld bekommen, das an keinerlei Voraussetzungen gebunden ist.

»Hält die Wahrung der äußeren Fassade uns manchmal davon ab, gute Eltern zu sein?«

»Jetzt muss ich mal etwas sehr Unpopuläres sagen. Der soziale Druck war noch nie so gering wie heute. Denken wir nur an die Verhältnisse auf dem Dorf vor 100 Jahren! Dort konnte man nicht einen Millimeter von der Norm abweichen, ohne sofort gestoppt zu werden. Heutzutage haben wir Millionen von Möglichkeiten. Eltern mögen immer noch einen gewissen Druck verspüren, doch objektiv gesehen hat der Druck extrem nachgelassen. Eigentlich begreife ich gar nicht, warum wir so unruhig werden. Seit 15 bis 20 Jahren gibt es Handys, und immer noch sind viele der Meinung, dass Kinder keines haben sollten. Ein britischer Psychologe sagt, dass ein Sechsjähriger heutzutage ein Handy besitzen sollte, weil so eben die sozialen Kontakte gepflegt werden. Damit hat er vollkommen recht, doch viele können dies mit ihren Moralvorstellungen nicht in Einklang bringen. Und vernünftig damit umzugehen lernen Kinder ebenso schnell wie Erwachsene.«

»Wenn es bei uns zu Hause sehr unordentlich ist, wir mitten in der Woche Süßigkeiten essen, Spielfilme anschauen und die Kinder viel zu spät ins Bett kommen, dann fühle ich mich als schlechte Mutter, die viel zu lieb ist und keine Grenzen setzt.«

»Es geht nie darum, *was* Sie tun, sondern *warum* Sie es tun. Wenn es Ihnen darum geht, billig davonzukommen und Ihre Ruhe zu haben, dann ist es falsch. Das werden auch die Kinder spüren, indem sie sich ihre Freiheit ›erkaufen‹. Geht es Ihnen jedoch darum, auch zu unerwarteter Gelegenheit schöne Dinge mit der Familie zu tun, obwohl es zu Hause nicht aufgeräumt ist und andere Tätigkeiten vielleicht im Vordergrund stehen sollten, dann werden Ihre Kinder sich wichtig fühlen, weil Sie ihnen den Vorzug geben. Wir müssen ja auch nicht immer perfekt sein. Wichtiger als ein aufgeräumtes Haus und stets gesundes Essen ist es, für die Kinder da zu sein.«

»Sind moralische Prinzipien wichtig, wenn ein Konflikt auftaucht? Zum Beispiel die Entscheidung, ob mein Kind ein Handy und Markenkleidung haben soll?«

»Wie sehr will ich es zulassen, dass meine eigenen Prinzipien die Beziehung zu meinen Lieben kaputt macht? Bei den genannten Beispielen fällt es schwer, sich ein Kind vorzustellen, das lächelnd zu seiner Mutter sagt: ›Du hast echt klasse Prinzipien, Mama!‹ Ich darf noch einmal auf den britischen Psychologen und viele seiner Kollegen hinweisen, die empfehlen, Kinder frühzeitig mit einem Handy auszustatten, weil das ihrer sozialen Realität entspricht. In einer multikulturellen Gesellschaft ist das Leben der Familien sehr verschieden. In allen Gruppen finden sich fröhliche und glückliche Menschen. Es gibt keine unumstrittene Art des ›richtigen‹ Lebens, wie das noch in der Generation meiner Eltern der Fall war. Daran glauben wir schon längst nicht mehr. Wir wissen genau, dass es tausend verschiedene Arten gibt, mit unseren Kindern zusammen zu sein. Ein Siebenjähriger kann sich unseren Entscheidungen hinsichtlich eines Handys oder Markenkleidung unterwerfen, doch ich finde, ein 14-Jähriger sollte das nicht tun. Man kann ihn natürlich dazu auffordern, selbst auf ein Handy zu sparen. Einmal kam eine Mutter zu mir und sagte, ihr elfjähriger Sohn habe sie gefragt, ob er ein Handy haben dürfe. ›Hat er auch gesagt, *warum* er eins haben möchte?‹, fragte ich sie. Nein, das hatte sie vergessen, ihn zu fragen. Später lieferte sie die Antwort ihres Sohnes nach: ›Weil es cool ist.‹ Ich sagte ihr, dass dieses Argument nicht ausreiche. Ich hätte Nein gesagt. Die Qualität unserer Beziehungen hängt kaum davon ab, *was* wir tun, sondern umso mehr davon, *wie* und *warum* wir etwas tun. Später fand der Junge andere und bessere Argumente, aber die Eltern blieben bei ihrer Entscheidung. Schließlich sagte der Junge: ›Hört mal, ich habe doch mehrere tausend Kronen auf dem Konto, und ihr habt immer gesagt, dass ich selbst entscheiden kann, wofür ich das Geld ausgeben will. Kann ich mir davon das Handy kaufen?‹ Plötzlich waren die Eltern zwischen zwei ihrer Prinzipien gefangen und mussten in den sauren Apfel beißen.«

Die Qualität unserer Beziehungen hängt kaum davon ab, *was* wir tun, sondern umso mehr davon, *wie* und *warum* wir etwas tun.

»Die Schule verpflichtet Kinder dazu, ihre Hausaufgaben zu machen. Widerspricht das nicht dem Prinzip, Kinder zu persönlicher Verantwortung zu erziehen? Wie sehr sollen sich Eltern darin einmischen, wann und wie die Hausaufgaben gemacht werden?«

»Ich finde, dass ein Kind von Anfang an allein für seine Hausaufgaben verantwortlich sein soll. Das ist eine Sache zwischen dem Kind und seinem ›Arbeitsplatz‹. Die Eltern sollen es motivieren und mit Rat und Tat zur Seite stehen, aber nicht die Verantwortung übernehmen. Die Schule hat diese Verantwortung von jeher den Eltern zugeschoben. Das ist vollkommen idiotisch und führt zu Konflikten. Dabei wäre es für das Verhältnis zwischen Eltern und Schülern viel logischer und konstruktiver, wenn die Kinder die volle Verantwortung trügen. Die gegenwärtigen Zustände führen tagtäglich zu Millionen destruktiver Konflikte zwischen Eltern und Kindern, belasten ihre Beziehung und hemmen die Lernbereitschaft der Kinder.

Studien aus Dänemark, den USA und Großbritannien belegen inzwischen eindeutig, dass Hausaufgaben für die Kinder keinerlei Lerneffekt haben – oft ist sogar das Gegenteil der Fall. Ich bin auch sehr skeptisch gegenüber der großen Zahl an Schulstunden, die heutzutage auf dem Lehrplan stehen. Die Entwicklung all der anderen Kompetenzen, die ebenfalls wichtig sind, kommt dadurch zu kurz. Die Schule sagt, Hausaufgaben seien wichtig, um das Engagement der Eltern aufrechtzuerhalten. Doch wenn Hausaufgaben dazu benutzt werden, Eltern zur Mitarbeit zu nötigen, hat das nichts mehr mit anständiger Kommunikation zu tun. Aber so sind die Schulen entstanden. Die Schule zwang die Eltern, ihre Kinder zum Unterricht zu schicken. Ich bin der Meinung, dass alte Demokratien wie Norwegen, Schweden und Dänemark die Schul- und Unterrichtspflicht schnellstmöglich abschaffen und durch ein Unterrichtsrecht ersetzen sollten. Dann würde eine ganz andere Beziehung zwischen Schülern und Lehrern entstehen.«

»In einem Beispiel, in dem die Hausaufgaben ein Riesenproblem darstellten, schreiben Sie, es sollte dem Kind überlassen bleiben, sich um sämtliche Hausaufgaben zu kümmern. Haben Sie irgendwelche Tipps, um zu vermeiden, dass die Schulsituation sich zuspitzt?«

»Ich arbeite vorzugsweise mit Familien, deren Mitglieder verzweifelt sind, weil sie nicht mehr allein klarkommen. In diesen Familien besteht die Lösung oft darin, dass das Kind die Verantwortung übernimmt und den Lehrern dies auch mitgeteilt wird. Auf diese Weise kann das Kind um Hilfe bitten, wenn es Hilfe braucht. Das kann fachliche Hilfe sein, doch oft zeigt es sich, dass die Kinder ihre Eltern bitten, ihnen bei der Strukturierung ihrer Arbeit zu helfen.

Dem Kind die Verantwortung zu überlassen bedeutet nicht, dass man es mit der Verantwortung allein lässt oder dass die Eltern aufhören, sich zu engagieren. Es bedeutet nichts anderes, als dass das Kind die Verantwortung trägt, also auch die Verantwortung, um Hilfe zu bitten. Allzu oft wenden Eltern zu viel Energie für eine Art der Hilfe auf, die im Grunde nichts anderes als Kontrolle ist – diese Doppelstruktur verursacht den Konflikt, nicht die Hausaufgaben an sich. Das größte Problem in puncto Hausaufgaben besteht darin, dass die Erwachsenen zunehmend falsche Signale aussenden, je mehr ihre Frustration wächst. Sie signalisieren, das Kind wolle nicht lernen, doch nichts ist falscher!

Konflikte, die sich an den Hausaufgaben entzünden, gehören zu den Konflikten, deren Eisen man schmieden sollte, solange es kalt ist. Setzen Sie sich in Ruhe hin und sagen Sie zu Ihrem Kind: ›Wegen der Hausaufgaben haben wir uns schon so oft in die Haare gekriegt, und das gefällt mir nicht. Mein Problem besteht darin, dass ich mich dafür verantwortlich fühle, dass du in der Schule klarkommst, obwohl das ja eigentlich eine Sache zwischen dir und deinen Lehrern ist – also brauche ich Hilfe. Hast du einen Vorschlag, was wir ändern könnten?‹ Hören Sie der Antwort Ihres Kindes genau zu. Die meisten Kinder sagen ihren Eltern ziemlich direkt, warum ihre Hilfe nicht hilfreich ist.«

»Als Kind bekam ich die Möglichkeit, zu reiten, Handball und Tennis zu spielen, Rhythmische Sportgymnastik zu betreiben etc. Ich durfte alles ausprobieren, was ich wollte. Heute wünschte ich, ich könnte auch nur eines dieser Dinge richtig gut. Wie wichtig ist es, Kinder möglichst viel ausprobieren zu lassen? Das kostet ja trotz allem Zeit, Geld und Engagement.«

»Diese Frage berührt verschiedene Probleme. Die finanzielle Frage beantwortet sich von selbst. Entweder man kann es sich leisten oder nicht. Eine andere Frage ist, ob man alles zu Ende führen sollte, das man begonnen hat. Die Antwort kann nur im Dialog mit dem Kind gefunden werden. Wieso will der Junge mit dem Fußball aufhören und stattdessen mit Karate anfangen? Lassen Sie ihn zu Wort kommen, statt über seinen Kopf hinweg zu entscheiden. Viele Eltern senden ihren Kindern gegenüber widersprüchliche Signale aus. Wenn die Entscheidung bereits gefallen ist, kann man das Kind leicht manipulieren, damit es dieselbe Entscheidung trifft.

Fassen Sie Ihre Beschlüsse gemeinsam mit den Menschen, die an der Sache beteiligt sind, und nicht aufgrund von Prinzipien.

Sagen Sie zu ihm, dass Sie erst darüber nachdenken müssen. Sie können einem Kind gegenüber durchaus Ihre Zweifel artikulieren. Sie können ihm sagen, dass Sie einerseits finden, man solle ein bisschen Durchhaltevermögen an den Tag legen, obwohl Sie andererseits der Meinung sind, man solle mit Dingen aufhören, die einem keinen Spaß mehr machen. Bitten Sie Ihr Kind um Hilfe: ›Hast du Gründe, um aufzuhören?‹ Oft haben die Kinder wirklich gute Gründe. Mein Sohn war sehr gut in Badminton, doch sein Trainer nahm ihm die Freude daran, indem er sein Talent ausnutzte und ihn von Turnier zu Turnier hetzte. Mein Sohn hatte nämlich gar keine Lust auf diesen Turnierzirkus am Wochenende. Fassen Sie Ihre Beschlüsse gemeinsam mit den Menschen, die an der Sache beteiligt sind, und nicht aufgrund von Prinzipien.

Wir haben keine Tradition, Informationen dort einzuholen, wo sie am einfachsten zu bekommen wären, nämlich bei unseren Kindern selbst. Wäre es anders, würden sie frühzeitig lernen zu reflektieren, ihren Entscheidungen ein Fundament zu geben und diese zu begründen. Doch lernen Kinder so etwas nur in der Praxis, nicht durch abstrakte Belehrungen. Als mein Sohn 16 Jahre alt war, hatte er einen großen Traum: Er wollte unbedingt Barkeeper werden. Er hatte nämlich *Cocktail*, den fantastischen Film mit Tom Cruise, gesehen. Ich ließ ihm diesen Traum und gab ihm Zeit, sich selbst in Ruhe damit auseinanderzusetzen. Was gibt mir das Recht, ihn mit meinen Ansichten darüber, was vernünftig ist oder nicht, zu überfahren, statt ihm zu vertrauen und mich über seine Begeisterungsfähigkeit zu freuen?«

»Aber Eltern müssen doch mit ihrer Meinung nicht hinterm Berg halten, wenn ihnen die Sache am Herzen liegt und sie das Bedürfnis haben, mit ihren Kindern zu reden.«

»Mit meinem Sohn stand ich einmal vor einer solchen Herausforderung. Damals befand er sich zur Ausbildung in einem großen Hotel. Ich hatte ihn seit drei Monaten nicht gesehen, als ich einen Abstecher zum Hotel machte. Ich dachte, vielleicht steht er ja gerade hinter der Theke, und das tat er auch. Wie sprachen drei, vier Minuten miteinander, dann wurde es still. Am liebsten hätte ich ihm verschiedene Dinge gesagt, spürte aber, dass die Fragen, die aus meinem Mund wollten, meine eigene Mutter gestellt hätte: Kommst du finanziell über die Runden, was machst du an den Abenden, mit wem bist du zusammen usw. Zuhause konnte ich lange nicht einschlafen, weil ich mich die ganze Zeit fragte, ob ich ihm nicht etwas Bestimmtes zu sagen gehabt hätte. Als ich früh am nächsten Morgen aufwachte, wusste ich genau, was ich hätte sagen wollen: ›Wenn ich nur ein bisschen hier sitzen und deinen Anblick genießen kann, dann bin ich zufrieden.‹ Eigentlich sagt ›man‹ so etwas nicht, aber genau so war es. Ich glaube nicht, dass mein Sohn das als peinlich empfunden hätte. Vielleicht hätte er einfach ›Okay‹ gesagt und sich im Stillen darüber gefreut. Wir müssen Dinge sagen, die sich ›künstlich‹ anfühlen, wenn wir das Rollenspiel aufbrechen wollen. Wir müssen uns trauen, Dinge auszusprechen, die seit Generationen nicht zur Elternrolle gehörten. Dann wird es persönlich. Ich hätte mit meinem Sohn auch ein, zwei Stunden über die Hotelbranche reden können, aber das hätte unsere persönliche Beziehung nicht berührt und unsere Kenntnis voneinander nicht vertieft.«

»Zurück zu Eltern, die die Regie übernehmen. Manche Kinder verbringen so viel Zeit mit Computerspielen, dass die Eltern dies kontrollieren wollen. Bei uns zu Hause haben wir da keine festen Regeln. Wenn andere Kinder zu Besuch kommen, dann spielen sie oft mehrere Stunden lang zusammen, weil es sozial ist. Gerade in Bezug auf Computerspiele ist viel von moralischen Prinzipien die Rede, aber können die Kinder wirklich spielsüchtig werden?«

»Diese Sorgen existieren schon seit Erfindung der ersten primitiven Radios. Vor zehn Jahren ging es hauptsächlich um Gameboys. Ich gebe gern zu, dass die ganze Sache nicht ungefährlich ist, muss aber auch betonen, dass Kinder, die abhängig werden, sei es von Computerspielen oder von Alkohol, ein mangelndes Selbstwertgefühl haben. Das macht sie anfällig. Erwachsene müssen sich zu ihnen setzen, Interesse für das zeigen, was sie tun, und sie nach den Gründen fragen. Gehen Sie nicht in das Zimmer, um Ihr Kind zu kontrollieren oder zu manipulieren. Wenn man sich auf einen Dialog einlässt, lernt man oft Kinder und Jugendliche kennen, die am Computer ihr erstes wirkliches Erfolgserlebnis hatten. Das Computerspiel ist etwas, das sie wirklich beherrschen. Und möglicherweise kommunizieren sie zum ersten Mal mit anderen, denen es genauso geht. Natürlich muss man etwas unternehmen, wenn ein Kind abhängig zu werden droht, doch sollte man sich bewusst sein, dass die Abhängigkeit nur ein Symptom ist. Es gibt andere Felder, auf denen Eltern ihren Kindern helfen müssen, eine Immunabwehr gegen die Abhängigkeit zu entwickeln.«

»Viele geschiedene Eltern tun sich schwer mit der Kommunikation. Scheidungskinder müssen oft mit der Uneinigkeit zweier Elternhäuser auskommen. Können Kinder ein schlechtes Verhältnis ihrer Eltern akzeptieren? Was kann man da machen?«

»Anerkennung ist eine bewährte Medizin. Man kann zu seinem Kind gehen und sagen: ›Es muss sehr schwierig für dich sein, so dumme Eltern zu haben.‹ Das ist alles. Dann kann das Kind leichter mit der schlechten Kommunikation zurechtkommen und braucht sich nicht illoyal zu fühlen.

Außerdem reagieren Kinder sehr unterschiedlich. Manche beginnen mit neun bis zehn Jahren, sich von ihren Eltern zu distanzieren. In gewisser Weise fangen sie in diesem Alter bereits an, erwachsen zu werden. Dann gibt es die Extremfälle, in denen die Mutter oder der Vater das Kind schlecht behandeln. Manche Kinder müssen immer oder teilweise mit Psychopathen zusammenleben. Sie haben Eltern, denen es an Empathie mangelt, die nur an den eigenen Vorteil denken und Weltmeister im Manipulieren sind. Natürlich sollte man darum kämpfen, das Zusammenleben eines Kindes mit einem Psychopathen zu beenden, doch so, wie das System bei uns funktioniert, ist die Chance groß, dass man diesen Kampf verliert.«

Anerkennung ist eine bewährte Medizin.
Man kann zu seinem Kind gehen und sagen:
»Es muss sehr schwierig für dich sein, so dumme Eltern zu haben.«
Das ist alles. Dann kann das Kind leichter mit der schlechten Kommunikation zurechtkommen und braucht sich nicht illoyal zu fühlen.

»Wie gehen Kinder mit Eltern um, die manipulativ sind und über den anderen Elternteil herziehen? Kinder ertragen schließlich einiges.«

»Das beeinträchtigt ihr Selbstwertgefühl und macht sie einsam. Oft verlieren sie das Vertrauen zu den Erwachsenen, hin und wieder nehmen sie auch konkreten Schaden. Wenn Kinder Schaden nehmen, bedeutet das einen Verlust an Vitalität und Lebensfreude. Man nimmt indes keinen Schaden daran, wenn man schrecklich unglücklich ist und seinen Papa vermisst. Das schadet nicht der persönlichen Entwicklung, das ist einfach so. Dasselbe ist der Fall, wenn jemand stirbt. Es ist jedoch völlig inakzeptabel, wenn Eltern ihre Gefühle für den Expartner in ihre Gemeinschaft mit den Kindern einfließen lassen. Solange wir ein Kindergarten- und Schulsystem haben, dem es nicht gefällt, dass Kinder zu persönlicher Verantwortung und Integrität erzogen werden, bekommen wir weiterhin unmögliche Erwachsene, die niemals Eltern hätten werden sollen.«

»Inwieweit können Kinder von einer Scheidung auch profitieren?«

»Wenn die Eltern einigermaßen vernünftig bleiben, haben Kinder einen Riesenvorteil. Falls Konflikte mit einem Elternteil entstehen, können sie sich bei dem anderen abreagieren. Diese Möglichkeit haben Kinder innerhalb einer Familie nicht. Man kann natürlich auch argumentieren, dass die Konflikte erst durch die Scheidung entstanden sind, doch keine Familie ist perfekt. So oder so ist es ein hartes Stück Arbeit, mit den Eltern zusammenzuarbeiten. Wenn das Kind eine Woche bei seinem Papa gewesen ist und nun versucht, bei der Mama sein Gleichgewicht wiederzufinden, dann ist das nicht gefährlich. Ich habe Briefe von Kindern bekommen, für die die Scheidung ihrer Eltern eine große Erleichterung war, weil sie nicht länger mit Konflikten und ständigen Streitereien leben müssen.«

»Ist es für Kinder schädlich, wenn sie ihre Eltern streiten hören? Bekommen sie womöglich Angst, die Eltern könnten sich scheiden lassen? Es ist doch normal, dass man manchmal böse aufeinander ist. Wie erklären wir das den Kindern, damit sie keine Angst bekommen?«

»Inwieweit Kinder Schaden nehmen – also entweder Schuldgefühle bekommen oder das Vertrauen in die Erwachsenen verlieren –, hängt davon ab, wie zivilisiert die Eltern streiten. Wenn sie das primitiv tun und sich grobe Kränkungen zufügen, dann ist das nicht gut. Für Kinder von heute sind Scheidungen so üblich, dass sie oft fragen, ob Mama und Papa sich scheiden lassen, wenn sie miteinander streiten. Die Antwort könnte folgendermaßen ausfallen: ›Nein, das haben wir nicht vor, aber in diesem Punkt sind wir so komplett anderer Meinung, dass wir laut rufen müssen, um herauszufinden, ob wir uns nicht doch einigen können. Uns macht das auch keinen Spaß, aber es ist nicht gefährlich.‹«

»Wenn die Scheidung eine Tatsache ist, dann gehen wir oft neue Beziehungen ein, sodass die Kinder mit neuen Erwachsenen in ihrem privaten Umfeld zurechtkommen müssen.«

»Ja, so ist das. Natürlich besteht eine gewisse Hoffnung, dass Scheidungskinder aufgrund ihrer persönlichen Erfahrung später aufmerksamer mit ihren eigenen Kindern umgehen, sollten sie selbst geschieden werden. Vielleicht gelingt es ihnen ja, die Fehler ihrer Eltern zu vermeiden.«

»Ich möchte noch ein anderes Thema anschneiden. Leiden Kinder darunter, keine Geschwister zu haben? Manche Eltern haben deswegen ein schlechtes Gewissen.«

»Wir maßen uns göttliche Entscheidungsgewalt an, wenn wir glauben, unser Familienleben bis ins Detail planen zu können. Ich finde es absurd, ein Kind nur deswegen in die Welt zu setzen, damit ein bisheriges Einzelkind einen Bruder oder eine Schwester bekommt. Dass Einzelkinder froh über Geschwister oder Stiefgeschwister sind, heißt nicht, dass sie andernfalls unglücklich wären. Mein Sohn ist ein Einzelkind und hat sich nie etwas anders gewünscht. Er hat regelrecht Panik bekommen, als seine Mutter von der Möglichkeit sprach, noch ein Kind zu bekommen, als er bereits zwölf war. Ich denke, man sollte so etwas dem Lauf der Natur überlassen.«

NIKE
VANS
MAX

Das Jugend-zimmer: Protest und Verantwortung

Früher als je zuvor scheinen Kinder heute zu Jugendlichen zu werden. Sie sind einem riesigen Medienangebot ausgesetzt, nutzen die vielfältigen Möglichkeiten des Internets und kommunizieren via Facebook. Doch erwachsen zu werden bedeutet mehr, als sich von den Eltern zu lösen. Die Teenager müssen zu Schönheitswahn, Drogen, Starkult und vielen anderen Dingen eine Haltung entwickeln. Auch für Eltern ist die Erkenntnis nicht leicht, dass der Zug in gewisser Hinsicht abgefahren ist. Das, was man bis zu diesem Zeitpunkt in sein Kind investiert hat, entscheidet darüber, wie es die Pubertät mit all ihren Begleiterscheinungen bewältigt.

»Wenn Kinder ein bestimmtes Alter erreicht haben, werden sie mit vielen ernsthaften persönlichen Entscheidungen konfrontiert. Dabei geht es unter anderem um Sex und Alkohol. Wie bereiten wir die Jugendlichen am besten darauf vor, die richtigen Entscheidungen zu treffen?«

»Es leuchtet ein, dass wir in unserer Rolle als besserwisserischer Erzieher ausgedient haben, wenn unsere Kinder zehn bis elf Jahre alt sind. Dann ist es wichtig, dass sie bereits geübt darin sind, Eigenverantwortung zu übernehmen. Sie müssen einiges über sich selbst wissen und ein intaktes Selbstwertgefühl haben, das sie in die Lage versetzt, Freunden und Freundinnen klare Signale zu senden. In der Pubertät wandelt sich die Rolle der Eltern von besserwisserischen Versorgern zu Sparringspartnern, doch viele Eltern können sich nicht von ihrer alten Rolle trennen und werden nie zu solchen Trainingspartnern. Beim Boxen verfügt ein Sparringspartner über zwei Qualitäten: Er leistet maximalen Widerstand und richtet minimalen Schaden an. Wenn Ihr Sohn zu Ihnen kommt und sagt, er wolle sich ein Computerspiel kaufen, können Sie herausfinden, ob dies eine überlegte Entscheidung ist. Als Sparringspartner können Sie zu ihm sagen: ›Ich glaube, das ist ein bisschen voreilig.‹ Oder: ›Ich merke, dass du dir viele Gedanken darüber gemacht hast.‹ Vielleicht gefällt Ihnen seine Entscheidung nicht, und natürlich können Sie das auch artikulieren, sollten Ihrem Sohn aber die endgültige Entscheidung überlassen.

Wenn Kinder ein gewisses Alter erreichen, müssen die Eltern lernen, einen Schritt zurückzutreten. Das bedeutet nicht, dass sie ihre Werte und Normen aufgeben sollen – im Gegenteil. Viele Eltern glauben, bei ihren jugendlichen Kindern kein Gehör mehr zu finden, aber das ist nicht wahr. Ihre Meinungen und Gefühle machen immer noch einen großen Eindruck, doch lassen sich Teenager dies oft nicht anmerken, weil sie es nicht vertragen, das Gesicht zu verlieren. Aber sie denken viel darüber nach, was ihre Eltern gesagt haben, und reden mit ihren Freunden darüber. Für Eltern ist es nach wie vor wichtig, sich deutlich zu artikulieren. Hingegen dürfen sie nicht ihre Macht missbrauchen und ihren Kindern die Freiheit nehmen. Wir müssen darauf vertrauen, dass unsere Kinder ihr Bestes geben, auch wenn uns das Ergebnis nicht immer gefallen mag.«

»Das hört sich ja sehr positiv an. Eltern können sich geschmeichelt fühlen, wenn die Kinder sich ihre Worte zu Herzen nehmen, aber trotzdem ihren eigenen Weg gehen. Ich glaube, das ist für die Eltern ein großer Vertrauensbeweis.«

»Das ist es auch. Manche Eltern glauben, je mehr sie reden, einen desto größeren Eindruck hinterlassen sie, doch das Gegenteil ist der Fall. Man sollte seine Botschaft immer in zwei Sätzen vorbringen können.«

> Wir müssen darauf vertrauen, dass unsere Kinder ihr Bestes geben, auch wenn uns das Ergebnis nicht immer gefallen mag.

»Wir müssen über Alkohol und Zigaretten reden. In meiner Jugend war es sehr üblich, dass die Eltern einem den Führerschein finanzierten, wenn man im Gegenzug nicht vor dem 18. Lebensjahr mit dem Rauchen anfing. Viele Eltern, mit denen ich gesprochen habe, machen das immer noch so und beziehen auch Alkohol in diesen Deal mit ein. Ich habe den Eindruck, dass die Jugendlichen immer früher mit Alkohol experimentieren. Wie konsequent sollten Eltern in dieser Frage sein? Soll man auf die Vereinbarung bestehen, wenn man entdeckt, dass der Sohn oder die

Tochter auf einem Fest ein Bier getrunken hat, oder wenn der Jugendliche selbst davon erzählt? Ich finde es unangemessen, seinem Kind aus diesem Grund den Führerschein zu verweigern.«

»Wer eine solche Verabredung trifft und registriert, dass sein Kind trotzdem Bier trinkt, der sollte es zunächst fragen, ob es damit fortzufahren gedenkt. Wenn man eine vernünftige Beziehung hat, wird man auch eine offene Antwort erhalten. Wenn das Kind weiterhin ein Interesse an der Vereinbarung hat, dann sollten Sie diese bekräftigen.«

»Ist so eine Art Belohnung nicht eine sehr altmodische Erfindung?«

»Es ist eine freundschaftliche Manipulation. Es fragt sich allerdings, wie viele Teenager in der Lage sind, an die Konsequenzen ihres Handelns zu denken, ehe sie 18 sind. Ich glaube, man sollte keine gewaltige Propaganda betreiben. Das funktioniert nur in sehr autoritären Gesellschaften. Und in den anderen Gesellschaften bewirkt Propaganda meist das Gegenteil. Ich kannte mal einen 17-Jährigen, der zu rauchen begann, wenn er mit seinen Kumpeln unterwegs war, doch eigentlich gefielen ihm weder das Rauchen noch seine neuen Kumpel. Er fragte seine Mutter, ob sie die ›Freunde‹ anrufen könnte, um ihnen zu sagen, sie habe ihm den Umgang mit ihnen verboten. Indem seine Mutter die ›Schuld‹ auf sich nahm, brauchte er sich nicht direkt von den anderen zu distanzieren. Nach drei Monaten war das Problem gelöst. Das bedeutet nicht, dass es klug ist, seinem 17-jährigen Sohn den Umgang mit Freunden zu verbieten. So etwas tun wir nur, wenn wir nicht genug nachdenken. Entscheidend, ich sagte es schon, ist nicht, was wir tun, sondern wie und warum wir etwas tun. Es geht immer etwas hinter den Kulissen vor sich, das Bedeutung für das Geschehen auf der Bühne hat.

Lassen Sie mich ein weiteres Beispiel anführen: Ich hielt einmal einem Vortrag in einem Kulturhaus und kam in der Pause ins Gespräch mit dem Mann, der für die Beleuchtung zuständig war. Er erzählte mir von einem Ereignis, das für ihn als Vater sehr lehrreich gewesen war. Er war bereits seit vielen Jahren geschieden und hatte eine 16-jährige Tochter, die ihn an den Wochenenden besuchte. Meistens bat sie ihn um Erlaubnis, irgendwas unternehmen zu dürfen, und er erlaubte ihr stets alles, aus Angst, sich andernfalls unbeliebt zu machen. Doch irgendwann fand er eine gewisse Grenze überschritten und antwortete mit Nein. Vater und Tochter gerieten gewaltig in Streit und schrien sich an, bevor sie nach Hause zu ihrer Mutter fuhr. Bevor sie sich auf den Weg machte, ging sie ins Badezimmer und schrieb mit Lippenstift auf den Spiegel: ›Papa setzt sich durch!‹ Sie freute sich darüber, dass er seinen Willen endlich klar zum Ausdruck gebracht hatte. Das soll keine Aufforderung an die Väter sein, autoritärer zu werden, doch in diesem Fall ist die Tochter vom Entwicklungsprozess des Vaters beeindruckt gewesen.«

»Ein 15-jähriges Mädchen ist zu einer Party eingeladen, auf der es mit Sicherheit Alkohol gibt. Für Eltern ist das ein erschreckender Gedanke. Sie sagen immer wieder, dass wir den Kindern die Verantwortung übertragen sollen, doch wie geht am man am besten mit solch einer Situation um?«

»Wenn man um etwas kämpft und Widerstand spürt, sollte man sich stets überlegen, ob man wirklich nur das Beste für das Kind im Sinn hat oder auch in eigenem Interesse handelt. Wenn man dem Mädchen die Party verbietet, weil man andernfalls nervös wird und schlecht schlafen kann, dann handelt man im eigenen Interesse. Ein guter Rat für alle Eltern, die sich in einer ähnlichen Situation befinden: Versuchen Sie es mit der Wahrheit, wenn nichts anderes mehr klappt. Fragen Sie Ihre Tochter, ob sie nicht Ihnen zuliebe zu Hause bleiben will. Lautet die Antwort Nein, können Sie nichts mehr tun. Dann müssen Sie einfach die Daumen drücken und hoffen, dass alles gut geht. Am Sonntagmorgen werden Sie schnell wissen, ob es eine schöne Party war oder nicht. Fragen Sie Ihre Tochter aber nicht danach aus. Wenn die Party nicht so schön war, können Sie zu ihr gehen und sagen: ›War wohl kein so toller Abend gestern, stimmt's?‹ Wenn Ihre Tochter dann zu erzählen beginnt, was an dem Abend nicht so toll war, können Sie beruhigt eine Flasche Prosecco öffnen, denn es ist viel wichtiger, einen offenen Dialog zu führen, als zu verhindern, dass es hin und wieder einen enttäuschenden Abend gibt.

Versuchen Sie es mit der Wahrheit, wenn nichts anderes mehr klappt.

Wenn Sie Eltern von Drogenabhängigen, Alkoholikern und Prostituierten fragen, ob sie anderen Eltern einen guten Rat geben können, dann sagen diese stets: ›Versuchen Sie, in Kontakt zu bleiben. Lassen Sie das Gespräch nicht verstummen.‹ Man kann seinem drogenabhängigen Sohn die Grenzen aufzeigen, wenn der einen ausnutzen will, und trotzdem in Verbindung bleiben. Wenn sie ihre Schuldgefühle erst einmal überwunden haben, machen viele Eltern einen enormen persönlichen Reifeprozess durch, um selbstdestruktiven Kindern beistehen zu können. Wenn Eltern ihre Entscheidungen treffen, nachdem sie unzählige Kontrollfragen gestellt haben, ist das Schlimmste zu befürchten. Die Jugend ist ebenso wie die Kindheit ein Marathonlauf, den die Kinder allein absolvieren müssen. Es bringt nichts, wenn die Eltern neben ihnen herlaufen wollen, doch sollten sie ein Teil ihres Sicherheitsnetzes sein und stets zur Verfügung stehen, wenn sie gebraucht werden. Inwieweit man eine Krise bewältigt, hängt davon ab, wie gut die Beziehung vorher war und wie offen und persönlich die Kommunikation ist. Dass gilt ebenso für die Beziehung zwischen Eltern und Kindern wie für die Paarbeziehung. Wenn Sie sich mit Ihrem elfjährigen Sohn auseinandergesetzt haben, der sich ein Computerspiel kaufen möchte, dann haben Sie einen guten Einblick in seine Gedanken und seine Entscheidungsgrundlage bekommen. Das hilft Ihnen zu beurteilen, wann er allein klarkommt und wann er Hilfe braucht, wenn er 14 oder 15 ist. Wenn Sie ihm aber ständig Vorträge darüber halten, was vernünftig ist und was nicht, und sein missmutiges Gesicht sehen, dann werden Sie unsicher und fragen sich, ob er in der Lage ist, vernünftige Entscheidungen zu treffen.

Dass wir Jugendliche praktisch entmündigen, ist ein neues Phänomen. Vor etwa 150 Jahren sind viele Kinder mit zehn Jahren von zu Hause fortgegangen. Wer angesichts seiner Teenagerkinder plötzlich nervös wird, der sollte sich fragen, wie es ihm selbst in diesem Alter erging. Ich selbst bin mit 15 Jahren zur See gefahren, war dort mit vielen Männern um die 40 und älter zusammen und den verschiedensten Versuchungen ausgesetzt. Es gab freien Zugang zu Alkohol, Drogen, Schlägereien und Frauen. Ich schuftete 16 Stunden am Tag, hatte einen Psychopathen zum Vorgesetzten und stets betrunkene Kollegen. Kam ich damit klar? Ja. Hat es mir etwas gebracht? Definitiv. Es hat alles in eine andere Perspektive gerückt.

Ein anderes Beispiel: Ich habe einmal Adoptiveltern kennengelernt, die sich in einer tiefen Krise befanden. Sie hatten eine 15-jährige Tochter und waren beide von festen Moralvorstellungen durchdrungen. Beide waren Lehrer in einer relativ kleinen Gemeinde. Das Mädchen besuchte ein Internat, auf dem es ihm nicht gefiel. Ich gewann den Eindruck, dass die Mutter, gelinde gesagt, allzu besorgt war. Als ich ihr das sagte, entgegnete sie freundlich: ›Dazu muss ich Ihnen etwas erzählen. Unsere Tochter hat einen seltenen genetischen Defekt, der unter anderem bewirkt, dass sie ihr Leben riskiert, wenn sie Alkohol trinkt. Es gibt also einen konkreten Grund für meine extreme Besorgnis.‹ Ich bat die Tochter daraufhin, sich ihren Eltern zu öffnen und ihnen frank und frei zu erzählen, wie oft sie schon betrunken war. Es zeigte sich, dass dies schon ziemlich oft geschehen war. Die Mutter hatte wirklich geglaubt, ihr Verhalten würde dem vorbeugen, aber so war es nicht. Wenn sich Eltern in einer solchen Situation befinden, sind sie es, die Hilfe brauchen, nicht ihre Kinder. Sie könnten sich mit den Freundinnen ihrer Tochter zusammensetzen und mit diesen darüber sprechen, ob die Freundinnen aufeinander achtgeben oder irgendwelche Strategien haben, damit es allen gut geht. Die Mutter sollte die Freundinnen ihrer Tochter dazu auffordern, absolut ehrlich zu sein. Auf diese Art und Weise beruhigen sich die Eltern selbst und tun dem Mädchen einen Riesengefallen. Denn es ist eine Vertrauenserklärung, wenn man Jugendliche um Hilfe bittet.«

»Liegen denn von nun an alle Entscheidungen in den Händen der Jugendlichen, und den Eltern bleibt nichts anderes übrig, als ihnen mit Rat und Tat zur Seite zu stehen?«

»Ja. Wenn ich von einer Weltreise träume, nachdem die Schule beendet ist, dann liegt es an mir selbst, ob ich diesen Traum Realität werden lasse. Es reicht nicht, den Wunsch zu äußern und darauf zu bauen, dass die Eltern oder die Bank schon irgendwie für die Finanzierung der Reise sorgen werden. Persönliche Verantwortung handelt in erster Linie davon, Verantwortung für die eigenen Gefühle zu übernehmen, statt anderen die Schuld zuzuweisen.

Mein Sohn hat sich oft sehr diplomatisch verhalten. Als er von zu Hause auszog, haben wir einen Lieferwagen geliehen, und ich habe all seine Sachen die 200 Kilometer lange Strecke zu seiner neuen Wohnung gefahren. Dann habe ich mich gefragt: Was tut ein verantwortungsvoller Vater jetzt? Mein eigener Vater war kein geeignetes Rollenvorbild, weil er fast nie etwas sagte. Ein langes Leben mit meinem Sohn hat mich gelehrt, dass ich einfach fragen muss, wenn ich nicht weiß, wie ich mich als Vater verhalten soll. Also fragte ich ihn: ›Willst du ein paar gute Ratschläge haben?‹ Er dachte lange nach, ehe er mich verschmitzt anlächelte und antwortete: ›Ja, genau drei Stück.‹ Eine geniale Antwort! Hätte er gesagt, er wolle keine Ratschläge, wäre ich traurig und enttäuscht gewesen. Hätte er einfach Ja gesagt, hätte ich ihm vermutlich einen zwei Stunden langen Vortrag gehalten. Doch jetzt musste ich gut nachdenken: Welches sind die drei wichtigsten Ratschläge? Ich glaube, am Ende habe ich mich mit zweien begnügt. Das ist etwas, woran Eltern verzweifeln können. Sie erleben, dass sie ihren Kindern so vieles mit auf den Weg geben wollen, kommen aber nicht dazu, weil ihnen die Kinder nicht zuhören wollen. In diesem Zusammenhang sollte man eines beherzigen: Wenn man Kinder hat, die in der Pubertät oder über diese hinaus sind, dann sollte man sich nicht in ihr persönliches Leben einmischen, ohne eingeladen worden zu sein.«

Wenn man Kinder hat, die in der Pubertät oder über diese hinaus sind, dann sollte man sich nicht in ihr persönliches Leben einmischen, ohne eingeladen worden zu sein.

»Lassen Sie uns über das Zimmer der Jugendlichen reden. Haben Jugendliche ein Recht darauf, sich allein um ihre eigenen Sachen zu kümmern? Inwieweit soll man sie dazu verpflichten, Ordnung zu halten? Sollen Eltern anklopfen, ehe sie eintreten? Haben sie das Recht, die Handys oder Tagebücher ihrer halbwüchsigen Kinder zu kontrollieren?«

»Ich denke, dass die Tür die Grenze ist. Natürlich soll man anklopfen. Und natürlich darf man die Tagebücher und SMS seiner Kinder nicht lesen. Das halte ich für selbstverständlich. Und wenn man ernsthafte Befürchtungen hat, meinen Sie? Wenn man die Grenzen der Anständigkeit überschreiten muss, um sich Informationen zu beschaffen, dann hat man ein weitaus größeres Problem, als man seinen Kindern unterstellen mag. Das Problem besteht darin, dass man meint sein Kind nicht selbst fragen zu können: ›Wir machen uns Sorgen, dass in deinem Leben gerade etwas schiefläuft. Stimmt das?‹ Das Problem könnte auch sein, dass man den Worten seines Sohnes oder seiner Tochter keinen Glauben schenkt.

Wenn Kinder elf oder zwölf Jahre alt sind, haben sie das Recht auf ein echtes Privatleben. Aber kann man von einem Jugendlichen verlangen, sein Zimmer einigermaßen sauber zu halten? Natürlich kann man das. Wenn es funktioniert, war es eine gute Idee. Wenn es heftige Machtkämpfe zur Folge hat, ohne dass aufgeräumt oder saubergemacht wird, dann war es eine schlechte Idee. Was man tun sollte, hängt davon ab, was funktioniert. Man kann hundert verschiedene Dinge tun. Außerdem kann man feststellen, dass eine 14-Jährige keinen Schaden nimmt, wenn sie putzt und aufräumt. Das ist nicht zu viel verlangt. Alles Weitere hängt davon ab, wie die Kommunikation zwischen Eltern und Kind funktioniert. Dasselbe gilt für die Paarbeziehung: Man kann natürlich erwarten, dass man in der Beziehung Sex hat, aber das ist nicht das Problem. Die Frage ist, was man tun soll, wenn man keinen Sex hat.«

»Es wird viel darüber diskutiert, welche Tätigkeiten Jugendliche zu Hause verrichten sollten. Manche sind der Ansicht, dass sie Pflichten haben sollten, weil das gesund sei, während andere meinen, dass sie Pflichten um ihrer selbst willen haben sollten.«

»Es gibt natürlich auch Eltern, für die Pflicht ein Fremdwort ist, und meine Generation trägt dafür die Verantwortung. Wir haben eine antiautoritäre Einstellung, weil wir gegen die Erziehungsmethoden unserer Eltern protestieren, die oft nur Pflicht und Konformität kannten. Natürlich verteufeln wir die Pflicht, doch ist es andererseits eine unglückselige Entwicklung, dass sich alles nur nach der eigenen Lust richten soll. Der Lustbegriff ist ein Symbol demokratischer Eltern geworden – eine politische Freiheitsparole. Solche Eltern fragen ihre Kinder ständig, worauf sie Lust haben. Das ist jedoch unangebracht, weil Kinder den Unterschied zwischen Lust und Bedürfnis nicht kennen. Wenn sie alles bekommen, worauf sie Lust haben, wachsen sie in dem Glauben auf, dass die Welt und das Dasein vom Lustprinzip gelenkt werden. Aber das Lustprinzip ist etwas, das Psychopathen lenkt. Um seinem Leben eine gewisse Qualität zu geben, muss man lernen, seine Träume und Ziele zu formulieren und diese zu verfolgen. Vieles, das man tun muss, um seine Ziele zu erreichen, hat nur wenig mit Lust, aber viel mit Selbstdisziplin und harter Arbeit zu tun.«

»Persönliche Verantwortung heißt also auch, seine eigenen Träume und Ziele zu definieren.«

»Man muss lernen, dass man selbst die Verantwortung trägt. Viele Erwachsene denken, dass die Jugendlichen mit Hausaufgaben, Hobbys und ihrem sozialen Leben schon genug zu tun haben. Darum wollen sie ihnen nicht auch noch häusliche Pflichten aufhalsen, die sie auch selbst erledigen können. Das ist liebevoll gedacht, aber nicht sehr zweckmäßig. Ein Zwölfjähriger kann die Verantwortung für seine eigene Kleidung übernehmen, kann sie wechseln, waschen, zum Trocknen aufhängen und bügeln. Er ist auch in der Lage, einzukaufen und sich etwas zu essen zu machen, sein Zimmer in Ordnung zu halten und für seinen eigenen Transport zu sorgen. Es geht nicht darum, dass er diese Tätigkeiten regelmäßig ausführt, doch muss er von sich aus um Hilfe bitten, wenn er sie nötig hat. Es gibt keinen Service, den er automatisch erwarten kann. Wenn ihm keiner etwas zu essen macht, muss er dies selbst tun. Wären die Jugendlichen in diesen Dingen selbstständiger, würde die Frustration vieler Eltern verschwinden.

Eltern sollten nicht erwarten, dass ihre Teenager sich diesen Aufgaben mit großer Freude widmen. In der Regel sind sie der Meinung, sie hätten Wichtigeres zu tun. Vielleicht sind sie sauer und unzufrieden, aber damit müssen die Eltern leben, ohne sich einzureden, sie hätten ihnen zu viel aufgebürdet. Mit einem Rundum-sorglos-Service tut man seinen Kindern keinen Gefallen. Besteht eine Schiffsbesatzung aus vier Mitgliedern, braucht man vier weitere Leute, um das Schiff zu segeln. In einer Gemeinschaft verliert man rasch an Wert, wenn man keinen Einsatz zeigt.

Ein Zwölfjähriger kann die Verantwortung für seine eigene Kleidung übernehmen, kann sie wechseln, waschen, zum Trocknen aufhängen und bügeln. Er ist auch in der Lage, einzukaufen und sich etwas zu essen zu machen, sein Zimmer in Ordnung zu halten und für seinen eigenen Transport zu sorgen.

Stellen Sie sich jedoch darauf ein, über die verabredeten Aufgaben von Zeit zu Zeit neu zu verhandeln. Dasselbe geschieht ja auch in Arbeitssituationen – da muss man flexibel sein. Allerdings sollten Eltern alle Moralisierungen oder verallgemeinernden Sätze vermeiden. Wenn sich das Zuhause eines Teenagers zu einem Hotel entwickelt hat, können die Eltern zu ihm sagen: ›Wir haben bisher ein Hotel betrieben. Doch jetzt wissen wir, dass das ein Fehler war, deshalb wollen wir damit aufhören. Wenn du weiter mit uns zusammenwohnen willst, musst du einen Beitrag für die Gemeinschaft leisten.‹ Wenn Sie Ihrem Kind einen Gefallen tun wollen, bitten Sie es um Hilfe in einer Sache, die wirklich notwendig ist und die Gemeinschaft entlastet. Stellen Sie ihm keine Aufgabe um der Aufgabe willen. Eltern können sich aussuchen, ob sie hilfsbereite oder pflichtschuldige Kinder haben wollen.

Als mein Sohn noch zu Hause wohnte, habe ich jeden Mittag für uns gekocht. Und da man beim Kochen ja immer auch ein paar Minuten Pause hat, fand ich es ganz natürlich, auch den Tisch zu decken. Es wäre ziemlich künstlich gewesen, wenn ich meinen Sohn gerufen hätte, damit er den Tisch deckt. Ich hätte ihn jedoch darum gebeten, wenn ich Hilfe gebraucht hätte. Sich hüten sollte man vor jeder Vermischung von Liebe und Pflichterfüllung, wie es in der Generation meiner Eltern durchaus üblich war: ›Jetzt haben wir dich zwölf Jahre lang geliebt, und nun ist es für dich an der Zeit zu beweisen, dass du uns ebenfalls liebst, indem du dies und jenes tust.‹ So etwas würde man unter Erwachsenen nie akzeptieren.«

»Vor einer Weile las ich in der Zeitung über Fehlzeiten von Angestellten am Arbeitsplatz. Einer Untersuchung zufolge lässt sich die Generation, die sich zu Hause wie im Hotel vorkam, am häufigsten krankschreiben.«

»Wir lernen erst allmählich, die knallharten Anforderungen der Industriegesellschaft, in der die Pflichterfüllung alles andere – auch Gesundheit und Familie – dominiert, in eine bessere Balance mit unserem Privatleben zu bringen. Und natürlich stoßen wir bei dieser Entwicklung auch auf Menschen, die blind für die gemeinsamen Bedürfnisse von Arbeitnehmer und Arbeitgeber sind. Das ist einer der Gründe, warum meine Organisation Familylab an der Entwicklung familienfreundlicher Betriebe arbeitet.

Wir fürchten uns inzwischen weniger vor der Reaktion der Gemeinschaft. Seit etwa dreißig Jahren wachsen Gott sei Dank immer mehr Kinder mit einem intakten Selbstwertgefühl auf. Man kann feststellen, dass diese Kinder ein großes soziales Verantwortungsgefühl entwickeln. Womit wir bei der Paarbeziehung sind. Was zeichnet eine gute Paarbeziehung aus? Vor allem ist sie eine Beziehung, in der beide in der Lage sind, Verantwortung für sich selbst, die eigenen Gefühle und Begrenzungen zu übernehmen. Doch falls wir gelernt haben sollten, dass eine gute Paarbeziehung bedeutet, sich gegenseitig als Dienstleistende zur Verfügung zu stehen, geht sie schief – so wie auch jede Erziehung scheitert, in der die Kinder ausschließlich umsorgt und unterhalten werden.«

»Ein 14- bis 16-jähriges Mädchen hat sich Hals über Kopf in einen Jungen verliebt, den ihre Eltern nicht ausstehen können. Wie sollen sie sich verhalten?«

»Sie können zu ihrer Tochter sagen: ›Das ist ein schreckliches Dilemma für uns. Jetzt brauchen wir deine Hilfe. Wir wollen nicht verhehlen, dass es uns am liebsten wäre, du würdest mit ihm Schluss machen, aber wir wissen, dass das nicht passieren wird. Wie sollen wir eine Lösung finden?‹ Ihre Tochter wird vermutlich antworten, dass Sie sich in ihrem Freund täuschen und ihn nicht richtig kennen. Also könnten die Eltern fragen: ›Ist es in Ordnung für dich, wenn wir ihn einladen und mit ihm darüber reden?‹ Wenn die Eltern in das Privatleben ihrer Tochter eindringen wollen, brauche sie ihre Erlaubnis. Bekommen sie die, können sie sich direkt an den Freund wenden: ›Wir haben dich eingeladen, weil wir ein Problem haben. Unsere Tochter ist sehr verliebt in dich, und du bist sehr verliebt in sie, aber wir müssen zugeben, dass sich unsere Begeisterung darüber in Grenzen hält. Was können wir daran ändern? Dürfen wir dir ein paar Fragen stellen?‹ Damit haben die Eltern die Basis geschaffen – entweder für eine gute Beziehung zu dem jungen Mann oder um ihrer Tochter zu ermöglichen, ihren Freund in einem anderen Licht zu betrachten. Wenn die Eltern versuchen, sich einen Eindruck von ihm zu verschaffen, und er ihren Vorstellungen nicht annähernd genügt, wird die Tochter es sich gut überlegen, ob sie diese Beziehung fortsetzen will. Das ist eine direkte Methode, die Anstand, Höflichkeit und Verantwortungsbewusstsein erfordert. Die Eltern müssen die Verantwortung für ihr Dilemma übernehmen. Es ist nicht Sache der Tochter, dieses zu lösen.«

Viele gute Absichten sind für die Katz, weil die Eltern nicht sicherstellen, dass ihre Worte das Kind auch erreichen. Ehrlichkeit ohne Liebe und Timing funktioniert nicht.

»Sie meinen also, dass der Dialog stets im Mittelpunkt steht?«

»Wenn aus Kindern Teenager werden, braucht man eine Einladung, um sie mit Fragen oder guten Ratschlägen zu behelligen. Man sagt also: ›Ich möchte mit dir über etwas Wichtiges reden. Kannst du mir Bescheid sagen, wenn es dir passt?‹ Viele gute Absichten sind für die Katz, weil die Eltern nicht sicherstellen, dass ihre Worte das Kind auch erreichen. Ehrlichkeit ohne Liebe und Timing funktioniert nicht.«

»Was kann man tun, um das Selbstwertgefühl der Jugendlichen zu stärken?«

»Zu erleben, dass man wertvoll für seine Eltern ist, stärkt das Selbstwertgefühl am meisten. Das bedeutet nicht, dass die Tochter gut in der Schule ist oder einen netten Freund gefunden hat, sondern dass sie das Leben ihrer Mutter bereichert hat, weil sie 14 gemeinsame Jahre verbracht haben.

Ein paar Jahre, bevor er von zu Hause auszieht – wenn ein Teenager immer selbstständiger wird –, können Eltern darüber nachdenken, wie sehr er ihr Leben bereichert hat. Auf der Konfirmation beispielsweise kann man eine Rede darüber halten oder ein Lied, ein Gedicht oder ein kleines Buch darüber schreiben – etwas, das man seinem Kind schenkt. Den Wert, den ein Kind hat, offen zu artikulieren, ist eine viel größere Gabe, als es mit Besorgnissen und Ratschlägen zu überhäufen und sich aufzuspielen. So etwas mag den Erwachsenen mehr Selbstvertrauen und Selbstwertgefühl vermitteln – der Jugendliche hat nichts davon.«

»Was geschieht mit dem Selbstwertgefühl der Jugendlichen, wenn man ihnen größtmögliche Eigenverantwortung zugesteht?«

»Selbstwertgefühl ist die definitiv beste Immunabwehr gegen all die Dinge, die Eltern fürchten: Sex, drugs and rock'n roll. Es ist das beste Geschenk an die Kinder, und gerne geben sie dieses zurück. Denn Erziehung ist weit mehr als etwas, das Eltern ihren Kindern geben. Das Allerwichtigste für das Selbstwertgefühl der Jugendlichen ist Vertrauen, Vertrauen und nochmals Vertrauen. Nicht das Vertrauen darauf, dass sie das tun, was ihre Eltern sich erwarten, sondern das Vertrauen, dass sie im Rahmen ihrer persönlichen Erfahrung bestmögliche Entscheidungen treffen – was Fehlentscheidungen mit einschließt.

> Das Allerwichtigste für das Selbstwertgefühl der Jugendlichen ist Vertrauen, Vertrauen und nochmals Vertrauen. Nicht das Vertrauen darauf, dass sie das tun, was ihre Eltern sich erwarten, sondern das Vertrauen, dass sie im Rahmen ihrer persönlichen Erfahrung bestmögliche Entscheidungen treffen.

In den Jugendjahren werden die Sorgen der Eltern fast zu einem neuen Familienmitglied. Das Selbstwertgefühl der Teenager leidet darunter. Besorgnis ist ein Zeichen mangelnden Vertrauens. Wenn ich mit ganz normalen Jugendlichen spreche, werden die verschiedensten Fragen an mich gerichtet, und eine kommt besonders häufig vor: ›Wie kann ich mein Leben führen und meine Integrität, meine Werte und Träume bewahren, ohne dass meine Eltern traurig oder besorgt sein müssen?‹ Das ist eine äußerst kluge und differenzierte Frage, die in meiner Jugend kaum ein Teenager gestellt hätte. Damals fragte man beispielsweise: ›Wie kann ich mein eigenes Leben führen, ohne dass meine Eltern davon erfahren?‹ Damals lebten wir ein Doppelleben, was die meisten Jugendlichen heutzutage nicht mehr nötig haben. Das erschwert jedoch die Situation für die Eltern, die im Unterschied zu früheren Elterngenerationen zu allen möglichen Fragen Stellung beziehen müssen. Doch hat es zweifellos nie zuvor so viele bedeutungsvolle Gespräche zwischen Eltern und Jugendlichen gegeben wie heute. Wenn ich ihnen heute so zuhöre, werde ich jedenfalls richtig neidisch.

Die Forschung hat uns viele neue Erkenntnisse über kleine Kinder beschert. In den letzten 40 Jahren haben wir zudem unser Verständnis davon revidiert, was es heißt, erwachsen zu sein. Die moderne Psychotherapie hat in dieser Hinsicht vor allem von den Frauen profitiert, die den Mund aufgemacht und Gleichstellung gefordert haben. Doch zwei Altersgruppen sind von all dem absolut unberührt geblieben: die Jugendlichen und die Alten. Unsere Einstellung diesen beiden Gruppen gegenüber ist noch genauso primitiv wie vor 100 Jahren, weil wir immer noch denselben Irrtümern anhängen. Wir ernten einen Sturm der Entrüstung, wenn wir einen 17-Jährigen in einer bestimmten Art und Weise behandeln, doch sind es dieselben Medien und Experten, die uns applaudieren, wenn diese Behandlung einem 22-Jährigen gilt. Ganz Europa befindet sich in der Defensive, wenn es um sogenannte schwer erziehbare Jugendliche geht. Man braucht nur ein wenig klinische Erfahrung und muss nicht viele Berichte gelesen haben, um zu verstehen, dass Jugendgangs, die sich gegenseitig mit dem Messer niederstechen, dies aus zwei Ursachen tun: zum einen, weil sie sich nicht als wertvoll für die Gesellschaft und ihre Eltern empfinden, zum anderen aufgrund ihrer Angst. Wenn ein 18-Jähriger einem Psychologen erzählt, er leide unter seiner Angst, wird ihm jede Menge Hilfe und Fürsorge zuteil. Doch wer auf der Straße steht und aggressiv wirkt, dem schlägt die entsprechende Aggression der Gesellschaft entgegen. Das ist grotesk und furchtbar traurig.

Doch mehr von der falschen Medizin ist niemals hilfreich. Man trommelt die Eltern in der Schule zusammen und fordert sie auf, gemeinsame Beschlüsse zu fassen, Grenzen zu setzen etc. Das mag den Eltern ein gutes Gefühl bescheren, aber es funktioniert nicht, denn Eltern treffen sich niemals hinterher, um einander zu erzählen, dass sie gescheitert sind. Das wäre das Eingeständnis einer persönlichen Niederlage, und viele Eltern denken, dass die anderen sicherlich erfolgreich sind. So wird der Mythos aufrechterhalten, dass wir das Richtige tun. Man glaubt, das Richtige zu tun, indem man Elterntreffen einberuft und alles kritisiert, was einem nicht passt, doch niemand vergleicht die Notizen miteinander. Man muss den Eltern ermöglichen, in einen Dialog zu treten. Haben sie dies nicht gelernt, ehe ihre Kinder 13, 14 Jahre alt sind, macht man ihnen ein Geschenk, wenn sie es in den nächsten Jahren lernen können. Und selbst wenn die Kinder aus dem Haus sind und die Eltern allein zurückbleiben, haben sie weiterhin einen großen Kommunikationsbedarf.«

»Was sind die typischen Herausforderungen, denen männliche und weibliche Teenager begegnen?«

»Die Antwort darauf ist nicht leicht, weil Jugendliche sich so schnell entwickeln und unentwegt vor neuen Herausforderungen stehen. Hätte ich 500 Zwölfjährige interviewt, wüsste ich mehr darüber. Doch kann ich von der konkreten Herausforderung eines Freundes erzählen. Mein Freund wohnte damals seit acht oder neun Jahren allein mit seinem Sohn zusammen. (Heute ist sein Sohn 17 und besucht das Gymnasium.) Sie hatten immer ein gutes Verhältnis, doch als der Sohn in eine neue Clique kam, saß er plötzlich in der Wohnung und rauchte Haschisch. Mein Freund rief mich an, weil er unsicher war, was er tun sollte. Ich sagte, er solle nichts mit seinem Sohn tun, sondern sich selbst ein paar Fragen stellen: Wo verläuft meine Grenze? Was will ich und was will ich nicht? Darüber dachte er eine Zeit lang nach, dann brauchte er mich nicht mehr um Rat zu fragen. Wenn man seine Antworten auf diese Fragen kennt, dann braucht man niemand um Rat zu fragen. Er sagte zu seinem Sohn: ›Hör zu, so etwas will ich in meinem Haus nicht haben. Wenn du so leben willst, musst du woanders wohnen.‹ Mehr sagte er nicht. Er las ihm weder die Leviten noch malte er seinem Sohn in düsteren Farben aus, was alles geschehen könnte. Es war eine einfache und klare Mitteilung. Drei Tage später sagte der Sohn: ›Ich habe mich entschieden, hier wohnen zu bleiben.‹ Dann hörte er auf, Haschisch zu rauchen.

Eltern müssen ihre eigenen Grenzen ins Zentrum rücken, nicht ihre Verzweiflung, Drohungen, Kritik oder Gebete. Wenn Eltern professionelle Hilfe in Anspruch nehmen, reden sie meist mehr über ihr Kind als über sich selbst. Doch solange sie nicht wissen, wer sie selbst sind, kann ihnen nicht wirklich geholfen werden. Eltern müssen die Verantwortung für sich selbst übernehmen, ehe sie ihren Kindern als Rollenmodell dienen können.«

●●●

Die meisten Teenagereltern, mit denen ich gesprochen habe, bekommen es mit der Angst, wenn sie an ihre eigene Jugendzeit zurückdenken. Ich selbst kann mich an eine unserer Partys erinnern, die am Ende völlig aus dem Ruder lief, weil sich ein paar ungebetene Gäste unter die Menge gemischt hatten. Wir armen Mädchen waren die ganze Nacht damit beschäftigt, die Scherben sowie sämtliche Spuren zu beseitigen, um nicht von unseren Eltern erwischt zu werden. Welche Lehre zieht man daraus? Auch wir hatten damals viele Geheimnisse, und heute denke ich manchmal, dass wir doch ziemliches Glück hatten, diese Zeit einigermaßen heil überstanden zu haben.

»Ich war ziemlich gut in der Schule, habe aber die roten Korrekturen und Kommentare der Lehrer gehasst. Bei Klausuren wollte ich nur meine Note wissen. Die roten Korrekturen zeigen, wie wenig perfekt man ist. Ich glaube, ich hätte auch in Mathe gut sein können, doch ich hatte einen Lehrer, der ständig auf meine Fehler hingewiesen hat. Das hat mich unter enormen Leistungsdruck gesetzt, und so hatte ich am

Ende meiner Schulzeit nur gute Noten – außer in Mathematik. Noch heute steigen Angst und Zorn in mir hoch, wenn ich zu Hause versuche, bei den Mathehausaufgaben zu helfen.«

»Das ist ein sehr gutes Beispiel, und wenn die Eltern versuchen, dem Beispiel der Schule zu folgen, ist das zum Scheitern verurteilt. Im Grunde hätte Ihr Mathelehrer zu Ihnen sagen sollen: ›Was ist mit dir und Mathe, Monica? Was ist so schwierig für dich? Wie kann ich dir helfen?‹ Dennoch protestiert die Schule, wenn man vorschlägt, den Unterricht auf den einzelnen Schüler zuzuschneiden. Denn die Schule glaubt nur an Richtig oder Falsch. Ihr Mathelehrer hat sicher geglaubt, Ihnen einen Gefallen zu tun, indem er auf Ihre Fehler hinwies. Ein Kind ist – in biologischer Hinsicht – mit allem ausgestattet, um das zu begreifen, was es lernen soll. Etwas vereinfacht lässt sich sagen, dass in Ihrem Fall einige Synapsen im Gehirn (die Nervenbahnen, die die verschiedenen Teile des Gehirns miteinander verbinden), die mit Mathematik zu tun haben, sich mit dem Reptiliengehirn (dem ursprünglichsten Teil unseres Gehirns) verbinden. Das hat eine primitive Angstreaktion des ältesten Teil des menschlichen Gehirns zur Folge. Genau das ist mit Ihrem Verhältnis zur Mathematik geschehen. Lässt sich das ändern? Ja, denn das Gehirn ist das einzige plastische Organ, das wir haben. Es kann sich ein Leben lang entwickeln, während sich die Leistung aller anderen Organe reduziert. Wenn man sein Verhalten ändert, ändert sich auch das Gehirn. Viele Menschen reagieren so primitiv, dass man es kaum glauben kann, zum Beispiel im Zuge einer Scheidung. Der Hirnforschung zufolge kann das an frühkindlichen Verlustängsten liegen, die zu einer Traumatisierung geführt haben, oder auch an Erlebnissen, die mit plötzlichen und unerwarteten Übergriffen einhergehen. Das Gehirn besteht aus Beziehungen und wird von den menschlichen Beziehungen geformt, von denen wir ein Teil sind. Im Gehirn gehen die Lernbedingungen eine Verbindung mit unseren Fähigkeiten ein. Werden wir ständig kritisiert und verunsichert, hemmt das unsere Lernfähigkeit. Und Ihre persönliche Fähigkeit zum Verstehen mathematischer Sachverhalte wurde durch das von Ihrem Lehrer geschaffene Milieu behindert.

Als ich meine Lehrerausbildung machte, diskutierte man darüber, ob man in der Schule überhaupt Noten vergeben solle. Ich glaube jedoch nicht, dass dies die entscheidende Frage ist. Man muss sich von dem Gedanken verabschieden, dass es Menschen gut geht – auch im Verhältnis zu sich selbst –, wenn sie nur genug Lob bekommen. Lob führt zur Ausschüttung von Endorphinen (einer Art Glückshormon) im Gehirn, doch der Effekt hält nicht lange an und macht abhängig. Zum Thema Lob hat mir einmal ein 15-jähriges Mädchen geschrieben:

›Während meiner gesamten Kindheit habe ich von Freunden und Verwandten immer viel Lob und Zuspruch bekommen. In den letzten drei Jahren habe ich viel Zeit mit Handball, Tanz und meinen Schularbeiten verbracht und sehr viel positives Feedback erhalten. In der Schule hatte ich fast nur die besten Noten und den Eindruck, dass ich auch Klassenbeste war. Nach jeder Tanzstunde sagte meine Tanzlehrerin zu mir: ›Echt super! Das hast du fantastisch gemacht!‹ Zu all den anderen Mädchen sagte sie das nie. Beim Handballtraining bekam ich ständig zu hören, dass ich der Star der Mannschaft sei.

Am Anfang war ich überglücklich, so mit Lob überhäuft zu werden. Doch ich spürte in zunehmendem Maße, dass ich nach dem Tanzunterricht oder dem Handballtraining auf das Lob wartete und nicht gehen wollte, ehe ich es bekommen hatte. Ich war davon abhängig geworden! Und wenn ich einmal keine Eins in der Schule bekam und nicht die Schnellste beim Sportunterricht war, dann war ich am Boden zerstört. Seit ich vor ein paar Jahren begriff, dass ich überall die Beste sein konnte, stürzte ich mich in einen gnadenlosen Konkurrenzkampf und gestattete mir keine Fehler mehr. Das hat mich total ausgelaugt. Außerdem ist es so traurig, dass mir all die positiven Rückmeldungen nichts mehr bedeuten. Ich kann gar nicht genug Lob von den Leuten in meiner Umgebung bekommen. An den Dingen, die ich tue, habe ich keine Freude mehr. Am liebsten würde ich mich von dem ganzen Konkurrenzdenken verabschieden, aber das ist nicht leicht. Deshalb brauche ich Hilfe.‹«

»Das berührt mich, weil ich mich selbst wiedererkenne. Was haben Sie dem Mädchen geantwortet?«

»Ich habe ihr Folgendes geschrieben: ›Dein Brief ist präzise formuliert und der persönlichste von all den Briefen, in denen Jugendliche und Erwachsene mir erzählt haben, wie sie von einem Übermaß an Lob völlig ausgehöhlt wurden. (Auch hier zeichnest du dich aus!) Das macht mich besonders traurig, weil ich weiß, dass es viele junge Menschen gibt, die sich in derselben existenziellen Situation befinden wie du. Viele von ihnen suchen einen Arzt auf, der fälschlicherweise Depressionen diagnostiziert und irgendwelche ›Glückspillen‹ verschreibt. Andere entwickeln Essstörungen oder fangen damit an, sich selbst zu verletzen. Es ist sehr bedauerlich, dass so viele Ärzte nicht zwischen emotionalen Problemen und existenziellen Krisen unterscheiden können. Das ganze System ist von großer Unwissenheit und konservativen Haltungen geprägt – vor allem, wenn es um Kinder und Jugendliche geht. Auch darum ist deine Schilderung ein Dokument von unschätzbarem Wert, das hoffentlich auch anderen Jugendlichen helfen kann, die nicht in der Lage sind, ihre Probleme mit so viel Selbsterkenntnis zu reflektieren und zu beschreiben wie du.

Ich gebe dir recht, dass du Hilfe brauchst. Hoffentlich findest du mithilfe deiner Eltern oder deiner Schule einen Psychologen oder Therapeuten, der den Drang zu loben überwunden hat und sich ein Jahr Zeit nimmt, um den Menschen in deinem Inneren wiederzufinden. Meiner Einschätzung nach brauchst du keine Angst davor zu haben, was aus deinem Unterbewusstsein auftauchen mag. Du bist weder misshandelt noch grob vernachlässigt worden, was bedeutet, dass dein eigentliches Ich intakt, nuanciert und schön ist. Deine ›Abhängigkeit‹ vom Lob anderer ist nicht dem Bedürfnis geschuldet, Schmerz, Angst oder Verzweiflung zu überdecken. Es war ein gutes Gefühl, gelobt zu werden. Doch du hattest genug Selbstwertgefühl, um deine Art zu leben infrage zu stellen. Ein Teil der Ehre hierfür kommt deinen Eltern zu, die hoffentlich dazu beitragen werden, eine neue Art und Weise zu finden, ihre Liebe zum Ausdruck zu bringen und dich zu unterstützen. Ist das nicht der Fall, kannst du dies mithilfe guter Freunde und anderer Leute bewerkstelligen, denen du – unabhängig von deinen Leistungen! – am Herzen liegst. Sei kritisch!

Meiner Erfahrung nach könnte es schwierig für dich sein, einen Therapeuten zu finden, mit dem du ein optimales Zusammenspiel erreichst. Denke immer daran, dass du auch in dieser Hinsicht kritisch sein darfst und nicht gezwungen bist, deine Zeit mit jemand zu verschwenden, der nur an deinem Selbstbewusstsein arbeiten will. Ich selbst kam in der

Schule, auf dem Fußball- und Tennisplatz gut zurecht, bekam dafür aber nie Anerkennung. Als ich die nächsten zehn Jahre zur Eigentherapie zu verschiedenen Psychoanalytikern ging, sagten sie alle zu mir: ›Du musst lernen, Lob entgegenzunehmen.‹ (Sie und ich gehörten einer Generation an, in der es zur Kindererziehung gehörte, viel zu kritisieren, aber kaum zu loben.) Ich war hin und her gerissen zwischen meinem eigenen Erleben und dem Respekt vor ihrer Autorität. Jedes Mal, wenn ich gelobt wurde, war ich traurig – doch sie meinten, ich solle mich freuen! Es dauerte viele Jahre, bis ich begriff, dass meine Therapeuten sich irrten. Jedes Mal, wenn ich gelobt wurde, kam ich in Kontakt mit meiner tiefen Sehnsucht, ›gesehen‹ und anerkannt zu werden, die diese Trauer auslöste. Dennoch habe ich den Fehler meiner Therapeuten manches Mal wiederholt, bevor ich bei einer jungen und sehr schönen Frau in die Lehre gehen durfte. Ich war seit einigen Monaten ihr Therapeut. Sie sagte zu mir: ›Jesper, wenn du wirklich nicht verstehen kannst, wie man hübsch und trotzdem unglücklich sein kann, dann muss ich mir einen anderen Therapeuten suchen. Mein ganzes Leben lang bin ich immer nur *angesehen* worden. Doch jetzt will ich wirklich *gesehen* werden!‹ Sie wusste – viel besser als ich –, dass dies das typische Problem der Schönen und Begabten ist. Sie werden angestarrt, bewundert und gelobt, doch selten als das gesehen, was ihre einzigartige Persönlichkeit ausmacht.

Glücklicherweise hast du frühzeitig entdeckt, dass etwas in deinem Leben nicht stimmt. Vielleicht solltest du eine Zeit lang mit dem Tanzen und Handballspielen aufhören. Doch die Aktivitäten an sich sind nicht das Problem. Dein Problem besteht oder bestand in der Art und Weise, wie du sie betrieben hast, und in deinen unrealistischen Erwartungen, wie sie dein Leben bereichern könnten. Ein Großvater fragte einmal seinen fünfjährigen Enkel, was er werden wolle, wenn er groß ist. ›Der Beste!‹, war die Antwort. ›Der Beste was?‹, fragte der Großvater. ›Der beste Ich natürlich‹, antwortete der Junge. Ich wünsche dir viel Glück auf deiner Entdeckungsreise und freue mich, davon zu hören, was du unterwegs lernst!‹«

»Dieses Mädchen ist Gott sei Dank in der Lage, sich gut zu artikulieren. Geht es ihr inzwischen besser?«

»Sie geht zu einem Psychologen und nimmt manchmal auch ihre Eltern dorthin mit. Sie waren flexibel genug, um zu begreifen, dass ihre Tochter mit dem Tanzen aufhören muss, wenn sie aus den falschen Gründen tanzt. Es gibt Eltern, die Himmel und Hölle in Bewegung setzen, damit aus ihren Kindern mal ein Leichtathletik- oder ein Tennisstar wird. Ich habe einmal eine Frau kennengelernt, die mehrere olympische Medaillen gewonnen hatte. Allerdings war es ihr immer ziemlich gleichgültig gewesen, ob sie gewann oder verlor. Auch in den Medien wurde darüber spekuliert, warum sie so gleichmütig auf ihre seltenen Niederlagen reagierte. Der kroatische Tennisspieler Goran Ivanišević, der 2001 in Wimbledon gewann, hatte überhaupt kein Selbstwertgefühl und benahm sich wie ein Baby. Wenn ihm eine Schiedsrichterentscheidung gegen den Strich ging, geriet er völlig außer sich, schrie und fluchte. Wenn er gewann, war alles in Ordnung. Die dänische Handballerin Anja Andersen wurde ihr Leben lang für eine einzige Fähigkeit mit Lob überhäuft, nämlich dass sie gut Handspiel spielen konnte. Ihr Vater war ebenfalls Handballer. Wenn sie auf dem Spielfeld eine gute Leistung zeigte, war sie auch sozial verträglich, doch sobald ihre Formkurve nach unten zeigte, benahm sie sich wie ein kleines Kind.

Ein Kind, das jederzeit eine perfekte Leistung zeigen will, nimmt sich nicht die Zeit, eine Antwort auf eine Frage zu finden. Es gibt sofort auf, wird wütend und unglücklich. Dann rät es die Antwort, weil es glaubt, sie sofort wissen zu müssen. Es will nicht nur die ganze Zeit etwas leisten, sondern noch dazu etwas Perfektes.

Ich will die Eltern, die zu viel loben, nicht kritisieren, möchte jedoch darauf aufmerksam machen, dass zu viel Lob kontraproduktiv ist. Ein Kind, das jederzeit eine perfekte Leistung zeigen will, nimmt sich nicht die Zeit, eine Antwort auf eine Frage zu finden. Es gibt sofort auf, wird wütend und unglücklich. Dann rät es die Antwort, weil es glaubt, sie sofort wissen zu müssen. Es will nicht nur die ganze Zeit etwas leisten, sondern noch dazu etwas Perfektes. Ein Leben ohne Perfektion kann es sich nicht vorstellen. Wenn seine Eltern begreifen, dass all ihr Lob dazu geführt hat, dass es nun Angst hat, Fehler zu machen, müssen sie einräumen, mit den besten Absichten das Falsche getan zu haben.

Ich wurde von Behavioristen (einer bestimmten Richtung von Verhaltensforschern) kritisiert, die immer noch an Zuckerbrot und Peitsche glauben: Wer versteht, was er verstehen soll, wird belohnt. Wer nicht versteht, wird bestraft. Aber das ist eine veraltete Psychologie. Es stimmt, dass man ein Kind durch Lob und Bestrafung dazu bringen kann, das gewünschte Verhalten an den Tag zu legen, aber dadurch entwickelt das Kind überhaupt kein Selbstwertgefühl. Diese Methode nimmt nicht die geringste Rücksicht auf die unverwechselbare Persönlichkeit des Kindes, die so weder gesehen noch wahrgenommen wird. Ein solches Kind tut alles, um gelobt zu werden, und wird als Erwachsener viel Leid erleben. Als Arbeitnehmer wird es erfahren, dass kein Arbeitgeber bereit ist, seine Angestellten rund um die Uhr zu loben. Da es keinen Halt im Leben hat, wird es in sich suchen, aber nichts finden außer einer Menge Schmerz, die es nicht verkraftet.

Stellen Sie sich vor, Sie sind auf der Vernissage eines guten Freundes, wo dessen Bilder gezeigt werden. Wenn er Sie nach Ihrer Meinung fragt, werden Sie vielleicht sagen: ›Du gehst sehr virtuos mit den Erdfarben um.‹ Das ist ein Lob. Doch wissen Sie genau, dass Ihr Freund eigentlich wissen will, ob Ihnen seine Bilder etwas sagen. Und wenn sie das tun, *was* sie Ihnen sagen. Wenn Sie das zum Ausdruck bringen, geben Sie ihm ein persönliches Feedback. Das ist es, was Menschen brauchen.

Es ist ein Unterschied, etwas zu mögen oder es in höchsten Tönen zu preisen. Wenn man etwas mag und dem Ausdruck verleiht, ermöglicht man es anderen, ebenfalls ihre Meinung zum Ausdruck zu bringen.

Menschen mit gut entwickeltem Selbstwertgefühl sind nicht darauf fixiert, Lob zu erhalten. Wenn ich glaube, dass ich fantastisch bin, nur weil viele andere das sagen, bekomme ich ein Problem. Das erleben viele junge Leute, die bei Sendungen wie *Deutschland sucht den Superstar* Tausende von Stimmen bekommen und von ihren Eltern maßlos gefeiert werden. Sie nehmen das als Beweis für ihr Talent und halten sich wirklich für fantastisch. Hinterher treten sie auf die Straße und müssen erleben, dass ihre Karriere ungefähr drei Wochen lang andauert. Das ist ein Schock für sie. Begabt zu sein ist kein Fehler, und es ist auch nichts dagegen einzuwenden, wenn jemand deutscher Meister im Schach oder im Tennis werden will. Doch sollte man sich niemals einreden, dass es darum wirklich geht im Leben. Wir sehen ja haufenweise Stars in Sport und Kultur und in der Finanzwelt, die in einer Illusion leben. Wenn ihnen plötzlich die Leere ihres Daseins bewusst wird, werden sie von einer gewaltigen Krise erfasst, die in Drogensucht oder Depression enden kann. Eltern müssen damit aufhören, die Egos ihrer Kinder auf amerikanische Weise aufzupumpen. Amerikanische Kinder laufen mit Riesenegos herum, die sie krank machen. Entsprechend lautet der Fachbegriff *inflated ego*. Alle wissen, wie unwohl man sich in Gegenwart eines Menschen mit aufgeblasenem Ego fühlt, der ständig im Mittelpunkt stehen will. Ich hatte einmal einen Freund mit solch einem Riesenego. Er hatte sich ein Haus gekauft, vom dem er mir die ganze Zeit vorschwärmte. Ich besuchte ihn gemeinsam mit einem Freund, der natürlich nach seiner Meinung zu dem Haus befragt wurde. Er antwortete: ›Irgendwie scheint hier gar kein Platz für meine Meinung zu sein. Du meinst ja schon alles.‹ Das war gut gesagt. Es ist ein Unterschied, etwas zu mögen oder es in höchsten Tönen zu preisen. Wenn man etwas mag und dem Ausdruck verleiht, ermöglicht man es anderen, ebenfalls ihre Meinung zum Ausdruck zu bringen.«

»Das Selbstwertgefühl der Kinder verändert sich, wenn Eltern und Lehrer damit beginnen, ihnen persönliche Rückmeldungen zu geben, statt sie zu loben, nicht wahr?«

»Wenn Kinder persönliche Rückmeldungen bekommen, geschehen mehrere Dinge. Ihr Selbstwertgefühl erhält neue Nahrung, was durch Lob nicht möglich gewesen wäre. Und wenn Eltern nach ihren persönlichen Reaktionen suchen, steigt auch ihr eigenes Selbstwertgefühl. Sie lernen etwas über sich selbst und erlernen eine persönliche Sprache. Dies ist ein gutes Beispiel dafür, dass Kindererziehung am besten als wechselseitiger Prozess funktioniert. Dasselbe gilt für die Paarbeziehung. Wenn wir statt ›Ich‹ nur noch ›Du‹ sagen, dann streiten wir. In der Kindererziehung wird sehr viel Du-Sprache benutzt.«

Wenn Eltern nach ihren persönlichen Reaktionen suchen, steigt auch ihr eigenes Selbstwertgefühl. Sie lernen etwas über sich selbst und erlernen eine persönliche Sprache. Dies ist ein gutes Beispiel dafür, dass Kindererziehung am besten als wechselseitiger Prozess funktioniert.

»Wenn wir unsere Sprache verändern, können wir dann unseren Kindern etwas beibringen, ohne belehrend zu sein? Wenn wir beispielsweise aufhören, unsere Definitionsmacht zu gebrauchen, kann das den Lernprozess fördern?«

»Der Begriff ›Definitionsmacht der Erwachsenen‹ wurde von der norwegischen Pädagogin Berit Bae eingeführt, die sich unter anderem mit Anerkennung in pädagogischen Beziehungen beschäftigt hat. Ich begreife ›Definitionsmacht‹ als einen Schlüsselbegriff für das Verständnis, warum zwischenmenschliche Kommunikation so oft missglückt. Zurzeit sind Erwachsene sehr besorgt, was Mobbing unter Kindern betrifft. Dann hat man herausgefunden, dass auch Lehrer Mobbing betreiben. Mobbing gibt es quasi überall. Mobbing ist ein gutes Beispiel für den Missbrauch von Definitionsmacht: Jemand stellt fest, ein Kind sei dumm, unhöflich, kindisch etc. Wir brauchen uns nicht darüber zu wundern, dass Kinder sich gegenseitig mobben, wenn sie in Familien aufwachsen und mit Lehrern konfrontiert sind, die sie ständig definieren. Der erwachsene Gebrauch der Definitionsmacht ist vielleicht das Einzelphänomen, das Kindern und unserer Beziehung zu ihnen am meisten schadet. Dasselbe gilt für viele Liebesverhältnisse unter Erwachsenen.

Darum ist es wichtig, dass wir das entwickeln, was ich unsere persönliche Sprache nenne – eine Sprache also, mit deren Hilfe wir uns selbst beschreiben und ausdrücken können, statt andere zu definieren. Andere meinen Ähnliches und sprechen von ›gewaltfreier Kommunikation‹ (Marshall Rosenberg). Die persönliche Sprache schafft gute, ehrliche und starke Beziehungen. Die alte Sprache, die Sprache der Macht, zerstört die Beziehungen zwischen den Menschen und schafft Gewinner und Verlierer.«

»Worin besteht die Motivation, seine Definitionsmacht zu missbrauchen?«

»Man entdeckt, dass man Macht hat, und Macht kann süchtig machen. Da helfen keine noch so gut gemeinten Anti-Mobbing-Programme. Sie bessern die Situation nur kurzfristig. Es gibt eine lustige Geschichte, die ich oft erzähle: Vor vielen Jahren habe ich mit einer Familie gearbeitet, deren Vater Offizier beim Militär war. Er hatte eine Frau und vier Töchter, die ihn nicht mochten. Sie waren mit allem unzufrieden, und der arme Mann wusste nicht, was er tun sollte. Er war sehr verantwortungsbewusst und hatte einen Kommunikationskurs belegt, verstand aber trotzdem nicht, was ich ihm sagte. Wir legten bei der Therapie eine Pause ein, und als er nach den Sommerferien wieder zu mir kam, war er so glücklich wie ein kleiner Junge. ›Jesper, ich glaube, jetzt hab ich's verstanden‹, sagte er. Zu Hause war er gerade dabei die Garage umzubauen und dazu brauchte er ein Werkzeug, das sein Bruder besaß. Als er die ersten Male bei seinem Bruder angerufen hatte, war niemand zu Hause, und so hörte er nur das Freizeichen. Die nächsten Male war ständig besetzt. Plötzlich verstand er, dass seine fünf Frauen jedes Mal das Besetztzeichen hörten, wenn sie sich an ihn wendeten. Ein persönlicher Kontakt kam nie zustande. Der Offizier drückte sich ausschließlich in der Du-Form aus. So wie viele andere Männer und Lehrer war er nur daran interessiert, das auszusprechen, was er für die Wahrheit hielt. Wenn er also sagte, dass irgendjemand so oder so sei, dann immer in der vollen Überzeugung, dass dies die Wahrheit war. ›Vielleicht war es die Wahrheit‹, sagte ich, ›aber darauf kommt es nicht an. Es kommt darauf an, ob Sie Kontakt zu anderen Menschen haben wollen. Wollen Sie einen Dialog führen oder ein einsamer Anführer sein, der bloß seine Wahrheiten verbreitet?‹«

●●●

Das unbeschwerte Gefühl der Freiheit, die Sehnsucht, einfach loszulassen und sich hinzugeben, sich der Liebe des anderen vorbehaltlos zu öffnen und alle Erwartungen zu vergessen … In der Theorie klingt das so schön, und nichts anderes wünschen wir uns doch in einer Paarbeziehung. Manchmal glauben wir, diesen Zustand erreicht zu haben – für eine gewisse Zeit. Aber dann gibt es Schwierigkeiten, und wir geben dem Partner die Schuld, dass wie unseren Enthusiasmus, unsere Freiheit und Identität verloren haben. Eine Scheidung kann ein Ausweg, aber auch eine Flucht vor dem sein, was wir in der Begegnung mit einem anderen Menschen über uns selbst lernen sollten. Doch in manchen Fällen ist die Scheidung eine absolute Notwendigkeit.

»Ich möchte gern ein wenig über Jugendliche mit geschiedenen Eltern reden. Wenn Kinder älter werden, werden sie irgendwann selbst entscheiden, wo sie wohnen wollen.«

»Wenn es den geschiedenen Eltern gelingt, respektvoll miteinander umzugehen, wird das Kind eines Tages zu fragen wagen, ob es bei Papa oder Mama wohnen kann. Dann wird es sich frei fühlen, die Entscheidung zu treffen, die zu diesem Zeitpunkt am besten für es ist. Das Wesentliche ist, dass die Eltern antworten: ›Aber natürlich kannst du das.‹ Je mehr Konflikte zwischen den Eltern bestehen, desto schwieriger ist es, die Motive eines Kindes für den Umzug zu verstehen. Dann hagelt es gegenseitige Beschuldigungen: ›Sie will doch nur bei ihrem Vater wohnen, weil der ihr keine Grenzen setzt – im Gegensatz zu mir.‹ Doch es geschieht nur sehr selten, dass Kinder und Jugendliche in dieser Hinsicht eine oberflächliche Entscheidung treffen. Warum will ein achtjähriges Mädchen bei ihrem Papa wohnen? Vielleicht um ihm beizustehen, wenn ihre Mama einen neuen Freund gefunden hat. In diesem Fall ist es größtenteils das Werk der Mutter, weil sie einst einen Mann geheiratet und von ihm schwanger geworden ist, der mental gesehen noch ein Kind war. Kein Wunder, dass sich die Tochter jetzt um ihren Papa kümmern will.

Wenn Eltern, die sich scheiden lassen wollen, zu mir kommen, beginnen sie davon zu reden, was das Beste für das Kind ist. Das ist jedoch der falsche Ausgangspunkt, denn Kindern geht es nur dann gut, wenn es ihren Eltern gut geht. Deshalb müssen wir zunächst herausbekommen, was das Beste für die Erwachsenen ist. Dann sagen vielleicht beide: ›Die Kinder sollen bei mir wohnen.‹ Wenn sie das erst einmal ausgesprochen und in diesem Sinne argumentiert haben, können sie flexibel werden. Doch wenn sie das verbergen, was sie auf dem Herzen haben, endet dies oft mit Kompromissen, die niemand zufriedenstellen.

Ein 16-jähriges Mädchen hat mir einmal im Namen ihrer zwei Jahre älteren Freundin geschrieben. Die Eltern dieser Freundin wurden von allen als das glücklichste Paar der Welt betrachtet. Doch plötzlich zog der Vater aus, weil er eine andere gefunden hatte. Die Eltern versuchten es mit Therapie und Mediation. Sie konnten nicht mehr miteinander kommunizieren, weder schriftlich noch mündlich. Ihre Tochter wurde immer unglücklicher darüber, eine Figur in ihrem Spiel zu sein. Die Freundin fragte sich, wie das Mädchen ihren Eltern Grenzen setzen könnte. Denn das war dringend erforderlich.«

»Wie verhält man sich einem Kind gegenüber, das in der Zwickmühle steckt, weil seine Eltern übereinander herziehen?«

»Man bietet dem Kind all die Fürsorge an, die man mobilisieren kann, und fordert die Eltern auf, sofort erwachsen zu werden!«

»Als ich aufwuchs, gab es viele geschiedene Eltern. Meine Freundinnen redeten sehr offen und ehrlich über ihre Familiensituation. Wir sprachen darüber, zu welchem Elternteil man mehr Vertrauen hat. Können Sie generell etwas über die Frage des Vertrauens bei Scheidungskindern sagen?«

»Vertrauen entsteht, wenn die Eltern sich anständig benehmen, statt schlecht voneinander zu sprechen. Sie müssen ihren Kindern die Wahrheit über die Gründe der Trennung erzählen, ihnen zuhören, ihre Gefühle und Wünsche ernst nehmen. Wenn das nicht geschieht, nimmt die Scheidung für Kinder und Jugendliche oft traumatische Züge an.

Ein Mädchen, dem ich mal begegnet bin, hat das folgendermaßen ausgedrückt: ›Meine Eltern sind nur auseinandergezogen, doch ich wurde geschieden.‹ Das war sehr gut gesagt. Glücklicherweise gibt es auch andere Scheidungen. Eine Dokumentation im Fernsehen zeigte eine Familie, die auch nach der Scheidung noch eine Familie war. Sie fuhren gemeinsam in die Ferien, feierten zusammen Geburtstag mit den neuen Partnern usw. Die Leute tun ihr Bestes, wenn sie zusammenleben, und auch, wenn sie geschieden sind. Es nützt nichts zu predigen, sie sollten etwas den Kindern zuliebe tun. Hätten sie den Kindern zuliebe ihr Ego opfern können, wären sie ja nicht geschieden worden.«

»Was soll man tun, wenn es in beiden Elternhäusern unterschiedliche Regeln gibt? Wenn die Mutter ihrer Tochter verbietet, Alkohol zu trinken, der Vater es aber erlaubt?«

»Das verschafft dem Kind eine großartige Gelegenheit herauszufinden, was es selbst will. Der Wunsch, seine Werte zu synchronisieren, hat im Grunde mit dem Bedürfnis der Erwachsenen nach Macht und Kontrolle zu tun, er ist mangelndem Vertrauen und Angst geschuldet. Doch Macht und Kontrolle sind nicht zu erreichen, und für ihre Angst und ihr mangelndes Vertrauen müssen die Eltern selbst die Verantwortung übernehmen, statt sie ihren Kindern aufzubürden.«

»Welches Recht hat ein Elternteil, darüber zu entscheiden, was zu Hause bei dem anderen Elternteil geschieht?«

»Überhaupt keins! In derselben Sekunde, in der man von einem anderen Menschen geschieden wird, verliert man jedes Recht, sich in dessen persönliches und privates Leben einzumischen.«

In derselben Sekunde, in der man von einem anderen Menschen geschieden wird, verliert man jedes Recht, sich in dessen persönliches und privates Leben einzumischen.

»Warum sind Sie da so sicher?«

»Weil Einmischung Liebe, Vertrauen und Fürsorge voraussetzt, alles Dinge, die zu diesem Zeitpunkt großteils verschwunden sind. Wenn sie doch noch bestehen, ist es ja in Ordnung. Ich finde es absurd zu fordern, dass Scheidungskinder bei beiden Eltern unter denselben Bedingungen und mit denselben Regeln aufwachsen sollten. Das würde bedeuten, dass die wichtigsten Dinge im Leben eines Kindes der Rahmen und die Regeln sind, und das stimmt nicht. Das Wichtigste sind die Menschen, mit denen es aufwächst. Wenn man die Eltern auch noch zwingt, in der Nähe voneinander zu wohnen, geht das zu weit. Soll das Kind die Verantwortung dafür tragen, dass der Vater seinen Traumjob nicht bekommt oder dass die Mutter nicht mit ihrem Freund zusammenziehen kann, weil der in einer anderen Stadt wohnt? Damit bürdet man dem Kind eine Last auf, die es unmöglich tragen kann. Und der Vater wird noch 15 Jahre später bereuen, dass er nicht Karriere gemacht hat.«

»Aber wie soll man mit Kritik des Exmanns oder der Exfrau umgehen, wenn man seinen eigenen Weg geht, dieser aber unvereinbar mit den Werten des Expartners ist?«

»Man muss so klar wie möglich seine eigenen Grenzen markieren. Zum Beispiel: ›Kann schon sein, dass ich hin und wieder mal Hilfe als Vater/Mutter brauche, aber dann werde ich bestimmt nicht dich fragen!‹ Nimmt man die Rolle des Kritikers ein, muss man sich darüber im Klaren sein, dass man durch die Kritik an der Mutter oder am Vater seines Kindes dessen Lebensbedingungen erschwert. Jeder Machtkampf zwischen den Eltern, der sich um die Kinder dreht, bürdet diesen Schuldgefühle auf und/oder zwingt sie dazu, sich für eine Seite zu entscheiden.«

»Die altmodischen Vorstellungen, sich weiterhin gleich zu verhalten, obwohl man geschieden ist, sind also Unsinn?«

»Kompletter Unsinn! Das tun Eltern, um mit ihren eigenen Schuldgefühlen nach der Scheidung klarzukommen. Versuchen Sie gar nicht erst, so zu tun, als seien Sie *eine* Familie, in der alle derselben Meinung sind. Akzeptieren Sie von Anfang an, dass es jetzt zwei Familien gibt. Auf diese Weise können Sie der Frustration Ihres Kindes, seinem Schmerz und seiner Sehnsucht am besten begegnen.«

»Für Kinder muss es sehr schwierig sein, den Eltern etwas entgegenzusetzen, wenn diese in allen Punkten unterschiedlicher Meinung sind. Dann befinden sie sich rasch in der Rolle derjenigen, die sich einfach nach einem der beiden richten.«

»Ja, das ist oft der Preis, den Kinder bezahlen müssen. Natürlich können wir uns wünschen, dass es nicht so wäre, aber so ist es eben, und in dieser Situation brauchen Kinder Unterstützung, statt Eltern, die nicht mit dem Streiten aufhören können. Es ist nicht leicht, seinen Eltern zu widersprechen, aber das muss ein Kind können, um erwachsen zu werden.

Im Übrigen haben Jungen zwischen 16 und 20 oft Schwierigkeiten, ihrer Mutter zu widersprechen. Doch müssen sie das lernen, um erwachsen zu werden, um selbst eine Paarbeziehung einzugehen etc. Die Mütter können ihnen beibringen, Nein zu sagen, indem sie ihnen klarmachen: ›Es ist viel schlimmer, wenn du mich anlügst, als wenn du Nein sagst.‹ Das ist einer der Vorteile von Scheidungen: Kinder lernen dadurch, dass es mehrere Wahrheiten gibt. So kommen sie in Kontakt mit ihrer eigenen Stimme und ihrem eigenen Willen und können im günstigsten Fall selbstständige Entscheidungen treffen. Nein sagen zu können ist wichtig und tatsächlich auch einfacher, wenn man erfahren hat, dass es nicht nur eine Wahrheit gibt. Wenn Mutter und Vater verschiedene Standpunkte einnehmen, ermöglicht man es dem Kind, eine persönliche Antwort zu finden und den Eltern selbstbewusst gegenüberzutreten.

Meine Frau brauchte zehn Jahre, um zu lernen, ihren Willen zu artikulieren. Das war ihr stets verboten gewesen. Niemand hatte sich dafür interessiert, was sie wollte. Dann begegnete sie mir, der ein Interesse daran hatte, was sie sagte. Man muss die Wahrheit einladen, ohne sie zu verurteilen. Und ohne denjenigen zu verurteilen, der die Wahrheit ausspricht. Wer lügt, verliert seine persönliche Integrität. Die Lüge kann hin und wieder eine gewisse Erleichterung verschaffen, weil man Strafen oder Konsequenzen aus dem Weg geht und den Schmerz meidet, der zu einer schwierigen Situation dazugehört. Die Lüge verschafft einem kurzzeitige Zufriedenheit. Doch Lügen zehren, vor allem am Lügner selbst.

Frühere Generationen haben Lügen ausschließlich unter moralischen Gesichtspunkten betrachtet: Man darf nicht lügen. Mama wird traurig und Papa wütend. Lügen zerstören das Vertrauen und machen es unmöglich, offen miteinander zu reden. Die Partner haben somit keine Chance mehr, einen Dialog zu führen, der sie beide schlauer macht. Doch Kinder und Jugendliche lügen aus einem einzigen Grund: wenn sie erleben, dass ihre Eltern mit der Wahrheit nicht umgehen können. Dann denken sie: Meine Familie kann mein wahres Verhalten nicht ertragen. Das macht sie böse und unglücklich und führt zu einer neuen Krise zwischen meinen Eltern. Also muss ich lügen.

Wenn Kinder und Jugendliche konsequent lügen, ist dies oft Teil eines größeren Problems, dessen Botschaft vonseiten des Lügners lautet: Ich bin kein Mitglied dieser Familie mehr, und ich pfeife auf ihre Regeln! Eine solch starke Reaktion eines Kindes hat eine lange und schmerzhafte Vorgeschichte, die von den meisten Familien nur mit professioneller Hilfe entschlüsselt werden kann.«

Kinder und Jugendliche lügen aus einem einzigen Grund: wenn sie erleben, dass ihre Eltern mit der Wahrheit nicht umgehen können.

Das Bad: Körper und Gesundheit

Was gibt es Schöneres als ungezwungene Kinder? Kinder, die im Hier und Jetzt gegenwärtig sind. Wir werden nackt geboren, aber das Gefühl für die Natürlichkeit der Nacktheit nimmt im Laufe der Jahre leider ab. Indem wir uns unserer Figur und Geschlechtsorgane bewusst werden, entsteht auch ein Gefühl der Verlegenheit. Wenn Kinder neun bis zehn Jahre alt sind, wird es ihnen zunehmend peinlich, sich nackt zu zeigen. Später ist es wichtig, die Intimsphäre eines Jugendlichen anzuerkennen, zumal die Beschäftigung mit dem eigenen Körper einen großen Raum einnimmt.

»In vielen Familien geht es gerade morgens sehr turbulent zu. Auch die Frage der Kleiderwahl kann für heftige Diskussionen mit den Kindern sorgen. Wer soll entscheiden?«

»Hier kann man guten Gewissens anfangen, dem Kind persönliche Verantwortung zu übertragen. In dieser Frage hat es viele unsinnige pädagogische Ratschläge gegeben. Einer davon lautet, mit dem Kind am Abend zuvor zu verabreden, was es am nächsten Tag anziehen wird. Ich glaube, jede Mutter von kleinen Kindern weiß, dass dies ein unrealistischer Vorschlag ist. Kleine Kinder denken nicht so weit voraus. Wenn Konflikte entstehen, kann man zu seinem Kind sagen: ›Bisher habe ich bestimmt, was du anziehst. Aber ich merke, dass du damit nicht zufrieden bist, also höre ich damit auf. Jetzt kannst du selbst entscheiden, und ich werde dir nur dabei helfen.‹ Von nun an muss man also akzeptieren, dass das Kind aufgrund seiner Unerfahrenheit manchmal Entscheidungen trifft, die den Eltern nicht gefallen. Es wird sich in der Kleiderwahl vielleicht mehr nach seiner Stimmung als nach dem Wetter richten.

Falls Eltern dennoch versuchen, ihr Kind zur Vernunft zu bringen, geht das meistens schief. Stattdessen könnte man sagen: ›Wenn du mich fragst, ist das eine schlechte Wahl, weil es heute sehr kalt ist. Such dir lieber etwas Dickeres aus.‹ Wenn das Kind unbedingt bei seiner Entscheidung bleiben will, muss die Mutter ihrer Verantwortung gerecht werden und sagen: ›Okay, dann packe ich dir eine Tasche mit Wintersachen für den Kindergarten. Wenn du frierst, ziehst du diese Sachen an.‹ So ermöglicht man es seinem Kind, aus den eigenen Fehlern zu lernen. Das ist sehr einfach, und ich habe so gut wie keine Familie kennengelernt, in der die Konflikte nicht aufhörten, nachdem eine solche Praxis eingeführt wurde. Mein Beispiel mag sich ein wenig extrem anhören und erfordert natürlich eine gute Erklärung der Eltern dem Kindergartenpersonal gegenüber. Eine weniger wirkungsvolle Alternative besteht darin, dem Kind ein paar Wahlmöglichkeiten zu geben, die von den Eltern vorher bestimmt wurden. Natürlich ist es wichtig, diesem alle Hilfe zukommen zu lassen, die es braucht, um aus seinen Fehlern zu lernen.«

»Ich muss zugeben, dass sich das für mich ein bisschen extrem anhört. Soll das heißen, dass Kinder mit ihrer Kleidung experimentieren sollen, auch wenn sie erst zwei Jahre alt sind?«

»Zweijährige Kinder entwickeln ihre Selbstständigkeit und Unabhängigkeit von den Eltern. Sie sind großartige Pädagogen. Kinder, auch im Alter von zwei Jahren, lernen nicht durch Unterweisung, sondern indem sie forschen. Deshalb irritiert es sie auch so sehr, wenn man sie belehrt oder ihnen Kleider anzieht, die sie nicht anziehen wollen. Das Ziel ist ja schließlich, dass sie immer besser allein zurechtkommen. Es sind stets die Erwachsenen, die – meistens aus Zeitmangel – einen Machtkampf in der Kleiderfrage beginnen. Doch wenn sie ihren Kindern nicht die Gelegenheit geben, zu forschen, Fehler zu machen und daraus zu lernen, untergräbt man ihre Grundlage, um Selbstvertrauen und Selbstwertgefühl aufzubauen. Außerdem fühlen sich die Kinder hilflos, wenn Erwachsene ihnen ständig demonstrieren, was sie alles besser können.«

Besorgnis ist Gift für das Selbstwertgefühl des Kindes. Sie ist eine Misstrauenserklärung.

»Die Schüler tragen heute oft teure Markenartikel. Wie soll man mit dieser Art des Drucks umgehen?«

»Es geht nicht darum, *was* man tut, sondern *warum* man etwas tut. Die meisten Erwachsenen gehen den Weg des geringsten Widerstands. Sie ertragen keine Konflikte. Wenn Erwachsene sich moralisierend über den sozialen Druck beschweren, ist das nicht sehr glaubwürdig. Die Eltern sind ja genauso auf Diäten und Markenkleidung fixiert wie ihre Kinder. Meine Eltern waren arm. Wenn sie einmal Schuhe für uns kauften, dann musste es die beste Marke sein, und die hieß damals Adidas. Auch ein Markenartikel. Wo ist also das Neue? Kinder und Jugendliche haben sich stets miteinander verglichen. Eltern sollten ihre Wertvorstellungen klären und diese auch vertreten. Manche Eltern gehen niemals mit ihren Kindern zusammen einkaufen, damit diese nicht sehen, was die Erwachsenen kaufen, und weil die Kinder sich angeblich nicht entscheiden können und am liebsten alles kaufen möchten. Doch es reicht nicht, die Kinder zu Bescheidenheit anzuhalten, wenn man selbst als Großkonsument in Erscheinung tritt.

In diesen Fragen bestehen große Unterschiede zwischen den Kulturen. In Norwegen sind wir ein bisschen peinlich berührt und bekommen ein schlechtes Gewissen, wenn wir etwas sehr Teures gekauft haben. In Kroatien ist man umso stolzer, je teurer es war. Man kann von Statussymbolen sprechen, aber auch das ist nichts Neues. In früheren Zeiten teilten wir uns in Stämme auf und kleideten uns auf eine bestimmte Weise, um unsere Zugehörigkeit zu diesem Stamm zu demonstrieren. Heute verzichten wir auf eine bestimmte Stammeszugehörigkeit, wenn wir sie uns nicht leisten können. Kinder können lernen, die Verantwortung für sich zu übernehmen. Die Eltern können ihnen zeigen, was persönliche Integrität bedeutet. Hat ein elfjähriges Mädchen dies begriffen, dann kommt es mit oder ohne Markenartikel zurecht. Hingegen ist es die reinste Epidemie geworden, sich Sorgen um die Kinder zu machen. Ich weiß nicht, wozu das gut sein soll. Besorgnis ist Gift für das Selbstwertgefühl des Kindes. Sie ist eine Misstrauenserklärung.«

●●●

Elternschaft ist eine paradoxe Situation. Denn im Takt mit der elterlichen Liebe wächst die Besorgnis. Wir Eltern machen uns über alles Mögliche Sorgen, von alltäglichen Dingen bis hin zu Herausforderungen, denen unsere Kinder im Laufe ihres Lebens begegnen werden. Man sorgt sich, ob es seinem Kind auch gut geht, ob es mit sich selbst, dem eigenen Körper und Aussehen zufrieden ist.

»Sie sprechen viel von persönlicher Verantwortung. Wenn Sie sehen, dass Ihre Tochter ständig auf der Badezimmerwaage steht, sich zu dick fühlt und tatsächlich auch ein wenig übergewichtig ist, wie motivieren Sie sie dann, gesünder zu leben, ohne das Problem größer zu machen, als es ist?«

»Übergewicht kann auch genetisch bedingt sein. Auch wenn eine Elfjährige selbstkritisch ist oder von anderen aufgezogen wird, wird sie nicht zwangsläufig abnehmen wollen. Wenn sie nachhaltig abnehmen will, muss sie dies sich selbst zuliebe wollen. Ich will damit nicht sagen, dass die Eltern sich passiv verhalten und einfach abwarten sollen, aber sie könnten sagen: ›Wir finden, es ist ein Problem, weil du das selbst findest, aber wir brauchen deine Hilfe. Wir haben das Bedürfnis herauszufinden, ob du wirklich abnehmen willst und warum. Außerdem haben wir das Bedürfnis herauszufinden, wie wir dir helfen können.‹ An Gewicht zu verlieren ist wie eine Droge abzusetzen, und das ist ein sehr einsamer Prozess. Wenn Ihre Tochter es nicht schafft, am Kühlschrank vorbeizugehen, ist es nicht sonderlich hilfreich, sie aufzuhalten. Es ist enorm wichtig, ihre paar überschüssigen Kilo nicht zum alleinigen Problem zu machen.«

»Doch was ist, wenn ein Mädchen sich dick fühlt, obwohl es objektiv dünn ist – was können Eltern da machen?«

»Wenn wir davon ausgehen, dass diese Einschätzung richtig ist und es sich nur um unbegründete Selbstkritik handelt, dann zweifle ich daran, dass man etwas tun kann. Man kann feststellen, dass ihr Gewicht normal ist, und ihr sagen, dass sie daran nicht zu zweifeln braucht. Doch vermutlich wird das, was ihre Eltern ihr sagen, zum einem Ohr hinein- und zum anderen wieder hinausgehen. In diesem Zusammenhang habe ich die Erfahrung gemacht, dass es am besten ist, den Sachverhalt ein für alle Mal festzustellen und die Sache damit ruhen zu lassen, um dem Mädchen Gelegenheit zu geben, sich selbst ein objektives Bild zu machen und von sich aus ihr Gewicht zu regulieren. Wenn sie allerdings immer weiter abnimmt und zu dünn wird, muss man natürlich etwas unternehmen. Bei einer Elfjährigen ist es schwer zu entscheiden, ob dies nur eine Phase ist, in der sich der hysterische Körperkult vieler Erwachsener spiegelt, oder ob sie eine Magersucht entwickelt. Bei einer beginnenden Anorexie ist es von großer Wirkung, wenn sich die Familie versammelt und alle, auch die Geschwister, zum Ausdruck bringen, wie sehr sie das ängstigt, was gerade geschieht. Wenn das Mädchen, um das es geht, von allen persönlich hört, wie besorgt sie sind, kommt es oft rasch zu einer Normalisierung der Situation. Schwierig für das Mädchen ist es, sich von ihren Eltern Vorträge über eine unsinnige Körperfixierung anhören zu müssen. In ihren Augen sind die Eltern hier wenig glaubwürdig, weil sie ja die Gesellschaft der Erwachsenen repräsentieren, die selbst körperfixiert ist. Vielleicht kennt sie die hysterischen Reaktionen ihrer eigenen Mutter, weil diese glaubt, ein paar Kilo zugelegt zu haben. Und möglicherweise hat die Tochter schon oft gehört, wie die Mutter sich am Telefon mit ihren Freundinnen über das vermeintliche Idealgewicht und irgendwelche Diäten unterhalten hat. Da erscheint es nicht sehr überzeugend, wenn die Mutter sie nun auffordert, nicht an ihr Gewicht zu denken. Sie wird vielmehr denken: Wo kommt diese Idee nur her? Kommt die von Mama?«

»Wie steht es in einer solchen Situation um das Selbstwertgefühl?«

»Die Pubertät kann eine ziemlich chaotische Phase sein, und in dieser Phase führt man oft zwei voneinander getrennte Leben, ein tief empfundenes existenzielles Leben und ein soziales Leben. Viele Jugendliche empfinden es als sehr verletzend und provozierend, dass die Erwachsenen nur das Soziale sehen und auf die Oberfläche fokussiert sind. Das macht sie nicht glaubwürdig. Erwachsene sind im Leben eines Kindes immer präsent. Es ist fast unmöglich, etwas geheim zu halten, und Jugendliche haben heutzutage auch gar keine Lust mehr, etwas geheim zu halten. Sie leben ihr Leben in aller Offenheit vor unseren Augen. Doch ganz gleich, welches Verhältnis Sie zu Ihrem Kind haben, ist es von größter Wichtigkeit, die Beziehung offen zu halten und mit Ihrem Kind in Kontakt zu bleiben.«

Halten Sie die Beziehung offen und bleiben Sie in Kontakt zu Ihrem Kind.

»Die sogenannte Barbie-Droge Melanotan ist heute im Internet erhältlich, wird schon von 13-Jährigen beiderlei Geschlechts konsumiert und soll den Konsumenten braun und schlank machen und sogar die Libido steigern. Ich trainiere in einem Fitness-Studio, in dem schon 16-Jährige beginnen dürfen. Dort sehe ich junge Mädchen, die nacheinander Spinning, Pilates und Krafttraining machen, insgesamt drei Stunden lang. Wer hat den Kindern nur erzählt, dass es gut sei, so viel zu trainieren?«

»Kinder kopieren und kooperieren. Die Körperfixierung der Erwachsenen nahm vor zehn bis 15 Jahren groteske Züge an, und wir wissen, dass Kinder die Trends der Erwachsenen nach etwa ebenso vielen Jahren nachvollziehen. Eines der großen Probleme für Kinder und Jugendliche besteht heute darin, dass sie bei den Erwachsenen kaum konstruktive Rollenmodelle vorfinden. Politiker lügen, alle wissen das. Zahlreiche Geistliche und Lehrer haben Kinder sexuell missbraucht. Die Popidole der Jugendlichen sind ständig im Drogenentzug, und die Mütter reden über ihre überflüssigen Gramm. Erwachsene sind sehr unglaubwürdig, wenn sie den Kindern erzählen, das Äußere sei nicht so wichtig. Die Eltern müssen zunächst ihr eigenes Verhalten ändern. Eine andere Möglichkeit haben sie nicht. Nachdem es in den USA inzwischen Tausende von Fernsehzuschauern gibt, die sich gemütlich zurücklehnen und das Essen nach Hause liefern lassen können, gibt es dort junge Mädchen, die 180 Kilo wiegen. Auch in Nordeuropa beginnt dieses Phänomen um sich zu greifen. Also tun wir gut daran, uns selbst zu befragen: Wie glaubwürdig bin ich, wenn ich kulturelle Trends kritisiere? Wie oft haben meine Kinder schon von mir gehört, dass ich zu dick bin? Wie viel Zeit und Geld wende ich für Training und Wellness auf? Man muss sich mit einem Kind, das auf dem Weg in die Magersucht ist, auf ein ernsthaftes Gespräch einlassen, ihm sagen, dass man das Problem erkannt hat und es bekämpfen will: ›Wir sind uns im Klaren darüber, dass du glaubst, du seiest zu dick, und wir wissen auch, dass wir selbst dazu beigetragen haben, weil wir in den ersten zehn bis zwölf Jahren deines Lebens Werte vertreten haben, die ziemlich idiotisch sind. Doch jetzt haben wir eine Idee, wie wir in unserer Familie andere und neue Werte etablieren können.‹ Wieder einmal sehen wir, dass die Erwachsenen die Verantwortung übernehmen müssen. Sie sollten sich keinesfalls als Retter ihrer Tochter aufspielen und diese über Dinge belehren, die sie selbst nicht einhalten – das macht alles nur noch schlimmer.«

Erwachsene sind sehr unglaubwürdig, wenn sie den Kindern erzählen, das Äußere sei nicht so wichtig. Die Eltern müssen zunächst ihr eigenes Verhalten ändern. Eine andere Möglichkeit haben sie nicht.

»In welcher Form soll die Familie eingreifen, wenn ihre Tochter auf dem Weg in die Anorexie oder Bulimie ist oder einen Fitnesswahn entwickelt? Welche Rolle hat die Familie angesichts solcher Krankheiten?«

»Kinder, die Symptome wie Anorexie entwickeln, befinden sich in einer existenziellen Krise. Das bedeutet, dass man sich keinesfalls auf die Symptome fokussieren darf. Viele glauben, das Problem sei gelöst, wenn die Tochter wieder anfängt zu essen, aber das ist es nicht. Diese Kinder haben ein immenses Bedürfnis nach dem, worüber wir vorhin gesprochen haben: Sie wollen ernst genommen, im umfassenden Sinn gesehen und anerkannt werden, und sie brauchen einen Dialog. Wenn die Eltern in ihrer egozentrischen Einstellung verharren, wird dies nicht gelingen. Dabei hat die Familie in ihrer Gesamtheit ein größeres therapeutisches und heilendes Potenzial als jeder Experte. Ich will damit nicht sagen, dass man keine professionelle Hilfe in Anspruch nehmen

sollte – im Gegenteil! –, doch oft führt eine noch so lange Therapie nicht zum Erfolg. Wenn dort nach ein paar Monaten keine dynamische, positive Entwicklung sichtbar wird, dann sollte man sich woanders nach Hilfe umsehen. Auch sollte man sich stets vergegenwärtigen, dass der Familie eine wichtige Rolle zukommt, auch wenn sich das Kind oder der Teenager in professioneller Behandlung befindet. Denn nicht nur das Kind hat ein Problem, sondern die ganze Familie, einschließlich der Geschwister.«

»Eine kollektive Verantwortung?«

»Ja. Meistens hilft es nicht, einen Jugendlichen allein zum Psychologen zu schicken. Hier muss sich die ganze Familie beteiligen. Alle Familienmitglieder müssen eine Haltung zu dem Problem entwickeln, das in der Liebe zueinander entstanden ist. Sie teilen die kollektive Verantwortung, ihre Nächsten zu sehen und wahrzunehmen. Die Eltern müssen zugleich aufpassen, dass sie die Krise nicht übertreiben. In allen Familien entstehen Krisen. Es kommt darauf an, ein Krisenmanagement zu entwickeln, und hier ist der Dialog gefragt. Ein 15-jähriges Mädchen, mit dem ich in Kontakt stand, hat einmal etwas sehr Vernünftiges gesagt. Die Eltern, beide Ärzte, meinten, sie habe Bulimie. Der Vater hatte mehrere Broschüren zum Thema Essstörungen besorgt, aber die Tochter wollte sie nicht lesen, weil sie von ihm kamen. Als sich die Familie an mich wendete, redeten die Eltern erst einmal lange von Bulimie, ehe ich ihre Tochter fragte: ›Hast du Bulimie oder nicht?‹ – ›Nein‹, antwortete sie. ›Ich habe keine Bulimie.‹ Daraufhin sah ich zu den Eltern hinüber und sagte: ›Okay, die Sache scheint mir geklärt.‹ Aber das fanden die Eltern überhaupt nicht. Die Mutter sagte zu ihrer Tochter: ›Du hast ja so großes Vertrauen in Jesper. Wenn du lieber mit ihm reden willst, dann bezahlen wir das natürlich.‹ Ich mischte mich ein und sagte, so etwas könne man als Mutter einfach nicht sagen. Zu einem solchen Zeitpunkt zeigt man seiner Tochter nicht dadurch seine Fürsorge, dass man ihr einen Psychologen anbietet. ›Sie müssen ihr das anbieten, was Sie als Mensch anzubieten haben.‹ Dann fragte ich die Tochter, ob sie ihren Eltern nicht erzählen wolle, was sie wirklich brauche. Sie dachte lange darüber nach, bis sie schließlich sagte: ›Ein bisschen mehr Vertrauen wäre schön.‹ Damit hatte sie die Antwort gegeben.«

Alle wünschen sich glückliche Kinder, doch ist es ein Riesenunterschied, sich so etwas zu wünschen oder ein Projekt daraus zu machen. Wird ein Projekt daraus, geht dies immer zu Lasten der Kinder. Machen Sie nie ein Projekt aus Ihrem Kind!

»Vielleicht kam das Therapieangebot damals zum falschen Zeitpunkt. Aber wenn ein solches Problem entsteht, muss man doch wohl mit seinem Kind darüber reden, sich an einen Therapeuten zu wenden. Oder meinen Sie, dass sich die Eltern damit ihrer eigenen Fürsorge und Verantwortung entledigen?«

»Wenn das Kind sagt: ›Was ihr als mein Problem betrachtet, ist kein Problem‹, sollten die Eltern drei Monate abwarten. Wenn sie die Situation dann immer noch als problematisch empfinden, können sie in Erwägung ziehen, etwas zu unternehmen. Stellen Sie sich vor, Sie würden als Erwachsene unter mangelndem Selbstvertrauen leiden. Jeden Tag kommen Sie zu einem Mann nach Hause, der Sie besorgt ansieht. Er erzählt Ihnen, er habe ein Buch gelesen, wie man größeres Selbstvertrauen bekommt, und empfiehlt Ihnen, das Buch ebenfalls zu lesen. Nach drei bis vier Monaten fragen Sie ihn frustriert: ›Bin ich nur mein eigenes Problem oder noch etwas anderes?‹ Wenn Sie Schwierigkeiten haben, sich Ihrem Kind gegenüber zu beherrschen, dann bitten Sie es, Bescheid zu sagen, wenn es Hilfe braucht. Sie können Initiative zeigen, doch ist es für ein Kind sehr schwer, zum Problem erklärt zu werden. Es ist normal, dass Eltern sich Sorgen machen, aber hören Sie auf, Ihr Kind damit zu belasten. Sprechen Sie lieber mit anderen Erwachsenen darüber. Alle wünschen sich glückliche Kinder, doch ist es ein Riesenunterschied, sich so etwas zu wünschen oder ein Projekt daraus zu machen. Wird ein Projekt daraus, geht dies immer zu Lasten der Kinder. Machen Sie nie ein Projekt aus Ihrem Kind!«

●●●

Vor einigen Jahren sah ich im norwegischen Fernsehen, wie das Aussehen einer Frau mittels mehrerer Schönheitsoperationen total verändert wurde. Die Teilnehmerin dieser Sendung war eine erwachsene Frau, die ein schwammiges Kinn, eine auffallend große Nase, braune Zähne, dünne Lippen, viele Falten und verschiedene Ungleichmäßigkeiten im Gesicht aufwies. Nachdem die Operationen ihre Wirkung gezeigt hatten, knallten die Champagnerkorken, während dem Fernsehzuschauer die Vorher-Nachher-Bilder gezeigt wurden. Für einen kurzen Moment war auch ich von dem Ergebnis begeistert – bis die zwölfjährige Tochter der Frau die Szene betrat, um ihrer Mutter zu gratulieren. Die Tochter sah nämlich genauso aus wie ihre Mutter vor der Verwandlung. Das ist ein furchtbares Beispiel dafür, wie grotesk erwachsene Rollenvorbilder sein können und wie sehr die Medien von der Schönheitsindustrie missbraucht werden. Es zeigt auch unsere Doppelmoral: Wir alle wollen hübsch und schlank, aber auch gute Vorbilder sein.

»Die Persönlichkeit eines Kindes sollte in Ruhe reifen können, ohne durch seine Umgebung oder die Medien beeinträchtigt zu werden. Wie vermittelt man einem Kind in unserer körperfixierten Zeit ein natürliches Verhältnis zur Intimität und zu seinem Körper?«

»Es ist sicherlich von Vorteil, wenn die Eltern in Bezug auf ihren Körper gelassen und zufrieden sind. Als Erwachsener sollte man seine eigenen Grenzen deutlich machen: Gibt es Situationen, in denen ich am liebsten allein sein möchte, zum Beispiel im Badezimmer? Man lehrt die Kinder, für sich selbst Grenzen zu setzen, indem man auch als Erwachsener seine persönlichen Grenzen deutlich macht. Wenn ein elfjähriges Mädchen plötzlich eine große Scham entwickelt, muss man das respektieren, statt sich darüber zu sorgen, dass sie sexuell verklemmt werden könnte. Das halte ich für extrem wichtig. Wenn die Pubertät sich bemerkbar macht, entscheidet die Kommunikation der letzten zehn bis zwölf Jahre darüber, ob die Tochter sich frei genug fühlt, sich mit ihren Fragen an die Mutter zu wenden. Unsere Kultur ist derzeit sehr körperfixiert, und wir haben nur begrenzte Möglichkeiten, unsere Kinder davor zu bewahren. Wir können allerdings alles dafür tun, um ihr Selbstwertgefühl zu stärken und während ihrer Krisen stets zugänglich zu sein.«

»Den Gedanken, dass ihre jugendlichen Kinder Sex haben – zumal in ihrem eigenen Haus –, finden viele Erwachsene schwierig. Wie sehr können sie darauf hoffen, dass ihre Kinder von sich aus etwas erzählen? In welchem Maß dürfen sich Eltern einmischen?«

»Wenn es gelingt, darüber zu sprechen, liegt es daran, dass die Kommunikation auch auf anderen Gebieten klappt. Ich möchte betonen, dass Kinder und Jugendliche ständig Informationen von Gleichaltrigen und den Medien bekommen. Achtjährige wissen heute Dinge, die Leute früher erst mit 40 herausfanden. Man kann schon nervös werden bei dem Gedanken, wie Kinder mit Pornografie zurechtkommen. Darauf weiß ich noch keine Antwort, doch habe ich den Eindruck, dass Kinder damit äußerst vernünftig umgehen. Eltern sollten wissen, dass Kinder sehr viel über sexuelle Praktiken wissen, emotional aber völlig unerfahren sind. Wie alle anderen müssen auch sie die Antworten selbst erfahren. Die meisten von uns sind sich darin einig, dass Sex in Kombination mit Liebe am besten ist, aber was hilft es einem 15-Jährigen, ihm das zu sagen?

Das Beste, was Erwachsene in dieser Hinsicht tun können, ist Folgendes: Sie können den Kindern – ehe sie in die Pubertät kommen – beibringen, mit gutem Gewissen Nein zu sagen, ihre Integrität und Grenzen zu wahren. Darüber hinaus ist es wichtig, den Kindern die Möglichkeit zu geben, ein gesundes Selbstwertgefühl zu entwickeln. Das bedeutet, dass sie sich so gut wie möglich kennenlernen und somit zu einem ehrlichen Ja und Nein in der Lage sind. Normalerweise sorgen sich die Eltern vor allem um die Sexualität, die sich während der Pubertät entwickelt, obwohl die Sexualität des Kindes schon lange vorher existiert und auch praktiziert wird. Natürlich müssen Kinder in Fragen der Sexualität – so wie auf anderen Feldern – forschen und experimentieren, was natürlich dazu führen kann, dass ein 16-Jähriger Verschiedenes ausprobiert.

Zeigen Sie einem Kind gegenüber denselben Respekt, den Sie auch einem Erwachsenen entgegenbringen.

Ich glaube, wenn man hundert 30-Jährige befragte, würde man feststellen, dass ein gesundes und vitales Sexualleben auf guten wie auf schlechten Erfahrungen beruht, unabhängig davon, ob man früher oder später damit anfängt. Wenn Ihr elfjähriger Sohn im Internet Pornoseiten anschaut, können Sie diplomatisch mit ihm reden. Es ist ein Riesenunterschied, gesehen oder entdeckt zu werden. Für Eltern ist es wichtig zu sehen, und es ist wichtig zu sagen: ›Hör mal, das und das ist mir aufgefallen. Dazu habe ich eine ganz bestimmte Meinung, die ich dir gerne erklären möchte. Willst du hören, was ich zu sagen habe?‹ Sagt Ihr Sohn ›Nein‹, entgegnen Sie: ›Okay, dann machen wir das an einem anderen Tag. Sag Bescheid, wenn du hören willst, was ich zu sagen habe.‹ Wenn Sie noch zwei weitere Male ein Nein bekommen, dann können Sie sich direkt an Ihren Sohn wenden: ›Es ist mir aber so wichtig, dass ich dir jetzt unbedingt sagen muss, was ich auf dem Herzen habe.‹ Es geht darum, dem Kind denselben Respekt zu zeigen, den man auch einem Erwachsenen entgegenbringen würde.«

»Wenn man sieht, dass sein Kind onaniert, ganz gleich welchen Alters, soll man einfach so tun, als hätte man nichts gesehen?«

»Ja, ich finde schon. Kinder müssen das tun dürfen. Selbst Kleinkinder erforschen ihre Sexualität. Eltern brauchen sich deshalb nicht zu ängstigen oder zu glauben, das sei etwas Unnormales. Hoffentlich sagt man auch im Kindergarten, dass es in Ordnung ist, aber nicht zusammen mit den anderen. Dort müssen sie den Kindern sagen, dass sie für sich sein müssen, wenn sie es tun. Frühkindliche Sexualität verunsichert viele Eltern, weil die meisten sich nicht daran erinnern können, als Kind selbst onaniert zu haben. Wir erinnern uns an die Pubertät, aber nicht daran, was wir im Alter von drei oder fünf Jahren erlebt haben, und das macht uns unsicher. Es gibt viele Bücher über die Sexualität des Kindes, die einen guten Überblick darüber geben, was in den verschiedenen Stadien als normal angesehen wird. Manche von uns erinnern sich vielleicht, dass wir in unserer Kindheit bestraft oder ausgeschimpft wurden, wenn wir an uns herumexperimentierten. Dabei wäre es das Wichtigste, die Sexualität und das erotische Beisammensein altersunabhängig als etwas Freudvolles, nicht Problematisches anzusehen. Wenn ein Kind in die Pubertät kommt, ist es nicht mehr so einfach, mit ihm über Sexualität zu sprechen. Gespräche darüber sollten deshalb schon regelmäßig vorher stattfinden.«

»Es ist ja eine alte Tradition, mit den Kindern ein entscheidendes großes Aufklärungsgespräch zu führen.«

»Oft wollen Kinder weder mit Eltern noch Lehrern darüber sprechen. In Dänemark hat man es mit einem ganzen Trupp 25-Jähriger versucht, die im Land herumgereist sind, die Schulen besucht und dort über Sexualität gesprochen haben. Das hat gut funktioniert, weil die Kinder Vertrauen zu diesen jungen Erwachsenen hatten. Vor einiger Zeit wurden die Schulen dazu verpflichtet, ihre Schüler darüber zu unterrichten, was es mit der Sexualität, den Blumen und den Bienen auf sich hat. Im Grunde ist das in Ordnung, doch andererseits haben viele Schüler gesagt, sie fühlten sich unwohl, mit einem Menschen über intime Dinge zu sprechen, der ihnen zwei Stunden später Englisch beibringt. Inwieweit die Eltern hier eine Rolle spielen, hängt von der Qualität ihrer Beziehung zu den Kindern ab. Ich habe den Eindruck gewonnen, dass Kinder und Jugendliche ihre Kenntnisse heute in erster Linie von Freunden, aus Büchern und dem Internet haben.«

»Statt die Kinder mit Informationen zu überfallen, kann man sie doch auch einladen zu fragen, wann immer sie etwas wissen möchten.«

»Ja, das kann man tun. Es ist natürlich gut, eine Mama oder einen Papa zu haben, die man jederzeit fragen kann. Wenn Eltern oder Kinder ein Bedürfnis danach haben, sollten sie meiner Meinung nach darüber sprechen, dass ein großer Unterschied besteht zwischen der Sexualität, die mit Verliebtheit einhergeht, und der eher mechanischen Sexualität, die ein Kennzeichen der Pornografie ist. Man kann auch gute Bücher zu diesem Thema kaufen und jedem Familienmitglied zu Hause zugänglich machen. Ansonsten bedaure ich es sehr, dass unsere Kultur keine Übergangsrituale mehr kennt, dass wir zum Beispiel nicht die erste Menstruation feiern.«

»Eine Mutter hat mir einmal erzählt, dass ihre Tochter ihre Menstruation bekommen hatte, aber nicht darüber reden wollte. Die Mutter hatte errechnet, dass ihre Tochter während einer Klassenfahrt ihre Tage haben würde, und schlug deshalb vor, sie solle Binden mitnehmen. Die Tochter sagte, das sei nicht nötig. ›Wenn du meinst‹, sagte die Mutter, ›jedenfalls liegen sie hier im Bad.‹ Die Tochter nahm die Binden mit auf Klassenfahrt und konnte sie dort offenbar gut gebrauchen. Ich finde, das ist eine sehr gute Art und Weise, mit der Sache umzugehen.«

»Das finde ich auch.«

»Es kann manchmal schwierig sein, seinen Eltern gegenüber Grenzen zu setzen und sich deren Einmischung zu verbitten. Doch wo soll man so etwas lernen, wenn nicht zu Hause? In norwegischen Schulen lernen die Kinder der zweiten Klasse, sich gegenseitig zu massieren, damit sie auch lernen, Bescheid zu sagen, wenn es wehtut.«

»Ich habe viel übrig für die skandinavische Kultur, in der wir uns nicht aufdrängen, sondern fragen, ob wir einen Kuss oder eine Umarmung bekommen.«

»Ich erinnere mich an einen kleinen Jungen im Kindergarten, der sehr empfindlich gegenüber jeder Form des physischen Kontakts mit Erwachsenen war.«

»Kinder verhalten sich sehr unterschiedlich, was physischen Kontakt betrifft. Manche lieben es zu kuscheln und sitzen gerne auf dem Schoß. Das ist vollkommen in Ordnung. Mein Enkel Alex ist da ganz anders, und man sollte so ein Verhalten bei Acht- bis Zehnjährigen auch nicht als selbstverständlich betrachten.«

»Es ist ganz normal, dass ein Kind nicht auf dem Schoß sitzen will?«

»Selbstverständlich. Aber man kann einem Kind dabei helfen, die richtige Balance aus Nähe und Distanz zu finden. Auch manche Eltern mögen es ja nicht so sehr, sich physisch zu nahe zu kommen, und das müssen wir schließlich auch respektieren. Kinder lernen, eine Einstellung zur eigenen Sexualität zu finden, wenn man zu Hause natürlich damit umgeht und klar zu verstehen gibt, wo die eigenen Grenzen liegen. Die Eltern können ihrem Kind sagen, dass Sex etwas Schönes und Wichtiges ist, dass man sich seiner Sexualität und seiner Gefühle nicht zu schämen braucht und dass man seine Sexualität für wichtige Menschen aufspart – dass sie nichts ist, das wir mit allen teilen. Das Beste ist, eine Harmonie zu erleben. Sie entsteht zwischen zwei gleichwürdigen Partnern, das heißt, Eltern müssen jedem einzelnen Kind beibringen, seine körperlichen Bedürfnisse kennenzulernen und so abzustimmen, dass Nähe nicht als Übergriff empfunden wird.«

Die Küche: Essen und Gespräche

Die Küche ist oft der Ort des Hauses, an dem die Familie ihren Tag beginnt und beschließt. Am Morgen wird gefrühstückt und in aller Eile das Schulbrot geschmiert, später versammelt sich die Familie um den Esstisch, nachdem alle aus der Schule und von der Arbeit zurückgekehrt sind. Hier finden Gespräche mit anderen Familienmitgliedern, mit Freunden und Gästen statt. Hier kommt die Familie am Abend zusammen, um die Erlebnisse des Tages zu sortieren.

»Heutzutage ist die Küche zu einem der wichtigsten Räume in einem Haus geworden. Mir geht es um die allgemeine Atmosphäre. Wie ist die Stimmung, wenn man aufsteht, das Haus verlässt und später nach Hause kommt? Ein guter Start in den Tag, was ist das?«

»Erst einmal ist das ein Start ohne allzu viel Stress. Wenn morgens alle versuchen, in Gang zu kommen, können rasch Konflikte entstehen. Die Kinder müssen sich anziehen und Zähne putzen, und die Eltern werden mit ihrer Unzulänglichkeit konfrontiert, was ihre Führungsrolle betrifft. Der eine muss früher aufstehen als der andere. Doch ein Großteil der Konflikte entsteht dadurch, dass die Eltern zu gestresst sind. Erwachsene haben eben ein völlig anderes Tempo als ein Kind von vier bis fünf Jahren. Wenn die Erwachsenen das Kind antreiben und darauf insistieren, dass es ein Erwachsenentempo anschlägt, dann macht es die Dinge meist im Schneckentempo und wird noch langsamer als sonst. Je gestresster die Erwachsenen sind, desto langsamer werden die Kinder. Sie fühlen sich dabei wie Pakete: Sie werden aus dem Bett gehoben, ins Bad getragen, auf den Tisch gestellt und angezogen. Das gefällt ihnen nicht, also protestieren sie. Aber natürlich können die Eltern zu ihren Kindern sagen, dass diese Behandlung leider notwendig ist, zum Beispiel mit folgenden Worten: ›Ich weiß, dass das alles viel zu schnell für dich geht, aber ich hoffe, du kommst irgendwie damit zurecht.‹ Man kann Ein- bis Zweijährigen gegenüber durchaus eine erwachsene Sprache benutzen, auch wenn sie vielleicht noch nicht alles verstehen. Die Botschaft, dass die Erwachsenen die Verantwortung haben und auf die Mithilfe des Kindes angewiesen sind, wird trotzdem bei ihnen ankommen. Dann tun Kinder, was sie können, bis zu einem gewissen Punkt – aber nicht jeden Tag!«

»Wenn die Mutter es am Morgen eilig hat, regt sie sich möglicherweise sehr über eine Nichtigkeit auf, beispielsweise darüber, dass die Tochter ihr Schulbrot in der Küche liegen lässt. Später bekommt die Mutter Schuldgefühle wegen ihres Wutausbruchs. Ist irgendein Schaden entstanden?«

»So, wie Sie die Geschichte erzählen, ist alles in Ordnung.«

»Sollte die Mutter nicht am besten erklären, warum sie so sauer geworden ist?«

»Manchmal müssen wir uns 50 Mal irrational verhalten, bevor wir etwas vernünftig erklären können. Es ist schlimmer, wenn die Mutter zur Tochter sagt: ›Ich hab doch schon gestern Abend zu dir gesagt, dass ich heute früh zur Arbeit muss. Aber du hörst einfach nie zu und denkst immer nur an dich.‹ Man sollte sich davor hüten, immerzu ›Du‹ zu sagen und dem anderen Vorwürfe zu machen. Hingegen ist es völlig in Ordnung, dass die Mutter aus der Haut fährt, weil sie zu spät zur Arbeit kommt. Das Kind mag darüber erschrecken, lernt in diesem Moment aber etwas über seine Mutter. In der Paarbeziehung ist es dasselbe. Wenn Sie es am Morgen eilig haben, Ihr Mann jedoch nicht, können Sie zu ihm sagen: ›Okay, wir hatten ja eigentlich vereinbart, dass wir zusammen zur Arbeit fahren, aber ich bin viel zu gestresst. Lass uns lieber jeder für sich fahren.‹ Damit bieten Sie ihm eine Lösung des Dilemmas an, statt ihn in ein neues Dilemma zu stürzen, indem Sie ihm vorwerfen: ›Wir wollten doch zusammenfahren. Ich verstehe gar nicht, dass du immer noch da rumsitzt ...‹

Wir Menschen sind dazu erzogen, stets an die Gemeinschaft zu denken. Wir glauben, unsere Ehe sei missglückt, wenn wir jeder für sich essen oder getrennte Schlafzimmer haben, weil wir so besser schlafen. Hier müssen wir umdenken. Dass man herausfindet, was für die eigene Familie am besten funktioniert, ist in jedem Fall positiv, auch wenn gewisse Dinge von der Norm abweichen sollten.«

»Ich habe gelernt, dass man am Esstisch nicht lesen soll, doch bei uns zu Hause tun wir das trotzdem und genießen die Stille dabei.«

»Meine Frau und ich schreiben am Morgen. Zwischen sechs und halb acht bin ich sehr produktiv. Wir sitzen dann beide vor unserem Laptop und empfinden das als sehr intim. Meine Mutter sagte immer, dass wir in der Familie zumindest zusammen frühstücken sollten. Für mich und meine Frau wäre dies aber ein unmöglicher Kompromiss, weil dann keiner von uns zufrieden wäre.«

»Stellen wir uns eine Mutter mit ihrer Tochter in der Küche vor. Die Mutter will ihr beibringen, wie man Pfannkuchen backt. Die Stimmung ist gut, die Tochter macht sich ans Werk. Aber die Mutter schreitet sofort ein: ›Nein, nein, so wird das nichts. Du musst mehr Butter nehmen.‹ Das Ganze endet in wildem Streit, die Tochter läuft aus der Küche. Wie geht man mit solch einer Situation um?«

»Es ist das Wesen eines Lernprozesses, dass die meisten Versuche misslingen. Dadurch lernt man. Die Mutter könnte beispielsweise zu ihrer Tochter sagen: ›Ich sehe, dass du das so und so machst. Willst du Hilfe haben?‹ Daraufhin fragen die meisten Kinder: ›Mache ich etwas falsch?‹ Eine mögliche Antwort: ›Ich weiß nicht, ob es falsch ist, aber du machst es jedenfalls völlig anders, als ich es getan hätte.‹ Das Kind wird vielleicht auf seiner eigenen Methode beharren. Dazu könnten Sie sagen: ›Okay, aber wenn ich einen dieser Pfannkuchen essen soll ...‹ Für die Eltern kommt es darauf an, gleichermaßen liebevoll und ehrlich zu sein. Man kann ruhig zum Ausdruck bringen, dass man den Pfannkuchen anders lieber mag – zum Beispiel mit mehr Eiern, wie auch immer –, damit kritisiert man sein Kind nicht. Man trifft eine persönliche Aussage, statt dem Kind zu verstehen zu geben, es sei nicht gut genug. Das ist soziale Kompetenz, doch in dieser Hinsicht sind wir von Anfang an falsch erzogen worden. Wir haben gelernt, dass es egozentrisch ist, ›Ich‹ zu sagen. Dabei ist es das Sozialste, was wir sagen können. Wenn Sie zu Ihrem Kind sagen, dass Sie den Pfannkuchen mit weniger Butter wollen, dann weiß es, wo Sie stehen. Das schafft Sicherheit. Sicherheit entsteht, wenn man ehrliche und liebevolle Rückmeldungen bekommt. Menschen haben das Bedürfnis, ein solches Feedback zu geben und zu empfangen. Das ist auch am Arbeitsplatz nötig. Zu Ihrem Chef könnten Sie sagen: ›Wenn Sie gestresst sind, werde ich nervös, weil ich denke, es liegt an mir.‹ So etwas kann Ihr Chef nicht erraten, Sie müssen es ihm sagen.«

Sicherheit entsteht, wenn man ehrliche und liebe volle Rückmeldungen bekommt. Menschen haben das Bedürfnis, ein solches Feedback zu geben und zu empfangen.

•••

Die meisten von uns sind im Laufe des Tages vielen Stressmomenten ausgesetzt, und wenn wir nach Hause kommen, waren wir bereits neun Stunden lang als Eltern, Kollegen oder Freunde im Einsatz. Dann beginnt erneut das Familienleben. Es kann einen schon ziemlich nervös machen, wenn man spürt, dass man all dem nicht gewachsen ist. Es gefällt mir, für meine Familie noch etwas Nahrhaftes zuzubereiten, doch manchmal bleibt es eben auch bei kargerer Kost. In jedem Fall möchte ich den Dialog aufrechterhalten, von meinem Tag erzählen, meinen Nächsten lauschen und das loswerden, was ich auf dem Herzen habe.

»Worauf sollte man in Verbindung mit den gemeinsamen Mahlzeiten in der Familie am meisten achten?«

»Wenn man erwartet, dass die gemeinsamen Mahlzeiten stets harmonisch und gemütlich ablaufen, wird man oft enttäuscht und muss unnötige Diskussionen führen, weil wir ganz einfach verschieden sind. Doch hat es auch keinen Zweck, wenn jeder für sich irgendwann etwas zu sich nimmt. Vor allem für kleinere Kinder ist das Essen von hoher symbolischer Bedeutung. Essen ist Liebe. Frauen erfahren das, wenn sie stillen. Kinder erleben Essen als Fürsorge. Die Nahrung ist tatsächlich unser stärkstes Symbol der Liebe. Es ist unser erstes Bedürfnis, das mit Nahrung und Nähe gestillt wird, unabhängig davon, ob die Mutter stillt oder die Flasche gibt.

Essen ist Liebe. Frauen erfahren das, wenn sie stillen. Kinder erleben Essen als Fürsorge. Die Nahrung ist tatsächlich unser stärkstes Symbol der Liebe.

Auch wir Erwachsene kennen das, wenn wir eine andere Person bei uns zu Hause zum Essen einladen. Es ist ein symbolgeladenes Spiel, ja, ein Vertrauensbeweis. Man kann nicht einfach sagen, bei uns zu Hause messen wir dem Essen keine so große Bedeutung bei, denn für die Kinder ist es fraglos von großer Bedeutung. Daher sollte man versuchen, etwas Besonderes daraus zu machen. Wenn man während des Essens mal ans Telefon geht, kann man das zur Ausnahme erklären. Wenn das gemeinsame Essen jedoch die Ausnahme ist, wird es rasch weniger gemütlich, als man es sich vorgestellt hat. Das gemeinsame Mittag- oder Abendessen ist traditionellerweise der Ort, an dem Dinge sprichwörtlich auf den Tisch kommen. Je weniger Zeit wir uns nehmen, den Konflikten in diesem Moment zu begegnen, desto größer werden sie im Nachhinein werden, da eine viel beschäftigte Familie heutzutage nur noch selten zusammenkommt. Wenn man zu selten gemeinsam isst, kann es passieren, dass man 20 Konflikte um die Ohren geschlagen bekommt, wenn man mal wieder gemeinsam am Tisch sitzt.«

»Wenn die Familie diesen sozialen Zusammenkünften Vorrang einräumt, dann trainiert sie dadurch auch den Umgang mit Konflikten.«

»Ja, man sollte sich nicht einreden, dass es nur dann eine gelungene Mahlzeit ist, wenn allgemeine Harmonie herrscht. Während des Essens können sich die Eltern einen Eindruck davon verschaffen, wie es ihren Kindern geht. Wer aber allen Familienmitgliedern bei Tisch eine bestimmte Stimmung auferlegt, der muss auf diese Information verzichten. Dann werden die Eltern vermutlich sehr überrascht sein, wenn der Kindergarten oder die Schule sich melden und von einem bestimmten Problem berichten.«

»Was ist davon zu halten, die Familienmitglieder reihum zu befragen, wenn man über ein bestimmtes Problem sprechen will?«

»Das kann man schon tun, doch ist es wichtig, dass die Erwachsenen den Anfang machen. Kindern geht es bekanntermaßen nicht gut, wenn sie im Mittelpunkt stehen. Wenn die Eltern ihr Kind während des Essens fragend anstarren, ist jedes vernünftige Gespräch zum Scheitern verurteilt. Das kann man leicht an kleinen Kindern testen, die ständig etwas auf den Boden werfen. Wenn man zu ihnen sagt: ›Nein, hör auf damit!‹, sich danach abwendet und seine vorherige Beschäftigung wieder aufnimmt, dann hört das Kind auf. Wenn man es unverwandt anstarrt, macht es weiter.

Vielleicht erinnert sich der eine oder andere an den ersten Besuch bei seinen zukünftigen Schwiegereltern. Es ist furchtbar zu wissen, dass man unter ständiger Beobachtung steht. Wer sich derart im Zentrum der Aufmerksamkeit befindet, ist kein Teil der Gemeinschaft.«

»Aber es gibt doch viele Kinder, die es spannend finden, einfach weiterzumachen, auch wenn ihre Eltern nicht mehr zusehen. Ist es eigentlich normal, dass kleine Kinder Essen auf den Boden werfen?«

»In den ersten beiden Lebensjahren ist dies völlig normal, weil es ein unterhaltsames Spiel ist. Kinder in diesem Alter haben keine Vorstellung davon, dass essen und spielen unterschiedliche Dinge sind. Das sieht man zum Beispiel, wenn sie ihren Schnuller verlieren oder wegwerfen, und der Erwachsene ihn aufhebt. Mit Essen zu werfen ist nichts anderes als ein neues Spiel. Den Unterschied erkennen Kinder erst, wenn sie drei oder vier Jahre alt sind. Dann verstehen sie, dass ihren Eltern das gar nicht gefällt. Wollen Sie ein kleines Kind zum Aufhören bewegen, können Sie sagen: ›Ich will dieses Spiel nicht mehr spielen.‹ Gut möglich, dass der oder die Kleine trotzdem weitermacht, hier ist also Geduld gefragt.«

»Wie bringt man Kindern gute Tischmanieren bei, zunächst den Umgang mit Besteck?«

»Kinder ahmen stets ihre Eltern nach. Die meisten Kleinkinder wollen Messer und Gabel benutzen, ehe sie dazu in der Lage sind. Es dauert eine Weile, bis sie gelernt haben, das Besteck richtig zu handhaben, und je öfter man sie korrigiert, desto länger wird es dauern. Das ist wissenschaftlich bewiesen. Ein Forschungsprojekt hat ergeben, dass es doppelt so lange dauert, bis Kinder zivilisiert essen, wenn sie bewusst dazu erzogen werden. Es dauert, mit anderen Worten, nur halb so lang, wenn man ihnen einfach genug Zeit gibt, die Erwachsenen nachzuahmen. Essen die Eltern zivilisiert, werden es die Kinder auch tun. Was die bewusste Hinführung zu guten Tischmanieren angeht, könnte man ein Kind freundlich darauf hinweisen, dass es besser ist, während des Essens am Tisch zu sitzen als auf dem Boden, doch ist es unsinnig zu sagen, es dürfe nicht auf dem Boden sitzen.«

»Sie meinen also, man sollte es nicht kommentieren, wenn sich Kinder die Finger ablecken oder mit den Händen essen?«

»Doch, das kann man schon tun, aber es gibt ja immer verschiedene Arten, etwas zu sagen. Man kann seinen Wunsch zum Ausdruck bringen: ›Ich möchte, dass du die Gabel und nicht nur die Finger benutzt. Kannst du mir den Gefallen tun und beide Hände benutzen, wenn du das Glas hochhebst?‹ Das ist gute Kommunikation. Hingegen sollte man sich davor hüten, das Kind zu kritisieren oder es mit Sätzen wie ›Das tut man nicht‹ zu traktieren.

Mein Enkel ist ein gutes Beispiel. Er gleicht seinem Vater, also meinem Sohn. Und ich sehe mich ihm gegenüber vor die gleichen Herausforderungen gestellt wie damals, als mein eigener Sohn im selben Alter war. Auch mein Enkel besteht seit seinem siebten Monat darauf, selbstständig zu essen. Außerdem will er dasselbe essen wie die Erwachsenen. Mit großer Freude macht er sich über ein kroatisches Nationalgericht mit Chili und Knoblauch her. Früher nahm er sich zu große Bissen aus dem Mund und legte sie halb zerkaut neben den Teller auf den Tisch. Das hat sein Vater genauso gemacht, und das irritierte mich. Darüber habe ich mit meinem Sohn jahrelang gestritten, ohne auf die naheliegende Idee zu kommen, ihm einen zweiten Teller hinzustellen. Im Verhältnis zu meinem Enkel spreche ich eine persönliche und deutliche Sprache: ›Alex, ich will nicht, dass du die Bissen, die du nicht isst, auf den Tisch legst. Du musst sie auf den Teller legen.‹ Dann sieht er mich lange an, nimmt das verschmähte Essen vom Tisch und legt es auf den Teller. Danach sieht er mich wieder an, um sich zu vergewissern, ob ich es so gemeint habe. ›Ja, so habe ich es gemeint‹, sage ich und danke ihm. Das haben wir in einer Woche drei Mal gemacht, ehe Alex ein Jahr alt war. Seitdem hat er nie wieder halb zerkautes Essen auf den Tisch gelegt.

Alle Menschen lernen schlecht, wenn ihnen die äußeren Umstände nicht behagen. Das gilt ebenso für soziales Lernen wie für das allgemeine Erwerben von Fähigkeiten. Erziehung bei Tisch nimmt allen die Freude an den gemeinsamen Mahlzeiten, auch den Eltern. Viele Männer verlieren die Lust auf das gemeinsame Essen, weil sie von ihren Frauen korrigiert werden. Man stelle sich vor, wie viel Energie Erwachsene verschwenden, weil sie nicht persönlich sein und unmissverständlich sagen können, wie sie es haben möchten. Als ich ein kleiner Junge war, hörte ich ständig von meinen Eltern: ›So etwas tut man nicht. Mach das so und so!‹«

»Sie wurden herumkommandiert?«

»Ja. Und wie in aller Welt soll ein Kind wissen, was ›man‹ tut? Forscher sagen, dass Kinder, die in ihrem Lernumfeld viel Kritik ausgesetzt sind, nur circa 20 Prozent dessen lernen, was sie unter besseren Umständen lernen würden. Alle Kinder wissen das, und jetzt wissen es auch die Forscher. Die letzte Macht, an die Eltern sich klammern, ist ihre Behauptung, Kinder müssten lernen, was Konsequenzen sind. Ich erinnere mich an eine Großmutter, die Besuch von ihrer Tochter, dem Schwiegersohn und ihrem dreijährigen Enkelkind hatte. Zusammen saßen sie bei Tisch, und der Vater des Jungen verfügte, dass dieser bis zum Ende der Mahlzeit sitzen bleiben solle. Als nach Vor- und Hauptspeise eine Stunde vergangen ist, fragt der Junge, ob er aufstehen und spielen kann. ›Nein‹, antwortet der Vater. ›Wenn du nicht sitzen bleibst, kriegst du keinen Nachtisch.‹ Daraufhin gleitet der Junge vom Stuhl, geht spielen und kommt eine halbe Stunde später wieder zurück. Er hat mittlerweile alles vergessen, was gesagt wurde. Auf dem Tisch steht eine große Torte. Er fragt, ob er ein Stück davon haben kann. Aber der Vater sagt Nein. Das Erstaunliche ist, dass die Großmutter mir daraufhin schreibt: ›Ich hatte gerade angefangen, meinen Kuchen zu essen, als er mir förmlich im Hals stecken blieb. Ich dachte darüber nach, die Kindererziehung meiner Tochter zu sabotieren. Ich fragte mich, wie es mir gelingen könnte, ein Stück Kuchen im Kühlschrank zu verstecken und heimlich dem Jungen zu geben.‹ Ich schrieb ihr zur Antwort, dass es sich hier um ein gängiges Missverständnis handele: ›Ihre Tochter und Ihr Schwiegersohn wollen, dass Handlungen auch Konsequenzen haben. Hätte Ihr Enkel bereits zwei Stücke Kuchen gegessen und ein drittes haben wollen, dann hätten Sie ihm sagen können, dass er davon Bauchschmerzen bekommt. Hätte er das dritte Stück gegessen und tatsächlich Bauchschmerzen bekommen, wäre das eine Konsequenz gewesen. Der von Ihnen beschriebene Fall hat aber nichts mit Konsequenzen, sondern mit Strafe zu tun.‹«

»Man sollte sich in der Erziehung also nur dann um Konsequenzen bemühen, wenn das Kind selbst etwas daraus lernen kann und das Resultat sofort spürbar ist?«

»Ja. Der Vater verhängt in diesem Fall eine Strafe – mit Konsequenzen hat das nichts zu tun. Er nennt es nur so, um den Vorgang zu legitimieren. Es gibt auf dieser Erde keine Konsequenz, die besagt, dass es keinen Nachtisch gibt, wenn man vorzeitig vom Tisch aufsteht. Das hat nichts mit der Realität zu tun. Ich halte es für wichtig, über den Unterschied zwischen Konsequenzen und Strafe nachzudenken. Viele Eltern, die sich so verhalten, leben in dem Glauben, dass sie ihre Kinder nicht bestrafen. Sie möchten sich so verantwortungsbewusst wie möglich verhalten – sie wollen nur gute Eltern sein. Sie verhalten sich ja nicht so, weil sie streng sein wollen oder ihre Kinder nicht mögen.«

»Ja, ich glaube, so etwas geschieht mit den besten Absichten. Wir denken, dass die Kinder nichts wissen und wir sie über das Leben belehren müssen. Liegt es an uns Eltern, dass sich dieser Vorgang oft so kompliziert und anstrengend gestaltet?«

»Viele Eltern beklagen sich seufzend, dass es so anstrengend sei, Kinder zu haben. Aber die meisten von ihnen haben zehn Mal so viel Stress wie nötig, wenn die Kinder klein sind. Mit der Geburt ihres ersten Kindes bekommen die Eltern einen kostenlosen Kurs, was Selbstwertgefühl, Selbstvertrauen und Führerschaft angeht. Man muss nicht alles gleich am Anfang lernen, doch innerhalb von zwei Jahren ist das möglich. Die Eltern dürfen sich nur nicht einbilden, es gäbe irgendwelche Patentrezepte. Was ihnen jedoch häufig fehlt, ist eine Stimme, die auf das Kind so viel Eindruck macht, dass es sich sicher fühlt. Im Gegensatz zur Annahme vieler Eltern brauchen kleine

Kinder keine Erziehung, sondern empathische Anleitung. Man kann sich durchaus vorstellen, die Kinder kämen von einem anderen Planeten. Deshalb kennen sie diese Welt noch nicht und brauchen freundliche Anleitung.«

Kleine Kinder brauchen keine Erziehung, sondern empathische Anleitung. Man kann sich durchaus vorstellen, die Kinder kämen von einem anderen Planeten. Deshalb kennen sie diese Welt noch nicht und brauchen freundliche Anleitung.

»Wer soll den Tisch decken und abräumen? Und wer soll die Schulbrote schmieren?«

»Wenn keiner Zeit oder Lust hat, für eine Mahlzeit allein zu sorgen, müssen alle mithelfen. Wenn man einmal nicht will, trägt man selbst die Verantwortung dafür, eine ›Ersatzperson‹ zu finden. Zu einem ziemlich frühen Zeitpunkt wollen Kinder ihr Schulbrot selbst schmieren. Dann kann man sie das auch tun lassen. Kinder können dafür durchaus die Verantwortung übernehmen, sobald sie eingeschult werden.«

●●●

Ich habe neulich von einem veröffentlichten Polizeibericht erfahren, der auch in der Schule meines Sohnes diskutiert wurde. Darin ging es um erschreckende Beobachtungen und Statistiken, was jugendlichen Alkohol- und Drogenkonsum betrifft. Eltern müssen beispielsweise zu der Frage Stellung nehmen, ob ihre Kinder zu Hause Alkohol probieren dürfen oder nicht. Die Untersuchung hat gezeigt, dass Kinder, die mit Erlaubnis der eigenen Eltern Alkohol trinken, am ehesten zum Missbrauch neigen. Eltern können schon verzweifeln, weil sie doch immer nur das Beste für ihre Kinder wollen.

»In Norwegen gibt es Kampagnen, die Eltern dazu auffordern, keinen Alkohol für ihre Kinder zu kaufen, denn der kommt zu dem hinzu, den die Kinder selbst kaufen. Was halten Sie davon?«

»Wenn mit der ›Alkoholpolitik‹ in der Familie alles in Ordnung ist, können Eltern den Alkohol kaufen, den die Familienmitglieder gemeinsam konsumieren. Doch sollten sie keinen Alkohol kaufen, den ihre Kinder allein konsumieren. Wenn Sie einen 17-jährigen Sohn haben und seine Freunde zu einer Party zu sich nach Hause einladen, auf der auch Alkohol getrunken werden darf, dann schaffen Sie natürlich die Erwartung, dass Sie es sind, die den Alkohol besorgen. Außerdem ist es ein großer Unterschied, ob ein 14-Jähriger oder ein 17-Jähriger Alkohol konsumiert. Man weiß heute, dass Alkohol umso mehr das Gehirn schädigt, je jünger man ist.

Dass Kinder, die von ihren Eltern Alkohol bekommen, in der Statistik am stärksten betroffen sind, hängt meines Erachtens mit mehreren Faktoren, u.a. mit der sozialen Zugehörigkeit, zusammen. Jugendlichen steht heute oft viel Geld zur Verfügung, und nicht wenige Eltern bzw. Erwachsene allgemein haben einen beträchtlichen Alkoholverbrauch. Im Grunde wird man auch selten eingeladen, ohne dass Alkohol im Spiel ist.«

»Glauben Sie, dass Kinder Dinge besonders spannend finden, wenn sie illegal sind oder ihr Zugang beschränkt ist?«

»Ja, definitiv. Alles, was verboten ist, übt auf die Jugendlichen einen besonderen Reiz aus und hat damit die entgegengesetzte Wirkung, die sich die Eltern erwarten.«

»Finden Sie, dass Erwachsene in Gegenwart von Kindern Alkohol trinken sollten? Manche vertreten in dieser Hinsicht einen sehr moralischen Standpunkt.«

»Kindern schadet das nicht, solange aus einem Glas nicht vier werden. Kinder reagieren hingegen darauf, wenn man mehr als eine halbe Promille Alkohol im Blut hat. Dann können sie ihre Eltern nicht mehr richtig einschätzen. Wenn die Eltern Alkohol als ein Mittel gegen Stress, Angst oder Konflikte einsetzen, schaffen sie damit natürlich die Grundlage für einen späteren Alkoholmissbrauch ihrer Kinder. Dasselbe passiert, wenn Konflikte mit Gewalt gelöst werden. Kinder wissen sich nicht anders zu helfen, als das Verhalten ihrer Eltern zu kopieren oder eventuell extremen Abstand von ihnen zu nehmen. Wir brauchen mit Rücksicht auf unsere Kinder nicht auf Alkohol zu verzichten, aber man kann den Alkoholkonsum teils umgehen, bis die Kinder sich dem Erwachsenenalter nähern. Dessen ungeachtet ist es für Kinder und Jugendliche niemals ein positives Erlebnis, ihre Eltern betrunken zu erleben, doch wenn sie sich der Volljährigkeit nähern, nehmen sie dadurch keinen Schaden mehr.«

»Wie denken Sie über Süßigkeiten – Zucker ist ja ein stimulierender Stoff, dessen Aufnahme zur Gewohnheit wird. In meiner Kindheit gab es nur am Samstag Süßigkeiten. Wie leichtsinnig dürfen Eltern in puncto Süßigkeiten und Limonade sein?«

»Als mein Sohn und meine Schwiegertochter ihr Kind bekamen, fragten sie mich ein wenig ironisch, ob ich einen guten Rat für sie hätte. Ich antwortete, ich hätte einen einzigen: ›Haltet euer Kind die ersten drei Jahre von Zucker fern.‹ Zucker ist für Kinder eine äußerst schädliche Substanz. Der Blutzuckerspiegel steigt, bis die Kinder hyperaktiv werden, und sinkt danach unter das Normalniveau. Dadurch ›lernen‹ Kinder unmittelbar, dass sie mehr Zucker brauchen, wenn sie sich einem Tief nähern und sich wieder besser fühlen wollen. In den letzten zehn Jahren ist der Zuckerverbrauch enorm angestiegen. Manche Kinder trinken anderthalb Liter Limonade am Tag. Das kann man nur als Missbrauch bezeichnen, der das Gehirn veranlasst, falsch zu reagieren. Die meisten Kinder können ihren Zuckerverbrauch steuern, wenn sie es lernen. Ich wünschte mir, auch die Molkereien würden ihrer Verantwortung gerecht werden, statt haufenweise Zucker in ihre angeblich so gesunden Produkte zu mischen. Das ist ein ernstes Gesundheitsproblem, und die Politiker haben ihre moralische Glaubwürdigkeit verspielt, indem sie das Problem an die Erwachsenen weiterreichen, statt die Lebensmittelindustrie dafür verantwortlich zu machen.«

»Manchmal habe ich mich als Mutter bestimmt zu sehr von meinen Prinzipien leiten lassen. Weil ich unbedingt konsequent sein wollte, habe ich die konkreten Umstände einer Situation wohl zu wenig berücksichtigt.«

»Ich finde die Forderung nach einer solchen konsequenten Erziehung absurd. Denn das hieße ja, dass man sich nicht von anderen Menschen beeinflussen lässt, ehe man handelt. Als letztes Resultat hieße das auch, dass man in jeder Hinsicht dieselben Ansichten vertritt wie vor fünf Jahren. Man darf nicht konsequent um der Konsequenz willen sein, genauso wie Kinder keine Pflichten um der Pflicht willen übernehmen sollten. Wenn so etwas gelingen soll, dann muss es einen konkreten Sinn haben.«

»Ich bin damit aufgewachsen, dass man unbedingt konsequent sein soll, auch wenn sich das nicht immer natürlich anfühlt. Regeln sind dazu da, eingehalten, nicht gebrochen zu werden.«

»Was das betrifft, müssen Eltern sich die Frage stellen, was für Kinder sie denn haben wollen. Wollen sie Kinder haben, die in der Realität leben? Manche meinen, dass ein durchorganisiertes und diszipliniertes Leben das Einzige ist, was Kindern Sicherheit gibt, aber das ist barer Unfug. Als ich Ende der 90er-Jahre zum ersten Mal Kurse für norwegische Vorschullehrer abhielt, konnte ich nicht begreifen, warum sie die Kinder unbedingt dazu zwingen wollten, die Rinde einer Brotscheibe mitzuessen. Eine solche Disziplin gibt keinem Kind Sicherheit. Es ist besorgniserregend, dass manche Hochschulstudenten auch heutzutage immer noch glauben, dass es Kindern gut tut, solche Regeln zu befolgen und die Brotrinde essen zu müssen, auch wenn sie das nicht mögen.«

»Vielleicht glauben sie, dass die Rinde besonders nahrhaft oder gut für die Zähne ist.«

»Natürlich versucht man immer, Argumente zu finden, aber Norwegen ist meines Wissens das einzige Land der Welt, das eine Ideologie daraus macht, dass Kinder die Brotrinde essen müssen. Hier hat man aus einer überkommenen Regel eine Art Volksweisheit gemacht. Die Rinde ist dabei nicht das Problem, sondern die Ideologie, die man daraus entwickelt.

Aber lassen Sie uns ein bisschen mehr über das Ideal der Konsequenz in der Kindererziehung reden. Zwischen 1930 und 1980 hat man sich bei Untersuchungen zu diesem Thema fast ausschließlich an westlichen Kindern orientiert. Dann haben die Forscher entdeckt, dass kindliche Probleme fast immer auf inkonsequente Eltern zurückzuführen sind. Das Problem besteht indes nicht darin, dass die Eltern in irgendeinem Punkt ihre Meinung ändern. Das Problem besteht darin, dass sie keine Wertegrundlage haben. Sie haben kein Fundament, das ihnen als tragfähige Grundlage für ihre Entscheidungen dient. Ein Erwachsener, der sich über seine Wertvorstellungen im Klaren ist, weiß intuitiv, welche Methoden er ablehnt und welche er annimmt. Es braucht also keine Konsequenz, sondern nur eine konsistente Persönlichkeit. Manche Eltern besitzen eine solche Autorität und folgen ihren Wertvorstellungen. Diejenigen jedoch, die sich ständig Gedanken darüber machen, was wohl der Nachbar denkt, handeln nicht konsistent. Wenn die Kinder darauf reagieren, betrachten die Experten das als Folge der Inkonsequenz.

Interessanterweise kritisieren Eltern ihre Kinder manchmal für deren Konsequenz, obwohl diese eigentlich ihrem eigenen Ideal entspricht. Wenn der Nachbarsjunge an der Tür klingelt, Ihr fünfjähriger Sohn aber keine Lust hat, mit ihm zu spielen, dann versuchen Sie Ihren Sohn vielleicht zu überreden und bitten den Nachbarsjungen trotzdem herein. Man soll doch höflich sein, wenn man Besuch bekommt, denken Sie. Doch nun will Ihr Fünfjähriger erst recht nicht mehr mit ihm spielen und wird womöglich auch noch dafür kritisiert, seine Meinung nicht geändert zu haben und in seiner Abweisung konsequent geblieben zu sein.«

»Wie können wir unseren Kindern helfen, gute Entscheidungen zu treffen? Manche sind unsicher und brauchen mehr Anleitung, während andere einen starken Willen haben. Wie können Kinder in ihren Entscheidungen konsequent sein?«

»Lassen Sie die Kinder ihre eigenen Entscheidungen treffen. Wenn Ihr Sohn den Nachbarsjungen wegschickt, können Sie ihn eine Stunde später fragen: ›Du hast heute deinen Freund abgewiesen. War das eine gute Entscheidung?‹ Lassen Sie beide Möglichkeiten zu – ein Kind darf seine Meinung durchaus ändern. Wenn ein unsicheres Kind seine Entscheidung rechtfertigen muss, wird es vielleicht noch unsicherer. Wir sollten ein Kind nicht dafür kritisieren, dass es eine feste Meinung hat und diese auch nicht ändert.«

> Lassen Sie die Kinder ihre eigenen Entscheidungen treffen. Wenn Ihr Sohn den Nachbarsjungen wegschickt, der ihn besuchen wollte, können Sie ihn eine Stunde später fragen: »Du hast heute deinen Freund abgewiesen. War das eine gute Entscheidung?« Lassen Sie beide Möglichkeiten zu – ein Kind darf seine Meinung durchaus ändern.

•••

Ich kenne viele Erwachsene, die in puncto Süßigkeiten einen Deal mit ihren Kindern eingehen. Die Kinder versprechen, eine Zeit lang keine Süßigkeiten mehr zu essen, und bekommen dafür eine Belohnung. Ein interessantes Projekt und eine lustige Idee, doch denke ich gleichzeitig, dass man in der Realität leben will, und zu der gehören eben auch Süßigkeiten. Es ist nicht leicht, die Kinder zu veranlassen, an ihre Gesundheit zu denken, an Kohlenhydrate und ihren Blutzucker. Kinder spucken das aus, was sie nicht mögen, und wir Eltern verzweifeln, wenn wir mit den besten Absichten versuchen, unser Ernährungsprojekt durchzusetzen.

»Wie können wir unseren Kindern beibringen, die Verantwortung für ihre eigene Ernährung zu übernehmen? Wie können wir ihnen begreiflich machen, dass sie ihrem eigenen Körper schaden, wenn sie zu viel Fett und Zucker zu sich nehmen?«

»Wie ich in meinem Buch *Was gibt's heute?* geschrieben habe, orientiert sich die Einstellung eines Kindes zu Essen und Ernährung in erster Linie an der Einstellung seiner Eltern sowie an deren Fähigkeit, am Tisch für eine gute Atmosphäre zu sorgen. Der dritte wichtige Faktor besteht in der Tatsache, dass Essen und Zwang nicht zusammengehören, doch selbst wenn ein Kind sich in den ersten fünf bis sieben Jahren normal und gut ernährt, wird es später auch allerlei Ungesundes essen, vor allem in der Pubertät.

Das wirkliche Verhältnis der Kinder zum Essen wird sich erst zeigen, wenn sie eine eigene Familie gründen. Dann kann man beobachten, wie viele Werte sie von ihrer Ursprungsfamilie übernommen haben. Ganz anders verhält es sich mit einem Teenager, der mit seinen Freunden zu Burger King geht – da wäre es doch ziemlich uncool, zu sagen, man wolle lieber in eine Salatbar. Es ist oft nur schwer festzulegen, wo sich die Grenze befindet zwischen einem 14-jährigen Mädchen, das auf ihren Körper achtet und sich gesund ernährt, und einer 14-Jährigen, die eine Essstörung entwickelt. Es hat sich inzwischen eine neue Essstörung bei jungen Frauen entwickelt, die so fixiert auf gesunde Ernährung sind, dass sie an ihrer Fehlernährung sterben. Die Eltern sollten sich in den ersten zehn bis zwölf Jahren des Kindes nach bestem Wissen und Gewissen verhalten, danach übernimmt das Kind die Verantwortung. Für Jugendliche ist der gemeinsame Besuch bei Burger King eine wichtige soziale Angelegenheit. Wenn sie dieser den Vorzug vor einer gesunden Ernährung geben, betrachte ich das in dieser Situation als vernünftige Entscheidung.«

»Kinder haben heute so viele Wahlmöglichkeiten. Zudem werden sie massiv von der Werbung beeinflusst.«

»Viele meinen, Kinder hätten heutzutage zu viele Wahlmöglichkeiten. Das ist wahr, wenn Sie als Mutter nicht wissen, was Sie wollen, und die Entscheidung Ihrem Kind überlassen. Es ist etwas ganz anderes, das Kind zu fragen, worauf es Lust hat.«

»Was sollen Eltern machen, die bei der Lektüre dieses Buches das Gefühl bekommen, sich vollkommen falsch verhalten zu haben? Kann man das noch korrigieren, wenn das Kind schon zehn Jahre alt ist?«

»Ja, natürlich. Man kann es nicht oft genug wiederholen: Die besten Eltern, denen ich in meinem Leben begegnet bin, machen jeden Tag 15 bis 20 ernste Fehler. Werden es über 50, brauchen sie ein wenig Hilfe. Doch Kinder haben ein großes Verständnis dafür, dass Eltern nicht alles können. Sie verstehen jedoch nicht, warum sie bestraft werden sollen, weil Mama nicht in der Lage ist, Entscheidungen zu treffen. Eltern, die es nicht schaffen, ihren Kinder gegenüber persönliche Autorität zu zeigen, Grenzen zu setzen und Nein zu sagen, schaffen dies auch gegenüber anderen Menschen nicht. Da Kinder keine Erfahrung haben, denken sie: Was soll das jetzt bedeuten? Ich will Mama so gern zufriedenstellen, aber was meint sie eigentlich? Will sie, dass ich das esse, worauf ich selbst am meisten Lust habe?

In meinen ersten 15 Jahren als Familientherapeut habe ich keine einzige Familie kennengelernt, deren Kinder Probleme mit dem Essen hatten. Die Essgewohnheiten sowie die Schlafenszeit sind erst in der postmodernen Familie zu großen Problemen geworden. Doch ist es stets derselbe Grundkonflikt, der sich auf verschiedenen Gebieten abspielt. Die Frage lautet: Wie soll man den Kindern gegenüber seiner Führungsrolle gerecht werden, ohne die Kinder zu kränken? Viele Eltern sind angesichts dieser Frage sehr unsicher. Wenn diese Unsicherheit zu ihrer Identität wird, geht es den Kindern nicht gut.

Bei uns zu Hause bin ich für den Einkauf zuständig. In der Regel kaufe ich Lebensmittel ein, ohne meine Frau zu fragen, was sie haben möchte. Manchmal frage ich sie, was sie am Abend essen will. Dann richte ich mich entweder danach, oder ich kaufe etwas anderes. Ich nehme in jedem Fall die Führungsrolle wahr. Wenn Eltern ihre Kinder fragen, was sie haben wollen, bedienen sie sich oft einer seltsamen Logik, die sie anderen Erwachsenen gegenüber nicht anwenden. Sie argumentieren, dass sie nicht mehr Nein sagen könnten, wenn sie die Kinder erst einmal gefragt hätten. Wenn man also seine Kinder fragt, was es zum Mittagessen geben soll, und diese wollen drei Tage hintereinander Pizza essen, dann kann man nicht Nein sagen? Das ist absurd. Wenn ich Sie frage, wann wir uns morgen treffen sollen, heißt das noch nicht, dass ich mich danach richten *muss*. Genauso ist es mit einem Kind, das zu Mittag Pizza essen will. Ich kann das Kind bitten, etwas anderes vorzuschlagen. Wenn es keinen anderen Vorschlag hat, dann bestimme ich, was es gibt.

Die Frustration, die das Kind möglicherweise erlebt, hält allenfalls zehn Sekunden an und geht dann von selbst vorüber – es sei denn, Mama und Papa versuchen es nachdrücklich davon zu überzeugen, dass sie im Recht sind. Dann wehrt sich das Kind und sagt: ›Niemand braucht mir zu erzählen, dass es falsch ist, Lust auf Pizza zu haben, das habe ich nämlich!‹«

»Eltern wollen gern cool sein und sich auf die Seite ihrer Kinder schlagen. Sie fürchten vielleicht, das Kind könne zu viel Widerstand leisten und sich ablehnend verhalten.«

»Ich möchte erneut betonen, dass viele Eltern den Weg des geringsten Widerstands wählen. ›Was willst du essen?‹, fragen sie. ›Pizza‹, antwortet das Kind. ›Nein, das haben wir in letzter Zeit viel zu oft gegessen‹, entgegnen sie. ›ICH WILL ABER PIZZA!‹, ruft das Kind. ›Okay, dann kriegst du eben Pizza‹, lenken die Erwachsenen ein, weil sie um jeden Preis ihren Frieden haben wollen. In der finanzstarken bürgerlichen Oberschicht gibt es viele solcher Eltern, und für ihre Kinder häufen sich die Probleme. Wenn sie massenhaft Schokolade bekommen, weil sie Schokolade lieben, tut ihnen das nicht gut. Es ist besser, Kinder Frustrationen auszusetzen und ihnen die Nahrung zukommen zu lassen, die sie brauchen. Ohne Frustrationen ist ein Kind nicht in der Lage, Kompetenz, Vitalität und ein gesundes Seelenleben zu entwickeln. Frustrationen sind ein Teil des Lernprozesses. An Ihrem Arbeitsplatz oder in Ihrer Paarbeziehung erwarten Sie ja auch nicht, dass Ihnen bei der geringsten Frustration gleich jemand unter die Arme greift, um Sie aus dieser Situation zu retten.«

»Gibt es einen Ausweg aus diesem Dilemma? Wie können wir Kinder dazu bringen, sich gesund zu ernähren, ohne dass es Streit gibt?«

»Ich habe mehrere Freunde in verschiedenen Ländern, die professionelle Köche sind. Würstchen und solchen Sachen stehen sie ziemlich skeptisch gegenüber. Darum fragen sie mich manchmal, was sie tun sollen, wenn eine Familie in ihr Restaurant kommt und nach einem Kindermenü fragt. Ich antworte ihnen, dass sie dem Druck nicht nachgeben sollen. Dadurch werden die Köche kreativ, statt den Kindern entgegenzukommen. Einer dieser Köche nimmt ein Kind, das nichts auf der Speisekarte findet, das es essen möchte, an die Hand und geht mit ihm in die Küche. Dann zeigt er dem Kind die frischen Produkte und bittet um Vorschläge, was man daraus machen könnte. Dadurch bekommt das Kind sofort eine andere Einstellung zu der ganzen Sache und beginnt, sich für die Hintergründe zu interessieren. Die Eltern staunen, wie der Koch das nur hingekriegt hat. Die Antwortet lautet: Indem er das Kind ernst genommen hat.

Dieser Koch hat auch schon viele Essen für Konfirmationsfeiern ausgerichtet. Beim üblichen Vorgespräch mit den Eltern bekommt er meistens zu hören, was der Jugendliche alles nicht mag. Dann bittet er darum, mit dem Konfirmanden selbst reden zu können. Zu einem Jungen, der sich Pizza wünschte, sagte er, dass er keine Pizza im Angebot habe. Dann fragte er den Jungen: ›Bist du dir darüber im Klaren, dass du mehr Tennisspiele verlieren wirst, wenn du mehr als fünf Mal im Monat Pizza isst?‹ Er benutzte also ein Argument, das mit der Realität des Jungen zu tun hatte. Nachdem er eine Stunde lang mit dem Jungen gesprochen hatte, stand das Menü fest. Der Koch hat seine fachliche Autorität genutzt und seine Grenzen deutlich gemacht. Auf dieser Grundlage konnte der Junge mit ihm zusammenarbeiten. So einfach ist das. Schwierigkeiten entstehen dann, wenn die Eltern den Kindern in jeder Hinsicht entgegenkommen wollen und einen echten Dialog mit ihnen scheuen. Das führt nur zu ewigen Diskussionen und Verhandlungen, in denen die Erwachsenen kein gutes Bild abgeben.«

»Sie betonen immer wieder, dass wir damit aufhören müssen, Kinder und Jugendliche anders zu behandeln als Erwachsene.«

»Ja, das sage ich oft, doch viele sind da ganz anderer Meinung als ich. Vor sechs Jahren habe ich in Dänemark ein Interview gegeben, in dem es auch um die Frage des gemeinsamen Urlaubs von Eltern und Kindern ging. Ich sagte: ›Vergessen Sie die Idee von kinderfreundlichem Urlaub.‹ Natürlich soll man nicht so verreisen, als gäbe es keine Kinder, doch wenn der Vater gern ins Kunstmuseum geht, dann soll er die Kinder mitnehmen. Ein Familienurlaub, der sich ausschließlich nach den Bedürfnissen von Zwei- und Dreijährigen richtet, ist zum Scheitern verurteilt. Leider halten sich die meisten Eltern für egozentrisch, wenn sie das tun, was sie selbst für wichtig halten. Doch genau solche Erwachsene brauchen Kinder als Vorbild. Kinder haben das dringende Bedürfnis zu lernen, was es heißt, erwachsen zu sein. Wenn Eltern nur vermeintlich kinderfreundliche Dinge tun und ihnen ausschließlich Kindermenüs servieren, lernen diese das nie. Die Kunst, kinderfreundlich zu sein, besteht darin, die Kinder in die eigene Entscheidungsfindung mit einzubeziehen, statt den Kindern die Tagesordnung zu überlassen.«

Die meisten Eltern halten sich für egozentrisch, wenn sie das tun, was sie selbst für wichtig halten. Doch genau solche Erwachsene brauchen Kinder als Vorbild.

»Es gibt viele Bücher und Ansichten über Kindererziehung im Allgemeinen, doch wünschen wir uns wohl alle dasselbe, nämlich eine harmonische Atmosphäre und einen guten Dialog. Ist dies nicht wichtiger als alle Theorien?«

»Ja, die Atmosphäre ist für Kinder vielleicht das Allerwichtigste. Achten Sie auf eine gute Atmosphäre! Ein Erwachsener, der in der Küche steht und sich mit Freude und Engagement um das Essen kümmert, sorgt für eine fantastische Atmosphäre und zieht Kinder an wie ein Magnet. Versorgen Sie diese ruhig mit kleinen Aufgaben, ohne gleich ein pädagogisches Projekt daraus zu machen. Auf diese Weise wird sich die gute Stimmung auch am Tisch fortsetzen. Denken Sie jedoch immer daran, dass eine ›gute‹ Stimmung nicht unbedingt gleichbedeutend ist mit einer harmonischen Stimmung. Eine gute Stimmung spiegelt wider, wie es jedem einzelnen Familienmitglied an diesem Tag geht. An manchen Tagen geschehen Dinge im Leben einer Familie, die für eine angespannte oder schwermütige Stimmung sorgen, und auch das ist völlig in Ordnung.«

ROMA
VIN

Das Wohnzimmer: Gemeinschaft und Atmosphäre

Die Atmosphäre ist das Wichtigste, sagt Jesper Juul. Was macht einen Raum aus, in dem man sich gern aufhält? Sind es die Farben, das Interieur oder die Menschen? Ich glaube, der äußere Rahmen ist nicht so wichtig, solange man sich für die Menschen wertvoll fühlt, mit denen man zusammenlebt. Dann kann man streiten, lachen und weinen. Dann kann jeder er selbst sein.

»Kommunikation ist eine Herausforderung. Die letzte Familiengeneration ist auch als Verhandlungsfamilie bezeichnet worden. Über fast alles wird verhandelt.«

»Das ist eine Folge der Demokratisierung. Vor allem sollte man sich auf den Unterschied von Diskussion und Dialog besinnen. Bei unseren Diskussionen geht es meistens darum zu gewinnen. Ein Dialog ist etwas anderes. Bei ihm gibt es keine Gewinner oder Verlierer. Statt sich gegenseitig von der eigenen Meinung überzeugen zu wollen, bringt ein gelungener Dialog an den Tag, wer wir sind und was wir wollen. Ein Dialog lässt sich folgendermaßen beschreiben: Wenn jemand eine Aussage trifft, muss der Nächste sich auf diese Aussage beziehen usw. Statt derselben oder geteilter Meinung zu sein, kann man sich von anderen inspirieren lassen. Daraus entsteht ein kreatives Gespräch, bei dem man nicht darum kämpft, seine vorgefassten Meinungen zu verteidigen oder ein zuvor gestecktes Ziel zu erreichen.

Das Wort Dialog wird oft auf Gesprächsformen angewendet, die nichts mit einem Dialog zu tun haben. Wenn wir uns die Gespräche zwischen Eltern und Kindern näher betrachten, ist es erschreckend, wie oft diese misslingen. In neun von zehn Fällen nehmen die ›Gespräche‹ die Form eines Interviews an: Die Erwachsenen fragen und die Kinder antworten (oder auch nicht). Meist fängt es mit Fragen der harmlosen Sorte an: ›Wie war's im Kindergarten?‹ Doch im Laufe der Zeit werden solche Fragen zu reiner Routine, verlieren an Wärme und bekommen einen kontrollierenden Unterton. Dann hören Kinder damit auf zu antworten oder leiern irgendeine Standardantwort herunter. Eine solche Kommunikation ist für die Partner quasi ohne Nutzen. Sie lernen weder etwas über sich selbst noch über den anderen oder ihr Verhältnis zueinander.

Es ist sehr wichtig, für ein solides Fundament in der Kommunikation zwischen Kindern und Erwachsenen zu sorgen. Damit meine ich, dass Raum für einen echten Dialog zwischen Eltern und Kindern da ist, dass sie eine offene und ehrliche Beziehung haben und dass man in der Familie an einer gleichwürdigen Kommunikation arbeitet.

Eltern müssen sich entscheiden, welcher Sprache sie sich gegenüber ihren Kindern bedienen. Wollen sie diese ausfragen oder ein Gespräch führen? Wenn sie sich bewusst für Letzteres entscheiden, hilft das einem Dialog auf die Sprünge, der die Beziehung zwischen Eltern und Kindern positiv beeinflusst. Meine Generation war die erste, die ganz andere Anforderungen an das Familienleben und die Beziehung zu den eigenen Kindern gestellt hat, als meine Eltern das taten. Wir schaudern, wenn wir nur daran denken, dass unsere erwachsenen Kinder uns später nur hin und wieder mal am Wochenende besuchen werden. Wir stellen uns vor, wie sie vereinbaren, sich abzuwechseln, damit es nicht so oft sein muss. Und wenn sie dann da sind, sitzen sie schweigsam herum und schauen alle halbe Stunde auf die Uhr, weil sie am liebsten wieder nach Hause wollen. Manche Eltern werden schon bei dem Gedanken an ein solches Szenario todtraurig. Um zu verhindern, dass es so weit kommt, ist es wichtig, rechtzeitig für ein solides Fundament in der Kommunikation zwischen Kindern und Erwachsenen zu sorgen. Damit meine ich, dass Raum für einen echten Dialog zwischen Eltern und Kindern da ist, dass sie eine offene und ehrliche Beziehung haben und dass man in der Familie an einer gleichwürdigen Kommunikation arbeitet. Mit so einem guten und offenen Kontakt schafft man die Basis dafür, dass sich Eltern und Kinder auf eine gute Art und Weise begegnen können, wenn diese schon aus dem Haus sind. Das ist viel wichtiger als all die Aufforderungen von Behörden, Politikern und Experten an die Eltern, sie sollten Grenzen setzen, mehr Kontrolle ausüben etc., als seien das die wertvollsten Dinge, die sie ihren Kindern geben könnten – sind sie nicht! Man sollte Grenzen setzen und gleichzeitig einen Dialog darüber führen. Man muss den Kindern die Möglichkeit geben, ihre eigenen Erfahrungen dagegenzusetzen.«

»Wie schafft man eine gute Basis für die Beziehung zwischen Eltern und Kindern? Können Sie ein Beispiel dafür geben, was Eltern tun können?«

»Falls die Kommunikation über viele Jahre hinweg aus Fragen und Belehrungen bestand, dann wird es schwierig, eine andere Sprache zu finden, wenn die Kinder erwachsen sind. Ein Dialog erfordert außerdem eine ganz andere Form der Offenheit als ein Frage-und-Antwort-Gespräch. Auf diese Offenheit ist man angewiesen, wenn die Kinder Entscheidungen treffen, die einem fremd sind oder die man als regelrecht provozierend empfindet. Dann ist es gut, auf eine Tradition zurückgreifen zu können, in der man mittels des Dialogs das Universum des anderen erforschen kann, statt es zu definieren. Wenn das Kind etwas tut, das die Eltern überrascht, vielleicht sogar ihren Moralvorstellungen zuwiderläuft, müssen die Eltern sich vor einem vorschnellen Urteil hüten und einen Dialog ermöglichen. Sie könnten beispielsweise sagen: ›Was du da erzählst, ist mir völlig fremd. Kannst du mir sagen, wie du selbst darüber denkst? Warum tust du so etwas?‹ So kann man sicher sein, sich mit der Persönlichkeit des Kindes auseinanderzusetzen statt bloß mit seinen Taten. Ein Dialog ist ein Gespräch zwischen gleichwürdigen Partnern.«

»Das Wohnzimmer ist vielleicht der Raum des Hauses, in dem es am schnellsten zu Irritationen kommt, weil es eben eine gemeinschaftliche Arena ist. Der eine will Musik hören, der andere macht Krach oder nimmt dem Dritten seine Sachen weg. Die ganze Familie will diesen Raum benutzen. Haben Sie einen Tipp, wie das gelingen kann?«

»Die Eltern müssen festlegen, wie sie mit diesem Raum verfahren wollen. Es geht um die Atmosphäre. Auch hier ist das *Wie* wichtiger als das *Was*. Es gibt zum Beispiel verschiedene Arten des Fernsehens. Manche wollen nicht, dass ihre Kinder während der Nachrichten Fragen stellen. Einige schauen stets mit voller Konzentration, andere hingegen unterhalten sich während eines Fernsehabends ein bisschen miteinander. Man kann sich schrecklich einsam fühlen, obwohl alle im Wohnzimmer versammelt sind. Auf der anderen Seite kann man die Gemeinschaft spüren, wenn man allein in seinem Zimmer ist.

Wie haben sich die Eltern dies ursprünglich mal vorgestellt? Ich habe Eltern von 14- bis 17-Jährigen kennengelernt, die sagten, dass sie mit ihnen nicht mehr richtig gesprochen hätten, seit sie acht oder neun Jahre alt waren. Das mag eine Erklärung dafür sein, warum Kinder in ihrem Zimmer vor dem Fernseher oder Computer sitzen, während sich die Eltern im Wohnzimmer aufhalten. Wenn alle zusammen in einem Raum sitzen, ohne abgelenkt zu werden, dann wissen sie nicht, worüber sie miteinander reden sollen. Wenn die Eltern ihren Kindern nur Fragen stellen, können sie sich hinter diesen Fragen verstecken. Von sich selbst müssen sie nichts preisgeben, während das Kind, das antworten soll, sich öffnen muss. Dieser Mangel an Symmetrie verstärkt das Ungleichgewicht der Macht, das ohnehin zwischen Eltern und Kindern besteht. Außerdem erhält der Fragesteller eben nichts anderes als eine Antwort auf seine Frage. Damit weiß man noch lange nicht, was im Kopf oder Körper des Kindes vor sich geht. Es ist reiner Zufall, wenn die Frage etwas berührt, das auch für das Kind wichtig ist. Der Fragesteller raubt der Beziehung oder dem Gespräch Energie, während der Antwortgeber Energie spendet. Das lässt sich am eigenen Partner überprüfen. Versuchen Sie mal eine Zeit lang, ihn jeden Tag auszufragen, wie es bei der Arbeit war. Dann werden Sie schnell herausfinden, dass dies keinen Zweck hat. Teils, weil es wenig Sinn hat, von einem achtstündigen Arbeitstag zu berichten. Teils, weil man nicht erfährt, wer der Partner an diesem Tag ist.

Es ist wichtig, dass alle Familienmitglieder über das sprechen können, was sie beschäftigt, unabhängig davon, ob es sich um etwas Alltägliches oder etwas ganz anderes handelt. Erst wenn wir über etwas sprechen, das uns am Herzen liegt, wird für die anderen deutlich, mit wem sie es zu tun haben. Ein gleichwürdiges Gespräch ist ein Gespräch, in dem beide über sich selbst sprechen. Die Eltern müssen sich fragen: Säße ich hier nicht meiner Tochter oder meinem Sohn, sondern meiner besten Freundin gegenüber, was würde ich ihr sagen? Das kann etwas sein, das einem gerade durch den Kopf geht; eine Person, die man in der Stadt getroffen hat, Ferienpläne, was auch immer. Dann werden die Eltern erleben, dass ihr Kind sich entspannt. Gelingt einem das zwei bis drei Mal die Woche, so wird es höchstens drei oder vier Wochen dauern, bis das Kind selbst beginnt, von sich zu erzählen.«

»Man kann nicht mit allen Kindern dieselbe Art von Dialog führen. Manche Kinder sind sehr schüchtern und finden es peinlich, vor mehreren Zuhörern eine Geschichte zu erzählen. Wie bezieht man solche Kinder in den Dialog mit ein? Wenn ein Kind von sich aus wenig sagt, erliegen Eltern natürlich leicht der Versuchung, den ›Journalisten‹ zu spielen.«

»Man tut diesen Kindern den größten Gefallen, wenn man sie dazu bringt, von sich selbst zu erzählen – von ihrem Alltag, ihren Erlebnissen, Geschichten und Träumen. Es kommt nicht so sehr darauf an, was sie erzählen. Hauptsache, sie fühlen sich sicher und machen die Erfahrung, dass es in Ordnung ist, etwas von sich selbst preiszugeben. Auf diese Weise praktizieren sie ihre Sprache. Der Schüchternheit liegt oft eine Form des Perfektionismus zugrunde, eine unterschwellige Angst des Kindes, für dumm gehalten oder aufgezogen zu werden, wenn es all die Dinge sagt, die es im Kopf hat.

Auch kleine aufmunternde Bemerkungen können Positives bewirken, wie etwa: ›Ich weiß, dass du verlegen bist, aber manchmal platze ich fast vor Neugier, weil ich so gerne wissen möchte, was du denkst.‹ Der Verlegenheit ihres Kindes sollten Eltern mit größter Umsicht begegnen, denn wenn sie es unter Druck setzen, kann sich die Verlegenheit verstärken. Manche schüchternen Kinder spielen gern Theater, wenn auch nicht alle. Einige haben eine größere soziale Selbstsicherheit, wenn sie in eine fremde Rolle schlüpfen. Sie finden es schwieriger, sie selbst zu sein. Die Eltern eines sehr schüchternen Kindes müssen lernen, die Veranlagung ihres Kindes zu akzeptieren. Sie müssen begreifen, dass dieselben sozialen Situationen, die ihnen selbst womöglich große Freude machen, für ihr Kind eine Qual bedeuten.«

»Manchmal erwische ich mich selbst dabei, dass ich meinem Sohn Ja-oder-nein-Fragen stelle. Ein echtes Feedback bekommen ich dadurch natürlich nicht.«

»Das stimmt. Solche Fragen sind in Ordnung, wenn man bestimmte Informationen haben will, aber auch dann sollte man sich genau überlegen, wie man solche Fragen stellt. Wenn Sie ein Kind zwischen dem ersten und sechsten Lebensjahr ständig fragen, ob es schön in der Kita war, dann legen Sie ihm die Antwort gewissermaßen in den Mund. Die Hälfte der Kinder wird einfach schweigen, wenn es nicht schön war, weil es ja nicht das ist, was Mama und Papa hören wollen. Sie ermöglichen eine größere Offenheit, wenn Sie offenere Fragen stellen oder darauf warten, bis das Kind von sich aus zu erzählen beginnt. Damit helfen Sie sowohl Ihrem Kind als auch sich selbst, eine größere Vertrautheit aufzubauen.«

»Doch wie genau entwickelt sich eine größere Vertrautheit? Indem man die Frage ›Hast du es schön gehabt?‹ durch ›Wie war es für dich?‹ ersetzt? Es ist leicht, größere Offenheit einzufordern, aber sehr schwer, dies in der Praxis umzusetzen.«

»Ja, die zweite Frage ist besser als die erste, weil die erste zu einer Ja-oder-nein-Antwort herausfordert. Die zweite lädt zu einer längeren Äußerung ein. Wenn Eltern ihre Kinder fragen, wie es im Kindergarten war, dann erzählen diese oft, was sie den ganzen Tag über getan haben. Die Eltern können auch zuerst von ihrem eigenen Tag erzählen: ›Heute war es echt ziemlich anstrengend bei der Arbeit.‹ Oder: ›Heute habe ich wirklich etwas Lustiges erlebt.‹

Die Eltern können zuerst von ihrem eigenen Tag erzählen: »Heute war es echt ziemlich anstrengend bei der Arbeit.« Oder: »Heute habe ich wirklich etwas Lustiges erlebt.« Man beginnt einfach zu reden, statt Fragen zu stellen. Damit demonstriert man Offenheit.

Man braucht dem Kind nicht zu erklären, was man erreichen will. Man beginnt einfach zu reden, statt Fragen zu stellen. Damit demonstriert man Offenheit. Wenn Eltern von ihren eigenen Gedanken und Gefühlen erzählen, sind sie offen. Die Konvention besagt, man sei egozentrisch, aber das ist eine große Illusion. Derjenige, der nur Fragen stellt, ist hingegen verschlossen und wird auch ebenso wahrgenommen – es sei denn, er hat eine beredte Körpersprache, die mit folgender Frage einhergehen könnte: ›Oh Gott, hast du das wirklich gemacht?‹ Das ist etwas anderes als Routinefragen von der Sorte: ›Wie geht's dir? Wie war's in der Schule? Wie läuft's mit deiner Freundin?‹«

»Kinder mögen solche Fragen nicht und hören oft auf zu antworten, wenn sie sieben oder acht Jahre alt sind. Aber ich finde es nicht schlimm, wenn sie keine Lust haben, darüber zu reden.«

»Wenn Sie Ihren Sohn fragen, wie es in Bio war, dann sind Sie ja nicht am Biologieunterricht an sich interessiert, sondern wollen wissen, wie Ihr Sohn ihn erlebt und wie es ihm dabei geht. Das werden Sie sehr viel eher erfahren, wenn Sie ihn selbst darauf kommen lassen. Nachdem mein Vater gestorben war, kamen zahlreiche Nachbarn und Freunde, während er noch zu Hause lag. Das hat mich enorm irritiert, doch meine Mutter bestand darauf, all diesen Menschen die Tür zu öffnen. Ich saß im Wohnzimmer und hörte sie immer wieder dieselbe Geschichte erzählen. Das hatte natürlich eine bestimmte Funktion und war eine Form der Verarbeitung.

Wenn man jemand seine Geschichte erzählt, entsteht eine persönliche Beziehung – eine Beziehung, die in dieser Form nicht entsteht, wenn man nur Fragen stellt. Doch wie man seine Kinder erziehen soll, weiß man erst, wenn man damit fertig ist. Man muss gemeinsam mit seinen Kindern lernen. Kinder wissen, dass Lernen auch mit Frustrationen einhergeht. Sie vergeben ihren Eltern, daher nehmen sie auch keinen Schaden, wenn diese mal aus der Haut fahren.«

• • •

Ich bin Journalistin von Beruf, daher kommt es mir ganz natürlich vor, meine Nase in alle möglichen Dinge zu stecken. Ich bin von Haus aus neugierig. Nachdem ich eine Woche mit Jesper Juul in Kroatien verbracht hatte, begann ich zu Hause damit, mehr von meinem eigenen Alltag zu erzählen und weniger Fragen zu stellen. Das hat dazu geführt, dass wir zu Hause jetzt offenere Gespräche führen, an denen sich alle beteiligen. Die Änderung geschah nicht von einem auf den anderen Moment, und manchmal gab es auch Einwände: »Müssen wir denn immer über alles reden? Oh nein, wird das jetzt wieder eins dieser tiefschürfenden Gespräche?« Ich spüre, dass ich die richtige Balance finden muss, damit sich niemand bedrängt fühlt und wir einfach eine schöne Zeit miteinander haben.

»Die Gespräche von Eltern mit ihren Kindern sind oftmals von Misstrauen und Moralisierungen geprägt. ›Du musst auch daran denken …‹, sagen sie oder: ›Es ist wichtig, dass du …‹ Was kann man tun, damit es besser läuft?«

»Wenn die Pubertät einsetzt, können Sie Ihrem Kind sagen, dass Sie nun nicht mehr als ›Gesetzgeber‹ in seinem Universum fungieren: ›Ich möchte, dass du in Zukunft mit dir selbst zurate gehst, wenn wichtige Entscheidungen anstehen, zum Beispiel, wenn du überlegst, ob du dir ein Computerspiel kaufen sollst. Nachdem du ein paar Tage lang über die Sache nachgedacht hast, kannst du mich wissen lassen, wie du darüber denkst, ob und aus welchen Gründen du eine Entscheidung getroffen hast.‹ Das Kind muss sich quasi selbst die Erlaubnis erteilen und über die Gründe Rechenschaft ablegen. Wenn Ihr Kind Ihnen entgegnet: ›Darüber brauche ich nicht nachzudenken. Wenn ich selbst entscheiden kann, dann kaufe ich das Spiel‹, dann sagen Sie: ›Es geht nicht darum, dass ich dir die Entscheidungsgewalt übertrage, sondern darum, dass ich beginne, die Verantwortung mit dir zu teilen. Darum will ich, dass du ein paar Tage über die Sache nachdenkst.‹ Wenn Ihr Sohn zwei Tage später zu Ihnen kommt und sagt: ›Ich habe mich entschieden. Ich will das Computerspiel kaufen, und ich glaube, ich kann auch gut damit umgehen‹, dann können Sie ihn fragen: ›Okay, was bringt dich dazu, das zu glauben?‹ Sie können ihm auch sagen, dass seine Begründung Ihnen nicht ausreicht und er Ihre Bedenken ernst nehmen muss: ›Ich werde dich nicht daran hindern, das Spiel zu kaufen, aber ich will, dass du dir über deine Entscheidung noch mehr Gedanken machst.‹ Damit haben Sie den Jugendlichen zur Reflexion eingeladen. Auf dieselbe Weise wird er seine Entscheidung abwägen können, wenn ihm Alkohol oder Drogen angeboten werden. Das Kind muss üben, Entscheidungen zu treffen, die von innen kommen und nicht von Ihrer Moral diktiert werden.

Ein Kind muss lernen, mit sich selbst zurate zu gehen, seine eigenen Wertvorstellungen und Erfahrungen zu durchdenken. Es geht darum, eine Entscheidungskompetenz zu erlangen, die ihm sein Leben lang von Nutzen sein wird.

Familien haben unterschiedliche Moralvorstellungen. Das Kind wird immer drei Freunde finden, deren Eltern ihnen erlaubt haben, ein Computerspiel zu kaufen. Deshalb muss ein Kind lernen, mit sich selbst zurate zu gehen, seine eigenen Moralvorstellungen und Erfahrungen zu durchdenken. Es geht nicht nur darum, dem Kind die Entscheidungsgewalt zu übertragen. Für das Kind geht es darum, eine Entscheidungskompetenz zu erlangen, die ihm sein Leben lang von Nutzen sein wird. Wenn man vollkommen anderer Meinung als sein Sohn ist, soll man ihm dann verbieten, das Spiel zu kaufen? Nein. Man kann sich allenfalls weigern, das Spiel zu finanzieren. Ein Verbot wäre unklug. Wer lernen soll, die richtigen Entscheidungen zu treffen, dem müssen die Eltern auch die Möglichkeit geben, sich falsch zu entscheiden. Manche Kinder und Jugendliche können die Konsequenzen ihrer Handlungen nicht abschätzen. Daher ist es wichtig, dass sie den inneren Dialog trainieren, um beispielsweise sagen zu können: ›Ich glaube, ich will das Spiel nicht kaufen, weil du dann bestimmt enttäuscht sein wirst.‹ Darauf könnten Sie antworten: ›Schon möglich, dass ich enttäuscht sein werde, aber lass das meine Sorge sein. Ich will nicht, dass du eine Entscheidung triffst, damit ich nicht enttäuscht bin. Es ist natürlich schön, dass du Rücksicht auf mich nehmen willst, aber das soll nicht das entscheidende Argument sein. Du kannst die Entscheidungen in deinem Leben nicht hauptsächlich davon abhängig machen, ob sie anderen Leuten gefallen.‹

Das mag sich ein wenig künstlich anhören, was daran liegt, dass wir es nicht gewohnt sind, echte Dialoge innerhalb der Familie zu führen. Plötzlich steht man auf der Bühne und spielt ein anderes Stück als das, was auf dem Plakat steht. Hingegen ist man in unserer Gesellschaft an Debatten und Diskussionen gewöhnt. In der Politik werden öffentliche Schaukämpfe geführt, die wir im Fernsehen verfolgen. Politiker gehen aufeinander los, statt sich als gleichwürdige Partner zu begegnen, und die Zuschauer sind am Ende genauso schlau wie vorher. Würden Eltern sich genauso verhalten, wären sie schlechte Rollenmodelle.«

● ● ●

Im Alltag zieht das Leben nur so an uns vorbei. Die Tage scheinen zu verfliegen, ohne dass wir uns im Leben gegenwärtig fühlen. Untersuchungen haben gezeigt, dass Kinder die angeborene Fähigkeit zum Meditieren haben. Sie können von einem zum anderen Augenblick die schönsten inneren Bilder hervorzaubern und sind mehr als wir Erwachsene in der Lage, ihr Gehirn zur Ruhe kommen zu lassen. Man stelle sich vor, wir würden zu Hause, in Kindergarten und Schule die Meditation in unseren Alltag integrieren – als Bestandteil einer inneren Reise, die unserer Seele Frieden gibt.

»Was inspiriert Kinder und Jugendliche dazu, nach Harmonie und Selbstkenntnis zu streben?«

»Es ist sicherlich wichtig, dass Eltern ein Interesse daran haben, ihre Kinder zu stimulieren. Die ihnen Geschichten erzählen, die Kinder bewahren und fünf bis zehn Jahre später wieder hervorholen können. Ich habe jedoch den Eindruck, dass alle Menschen ein wenig überstimuliert sind. Ich selbst verzichte aus diesem Grund inzwischen auf Musik im Wohnzimmer. Wenn ich nach Hause komme, vor allem, wenn ich in einer Großstadt gearbeitet habe, ertrage ich keine Musik mehr. Dann brauche ich die Stille. Dass man ständig mit anderen Leuten zusammen ist, oft unfreiwillig und auf zu engem Raum, ist ein extremer Stressfaktor. Dass Kinder überstimuliert sind, liegt auch daran, dass Erzieherinnen und Lehrer einen guten Job machen. Denn ihre Aufgabe besteht ja nicht zuletzt darin, die Kinder zu stimulieren. Doch viele Kinder werden überstimuliert, weil sie ständig in soziale Zusammenhänge eingebunden sind – ob sie wollen oder nicht. Auch Erwachsene setzt dies unter Stress. Kinder werden nahezu abhängig davon, fortwährend stimuliert zu werden. Dann kommen sie ruhelos nach Hause und bekommen noch mehr Anregungen. Die Eltern fühlen sich verpflichtet, dasselbe ›Programm‹ zu bieten wie der Kindergarten, und betätigen sich als Amateurpädagogen. Doch statt ihren Kindern ein Anregungs- und Unterhaltungsprogramm zu bieten, sollten die Eltern lieber sagen: ›Jetzt ist der Arbeitstag beendet. Jetzt beginnt die Freizeit.‹

Die Kinder haben inzwischen zu einem Großteil die Möglichkeit eingebüßt, selbst zu entscheiden, wann sie stimuliert werden wollen. Es ist kaum noch Raum vorhanden für die Stille, die eine Bedingung für Kreativität ist. Dabei tun die Kinder fortwährend Dinge, die als kreativ gelten. Sie malen, knüpfen, weben und stecken Perlen, müssen deswegen aber noch lange nicht kreativ sein. Gleichzeitig leben wir in einer Informationsgesellschaft, die uns ständig neue Reize zumutet.«

»Diese unablässigen Aktivitäten setzen auch die Eltern unter Druck. Ich weiß aus persönlicher Erfahrung, dass mir eine gewisse Langeweile gut tut. Mir gefällt das. Tut es Kindern gut, einfach nur dazusitzen und ihren Gedanken nachzuhängen?«

»Auf der ganzen Welt kommen Kinder manchmal zu den Erwachsenen und sagen, sie würden sich langweilen, aber die Ruhelosigkeit, die Kinder als Langeweile bezeichnen, ist nur ein Ausdruck von Abstinenz. Wenn keine Anregungen mehr da sind, meldet sich die Ruhelosigkeit. Hält man die Ruhelosigkeit aus, die höchstens 20 Minuten andauert, wird man plötzlich kreativ. Wenn ein Kind sich langweilt, sollte man ihm daher nur liebevoll über den Kopf streicheln und lächelnd sagen: ›Viel Glück, da bin ich aber gespannt, was dir einfällt.‹«

»Anstatt ihm zu sagen, dass es ihm gut tue, sich zu langweilen?«

»Ja, das sollte man nicht sagen. Vor allem sollte man nicht zu viele Vorschläge machen, was es jetzt tun soll. So etwas begrenzt nur die Möglichkeiten. Das haben Eltern über viele Generationen hinweg versucht und wurden von ihren Kindern konsequent abgewiesen. Fragen Sie sich selbst als Erwachsener: Wofür verbrauche ich Energie? Woher nehme ich Energie? Der Alltag der Kinder kostet sie ungeheuer viel Energie, also brauchen sie auch einen Ort, um ihre Batterien wieder aufzuladen. Die meisten Menschen sind überrascht, wenn ich ihnen erzähle, dass ich viele Stunden damit verbringe, einfach dazusitzen und aus dem Fenster zu schauen. Ich langweile mich nicht dabei, ich bin in stiller Arbeit. Einer von Dänemarks großen Therapeuten sagte zur mir, dass es das ist, was so gern Meditation genannt wird. Manche werden es auch als meditative Praxis bezeichnen, wenn ich neue Menschen oder eine Familie kennenlerne, zu denen ich mich professionell verhalten will. Dann leere ich meinen Kopf, damit ich ihnen frei von jeglichen Vorurteilen oder persönlichen Kenntnissen begegnen kann. Erst dann bin ich bereit, etwas Neues zu lernen. Diese Methode ist mir eine große Hilfe.

Es ist sicherlich eine gute Idee, eine Form der Meditationspraxis bei sich zu Hause zu etablieren, damit Kinder lernen, ihre Gedanken und Gefühle zu handhaben. Man sollte Meditation und Entspannung nicht erst dann suchen, wenn konkrete Probleme vorliegen, sondern als vorbeugende Maßnahmen begreifen, um ein gutes Leben zu haben. Eltern sollten sich der Notwendigkeit des gezielten Stressabbaus bewusst sein. Statt nach der Arbeit ins Fitnesscenter zu gehen, könnten sie auch nach Hause fahren und sich gemeinsam mit ihren Kindern entspannen. Wenn ein Kind 18 Monate alt ist, kann man mit einer ruhigen Entspannungsübung beginnen, bei der man seine Hand auf den eigenen Bauch oder die Brust legt. Das Kind tut das gleiche. Dann atmet man ruhig aus und ein, während sich spürbar die Brust hebt und senkt. Sprechen Sie darüber, wie die Atmung sich beruhigt, und spüren Sie beide, wie sich Ihr Körper entspannt.

Kinder ertragen fast eine unendliche Menge an Stress, doch geht es ihnen nicht gut, wenn sie nicht lernen, den Stress abzubauen. Erwachsene zeigen einen gewissen Einsatz, um sich zu entspannen, machen Yoga, Tai Chi oder Sport, widmen sich der Kunst oder Meditation. Vielen ist es wichtig, Betätigungen zu finden oder Übungen zu erlernen, die frei von Ideologie und Religion sind. Natürlich kann man feststellen, dass die Meditation buddhistischen Ursprungs ist, doch ist sie zugleich eine alte christliche Tradition und war schon immer eine universelle Form der Entspannung. Selbst äußerst problematischen Kindern sind traditionelle Atem- und Entspannungsübungen von großem Nutzen.

Wir sollten Kindern beibringen, auf ihre innere Stimme zu hören.

Natürlich reicht es nicht aus, den Kindern zu sagen, mit fünf Minuten Entspannung oder Meditation wird alles besser. Auch Anordnungen wie ›Entspann dich!‹ sind nicht sonderlich hilfreich. Denn hier begegnen sich quasi zwei Welten. Wir nehmen Glückspillen, trinken Unmengen von Alkohol, tun alles Mögliche, um den inneren Schmerz zu überdecken. Viele Menschen haben psychische Probleme und kommen nicht zur Ruhe, was der Pharmaindustrie enorme Gewinne beschert, weil wir unablässig nach neuen Medikamenten suchen, um die Schmerzen zu betäuben oder erträglicher zu machen. Infolgedessen ist man fürchterlich gestresst, ohne sich jemals richtig kennenzulernen. Die meisten sind nur auf weitere Stimuli aus. Wir sollten den Kindern beibringen, auf ihre innere Stimme zu hören.«

•••

Oft gerate ich zu Hause in eine Situation, in der ich alles bestimmen oder kontrollieren will, wie auch meine Eltern das getan haben, als ich ein Kind war. Ich versuche, mir das abzugewöhnen, ertappe mich aber immer wieder dabei, dieses Verhalten an den Tag zu legen.

»Warum übernehmen wir die negativen Verhaltensmuster unserer Eltern, obwohl wir genau wissen, dass sie uns nicht gut tun? Waren unsere Eltern diktatorisch, dann neigen auch wir unwillentlich zu diesem Verhalten. Warum ist es so schwer, solche Muster zu durchbrechen?«

»Als Kind hat man 200 Prozent Vertrauen zu seinen Eltern. Die Art, wie unsere Eltern uns lieben, ist für uns gleichbedeutend mit der Liebe schlechthin. Die meisten von uns sind in einer Zeit aufgewachsen, in der es ausreichte, liebevolle Gefühle zu haben. Heute können wir sagen, dass Liebe allein nicht ausreicht. Die liebevollen Gefühle müssen auch in liebevolles Verhalten umgesetzt werden. Wenn Kinder Eltern haben, die glauben, das Beste, was sie ihnen geben können, seien Schläge und diktatorisches Verhalten, dann halten die Kinder dieses Verhalten für Liebe – und übernehmen dieses Verhaltensmuster. Wer aus diesem Muster ausbrechen will, muss sich zunächst eingestehen, dass seine Eltern nicht perfekt waren. Für manche ist dies eine enorme Erleichterung, für andere eine Belastung.

Und auch wenn wir es weit von uns weisen, unsere Kinder so zu behandeln wie unsere Eltern, tun wir es dennoch. Wir kopieren ihr Verhalten unbewusst. Es gibt zwei Möglichkeiten, dies zu entdecken. Die eine Möglichkeit besteht darin, dass der Partner plötzlich sagt: ›Mein Gott, du bist wirklich wie dein Vater.‹ Die meisten fassen dies als Kritik auf, teils, weil der Partner recht hat, teils, weil man seinen Eltern nicht ähneln will. Die andere Möglichkeit besteht darin, sich selbst auf Video zu sehen. In diesem Moment sind viele von ihrem eigenen Verhalten schockiert.

Am Anfang meiner Laufbahn als Familientherapeut habe ich eine junge Frau kennengelernt, der klar war, wie sehr sie das Verhalten ihres Vaters, eines Pfarrers, kopierte. Sie kommentierte das mit der treffenden Bemerkung: ›Ich dachte, ich würde dieses Muster durchbrechen, indem ich aus der Kirche austrete!‹ In manchen Familien rebellieren die Kinder gegen das Verhalten der Eltern – sei es aus politischen oder religiösen Gründen. Doch reicht die bloße Rebellion nicht aus, weil die Verhaltensweisen, von denen man sich befreien möchte, tief eingeschliffen sind. Unsere Ursprungsfamilie hat uns ganz einfach gelehrt, wie man andere Menschen liebt. Dies ist eine der Ursachen, warum es in den ersten zehn bis 15 Jahren einer Paarbeziehung so viele Konflikte gibt. In der Regel hat unser Partner eine andere Art der Liebe kennengelernt. Wenn er uns nun auf diese Weise liebt, kommt das nicht bei uns an und umgekehrt. Das ist im Übrigen der große Unterschied zwischen Verliebtheit und Liebe. Die Verliebtheit ist ein tiefes und herrlich selbstbezogenes Gefühl, während Liebe erfordert, dass wir uns sehr viel umfassender auf die Prämissen des Partners einlassen, ohne uns selbst zu verlieren.«

»Wir sagen ›mein Kind‹, ›mein Sohn‹, ›meine Tochter‹ und ›mein Mann‹. Wir nehmen die Position eines Menschen ein, der andere Menschen besitzt. Die Leute sagen, das sind ›meine Kinder, über die ich bestimme‹. Was sagt uns das über zwischenmenschliche Beziehungen im Allgemeinen?«

»Wer eine solche Einstellung zu seinen Kindern hat, wird früher oder später seine wohlverdiente Strafe erhalten. In einer Familie kommt es ständig zu Konflikten verschiedener Art. Wenn die Konflikte destruktiv werden, sich also in kurzen Abständen mit ständig negativerem Ton wiederholen, müssen die Erwachsenen ihr Verhalten justieren. Dies ist oftmals das erste Signal für die Erwachsenen, einen Teil ihrer Verantwortung abzugeben.

Experten und Politiker halten Eltern seit einiger Zeit vor, nicht genug Verantwortung zu übernehmen, ihrer Aufgabe als Erzieher nicht gerecht zu werden. Doch ist es ein Missverständnis, dass Kindererziehung dann stattfindet, wenn Eltern sich als aktive Erzieher fühlen, die lenkend eingreifen. Vielmehr hat das, was die meisten Erwachsenen unter Erziehung verstehen, überhaupt keine erzieherische Wirkung. Das gesprochene Wort geht meist zum einen Ohr der Kinder hinein und zum anderen wieder hinaus. Kindererziehung findet vielmehr zwischen den Zeilen statt. Wie lernen Kinder, mit Konflikten umzugehen? Indem sie sich anschauen, wie die Erwachsenen das machen. Es ist sinnlos, die Kinder aufzufordern, sich ›ordentlich‹ auszudrücken, wenn die Erwachsenen verbal aufeinander einschlagen. Kinder machen nicht das, was wir sagen, sondern das, was wir tun. Meiner Meinung nach sind Kinder heute einem Übermaß an bewusster Erziehung ausgesetzt. Die Eltern wollen ihnen viel zu sehr ein bestimmtes Verhalten vorschreiben, befolgen die verschiedensten Ratschläge von Experten und wollen allzu perfekt sein.

Kindererziehung findet zwischen den Zeilen statt. Wie lernen Kinder, mit Konflikten umzugehen? Indem sie sich anschauen, wie die Erwachsenen das machen. Es ist sinnlos, die Kinder aufzufordern, sich »ordentlich« auszudrücken, wenn die Erwachsenen verbal aufeinander einschlagen.

Statt über ihre Kinder bestimmen zu wollen, sollten die Eltern einen Teil der Verantwortung an sie abgeben und nicht so tun, als würden sie die Kinder besitzen. Alle Kinder sind erst einmal diplomatisch, doch wenn ihnen niemand zuhört, drehen sie die Lautstärke auf. Dann beginnen sie zu kämpfen, vor allem die Teenager – doch nur, weil sie ignoriert wurden. Als mein Sohn elf Jahre alt war, kam ich eines Abends nach Hause und wollte einen bestimmten Film im Fernsehen anschauen. Mein Sohn wollte ihn auch sehen, aber er begann erst um 23 Uhr, und am nächsten Morgen musste er eine wichtige Arbeit schreiben. Ohne näher darüber nachzudenken, sagten seine Mutter und ich im Chor: ›Findest du nicht, dass du früh ins Bett gehen solltest, wenn du morgen diese Arbeit schreiben musst?‹ Er schaute uns freundlich an, lächelte verschmitzt und entgegnete: ›Die Frage ist, ob ihr euch immer noch in so etwas einmischen solltet.‹«

»Wow.«

»Ja, das war sehr diplomatisch ausgedrückt. ›Okay, sorry‹, sagten wir. Er sah den Anfang des Films mit und ging dann ins Bett. So ist es bei allen Kindern. So lange kein Druck von außen ausgeübt wird, können sie sich selbst finden. Hätte ich zu meinem Sohn gesagt, dass es wirklich eine dumme Entscheidung von ihm ist, hätte er sich aus Trotz den ganzen Film angesehen. Doch stattdessen konnte er seinem eigenen Gefühl folgen. Das ist eine neue Möglichkeit für Eltern, ihre Führungsrolle wahrzunehmen. Doch leider sagen ihnen die meisten Experten, dass Dinge so oder so zu sein haben. Das muss aber nicht zwangsläufig der Fall sein. Heute würde ich zu meinem Sohn sagen: ›Okay, jetzt habe ich elf Jahre lang die Verantwortung übernommen, dass du genug Schlaf bekommst. Das war mir ein Vergnügen, aber jetzt bist du selbst dafür verantwortlich. Ich weiß, dass du damit klarkommst, doch ich zweifle daran, dass ich damit klarkomme. Du wirst bestimmt den einen oder anderen Kommentar von mir zu hören kriegen, aber das musst du nicht weiter beachten.‹

Ich bin fest davon überzeugt, dass der größte Verlust, den Kinder in den letzten 30 Jahren erlitten haben, die Tatsache ist, dass es für sie kaum noch einen Raum gibt, der frei von Erwachsenen ist. Früher haben Kinder ihre soziale Kompetenz entwickelt, indem sie mit anderen Kindern gespielt und geredet haben. Diese Möglichkeit ist heute stark eingeschränkt, denn wenn Kinder beisammen sind, stehen in der Regel ein paar Erwachsene um sie herum und mischen sich ein. Oft handelt es sich um sehr idealistische oder romantische Erwachsene, die keine Konflikte ertragen. Es ist heute nicht einfach, ein Kind und damit ständig von Erwachsenen umringt zu sein. Gleichzeitig wird viel darüber geredet, wie wichtig es sei, Kindern Grenzen zu setzen. Das ist wirklich unglaublich, denn das Leben der Kinder war noch nie so begrenzt wie heute, weil sie von den Erwachsenen in jeder Kleinigkeit kontrolliert werden. Zumindest die Freiheit, man selbst zu sein und sich in seinem eigenen Tempo entwickeln zu dürfen, ist heute enorm eingeschränkt. Von meinem siebten Lebensjahr bis zur Pubertät war ich Bestandteil einer altersmäßig sehr gemischten Gruppe von Jungen und Mädchen, während Kinder heute in Gruppen eingeteilt werden, in denen Gleichaltrige miteinander spielen. Das wirkt sich natürlich auf ihre soziale Entwicklung aus.«

»Was geschieht in diesem Fall mit den Kindern? Was geschieht mit ihrem Selbstbild, wenn ihre Eltern sie ständig beobachten und sich einmischen?«

»Sie werden sehr unsicher und machen zu wenig eigene Erfahrungen, weil sie sich unablässig auf die Erfahrungen der Erwachsenen stützen. Kinder sind vielen Situationen gewachsen. Das heißt nicht, dass sie mit allem allein zurechtkommen, aber sie können zu ihren Eltern gehen und sagen: ›Ich war heute so lange auf, dass ich Angst habe zu verschlafen – könnt ihr mich wecken?‹ Damit übernimmt das Kind die Verantwortung, indem es um Hilfe bittet. Die Erwachsenen sollten dem Kind aber nicht sagen, dass es Hilfe braucht. Etwas ›entscheiden‹ oder ›erlauben‹ ist eine politische Sprache. Sie handelt von Macht. Stattdessen müssen wir dem Kind Verantwortung übertragen. Man kann einem Kind die Entscheidung für eine Sache überlassen, die seinem Alter angemessen ist. Nicht weil Mama und Papa nicht selbst entscheiden könnten, sondern aus reiner Höflichkeit. Das Kind muss die Möglichkeit bekommen, etwas selbstständig zu entscheiden, das es nicht allein bewältigen muss. Genau das ist die zentrale Herausforderung beim Entwickeln einer neuen Führungsqualität der Erwachsenen. Wenn Kinder von sich aus damit beginnen, Verantwortung einzufordern, dann sind sie auch reif dafür.«

»Mir fällt auf, dass viele Kinder heutzutage überverantwortlich sind. Sie benehmen sich wie kleine Erwachsene und sind sehr darum bemüht, die Erwachsenen zufriedenzustellen. Wie geht man mit ihnen um?«

»Das kommt darauf an, was für eine Beziehung man zu ihnen hat. Ich denke, man sollte sich nicht einmischen, wenn man nicht zu ihrem näheren Familienkreis gehört. Was diese Kinder brauchen, ist nicht Kritik, sondern Unterstützung, um ihre Eigenverantwortung zu mobilisieren. Sobald ihnen das gelingt, werden sie kein übertriebenes Verantwortungsbewusstsein mehr an den Tag legen. Zu einem solchen Kind könnte man sagen: ›Es ist schön, dass du mir helfen möchtest, aber willst du nicht eigentlich etwas anderes tun?‹ Wenn Kinder nicht den richtigen Ausdruck finden und sich schwer damit tun, Eigenverantwortung zu übernehmen, dann muss man sie dazu einladen. Sie brauchen jemand, der ihnen zugetan ist. Das ist wie bei einem Erwachsenen, der sexuelle Hemmungen hat, zum Beispiel nicht wagt, sich auszuziehen, wenn der Partner zusieht. Wenn so jemand seine Hemmungen überwinden soll, braucht er einen Partner, der ihn so lange geduldig einlädt, bis er an Sicherheit gewinnt. Bei Kindern, die zu viel allein sind und viele Dinge im Kopf haben, über die sie nicht sprechen können, ist es genauso. Sie müssen von jemand eingeladen werden, der ein echtes

Interesse an ihnen hat. Nicht von jemand, der sie kontrolliert, ihr Verhalten kritisiert oder glaubt, sie hätten ein Problem.«

●●●

Mein Sohn kam kürzlich nach Hause und erzählte von der neuen Aufgabenverteilung bei seinem Vater und seiner Stiefmutter. Im Laufe der Woche soll er die Verantwortung für zwei Projekte übernehmen, die mit der häuslichen Arbeit zu tun haben. Er soll je einmal Kleider waschen und Essen machen. Gut gedacht! Ich habe oft das Gefühl, dass wir Erwachsenen vieles in Gang setzen müssen. Wir haben so viele Ideen und Träume, doch oft hapert es an der Umsetzung. Vieles im Leben ist nicht sonderlich lustbetont, auch waschen und aufräumen macht weder Erwachsenen noch Kindern viel Freude, doch müssen diese Dinge getan werden, um zu Hause eine angenehme Atmosphäre zu schaffen.

»Denken wir uns eine fünfköpfige Familie, bestehend aus zwei Erwachsenen und drei Kindern unterschiedlichen Alters. Alle haben verschiedene Bedürfnisse. Es ist Samstag, und die Familie will gemeinsam etwas unternehmen. Wie kann man das so lösen, dass es für alle ein schöner Tag wird?«

»Ich denke, man sollte das genauso machen wie in einer Paarbeziehung. Doch schlage ich vor, dass wir zunächst unsere Wortwahl überdenken. Geht es hier wirklich um Bedürfnisse oder eine momentane Lust? Bei Kindern geht es oft darum, worauf sie im Moment Lust haben. Das ist bei jedem einzelnen Familienmitglied von Bedeutung, doch die Eltern wissen, dass auch die Familie als Ganzes ihre Bedürfnisse hat. Man kann alle reihum nach ihrer Meinung fragen. Schließlich weiß man erst, wie es der Familie geht, wenn man weiß, wie es ihren einzelnen Mitgliedern geht. Danach können die Eltern feststellen: ›Okay, wir haben hier fünf verschiedene Wünsche, die schwer unter einen Hut zu bekommen sind. Wir würden sehr gern etwas mit der ganzen Familie unternehmen. Meint ihr, wir kriegen das hin?‹ Dann muss man ein wenig diskutieren.

Manchmal müssen sich die Erwachsenen vorbereiten, um nicht einen Riesenkonflikt heraufzubeschwören. Meinen Enkel Alex frage ich nicht: ›Hast du Lust, einen Spaziergang zu machen?‹ Ich sage zu ihm: ›Komm, Alex, wir gehen ein bisschen raus.‹ Wenn er nicht will, dann sagt er Nein. Er hat die Wahl, aber ich bürde ihm nicht die Verantwortung für die Entscheidung auf. Kinder denken ja nicht: Ach, wie schön, mal wieder an die frische Luft zu kommen. Wenn man sich eine bestimmte Strategie überlegt hat und diese zur Diskussion stellt, dann wird man seiner Führungsaufgabe gerecht. Doch wenn jemand einwendet: ›Wir sollten es lieber so oder so machen‹ und Sie entgegnen: ›Wir machen es so, wie ich sage‹, dann zeugt das von schlechten Führungsqualitäten. Man darf Kinder nicht für Entscheidungen verantwortlich machen, muss ihnen aber die Möglichkeit geben, nach bestem Wissen und Gewissen Ja oder Nein sagen zu können. Es ist eine gute Idee, sie von Anfang an zu fragen: ›Was wollt ihr?‹«

»Und nicht ›Worauf habt ihr Lust?‹.«

»Genau. Wenn man von klein auf gefragt wird, was man will, dann lernt man allmählich, zwischen dem eigenen Willen und seiner momentanen Lust zu unterscheiden. Oft muss man Dinge erledigen, auf die man wenig Lust hat, um ein bestimmtes Ziel zu erreichen. Man hat keine Lust, seine Hausaufgaben zu machen, will nach dem Abitur aber studieren. Ein Mensch, der sich ausschließlich von seiner unmittelbaren, unreflektierten Lust steuern lässt, wird gemeinhin als Psychopath bezeichnet.

Wenn man von klein auf gefragt wird, was man will, dann lernt man allmählich, zwischen dem eigenen Willen und seiner momentanen Lust zu unterscheiden. Oft muss man Dinge erledigen, auf die man wenig Lust hat, um ein bestimmtes Ziel zu erreichen.

Viele Arbeitgeber raufen sich heute die Haare, weil die neue Generation dazu erzogen wurde, ihrer momentanen Lust stets höchste Priorität einzuräumen. Viele ertragen kein Nein und sind nicht in der Lage, etwas zu tun, weil es eben erledigt werden muss. Für Kinder gilt dasselbe. Wenn sie ständig gefragt werden, wozu sie Lust haben, werden sie schließlich kaum noch sagen, wozu sie Lust haben, sondern sich vor allem damit beschäftigen, wozu sie keine Lust haben. Damit rauben sie der Gemeinschaft viel Energie. Schließlich wissen die Kinder gar nicht mehr, was sie wollen, und sind verunsichert.

Erwachsene wissen, dass man in der Lage sein muss, seinen Willen klar zum Ausdruck zu bringen, wenn eine Paarbeziehung funktionieren soll. Man muss den Unterschied kennen zwischen seinen momentanen Wünschen und dem, was man wirklich erreichen will. Für Frauen ist dies oft nicht leicht, weil es traditionellerweise der Wille des Mannes war, der die Tagesordnung bestimmt hat. Deshalb empfinden sich Frauen oft als tyrannisch oder egozentrisch, wenn sie ihren Willen artikulieren. Doch ist dies für den Kommunikationsfluss in der Familie von großer Wichtigkeit. Es ist schon in Ordnung, bestimmte momentane Wünsche zu haben, aber diese geben der Familie noch keine Richtung – unser Wille, bestimmte Dinge zu erreichen, hat Vorrang.

Wir haben bereits von Söhnen und erwachsenen Männern gesprochen, die nicht in der Lage sind, ihrer Mutter gegenüber Nein zu sagen. Das frustriert sie selbst und macht ihre Partnerinnen einsam. Manche Söhne können sich freilich ein Beispiel an ihren Vätern nehmen. Wenn diese von ihrer Frau gefragt werden: ›Ich will in die Stadt, ein bisschen shoppen gehen. Kommst du mit?‹, dann antwortet der Vater vielleicht, dass er gerne mit in die Stadt will, aber keine Lust auf eine Einkaufstour hat. Wenn ein Sohn seinen Vater so etwas sagen hört, ist das Gold wert. Dann weiß er, wie man seinen Willen bekundet, ohne einen Konflikt heraufzubeschwören oder seine Definitionsmacht zu benutzen: ›Du willst immer nur shoppen gehen, das ist doch echt bescheuert!‹ Du-du-du! Erst wenn jeder gesagt hat, was er will, wächst die Erkenntnis, dass es nicht um die Wünsche des Einzelnen, sondern darum geht, etwas gemeinsam zu unternehmen.«

»Wie löst man dieses Problem in der Familie?«

»Indem die Familienmitglieder so lange miteinander sprechen, bis sie ihre gegenseitigen Wünsche und Bedürfnisse kennen. Es ist wichtig, Zeit miteinander zu verbringen. Die Familie und die Beziehung zwischen Erwachsenen und Kindern sind wichtiger als der Job und die Freizeitaktivitäten. Erst das Zusammenspiel und die Kommunikation in der Familie schaffen die Grundlage für unsere persönliche Entwicklung.«

Es ist wichtig, Zeit miteinander zu verbringen. Die Familie und die Beziehung zwischen Erwachsenen und Kindern sind wichtiger als der Job und die Freizeitaktivitäten. Erst das Zusammenspiel und die Kommunikation in der Familie schaffen die Grundlage für unsere persönliche Entwicklung.

Nachwort

Welche Rolle spielen Werte in der Familie?

Wir sprechen meistens von »Werten«, wenn wir »Wertvorstellungen« meinen. Werte sind etwas Konkretes, das mit Wohlstand und Geld zu tun hat. Wertvorstellungen spielen eine entscheidende Rolle als Kompass, wenn wir in Konflikte geraten und Entscheidungen treffen müssen. Diese Frage gewinnt an Aktualität, weil es heute keinen Wertekonsens in der Gesellschaft mehr gibt. Kindererziehung und Familienleben basieren oft auf zufälligen Kenntnissen, denen ein stabiles Wertefundament fehlt. Das bedeutet, dass sich diese Familien von Konflikt zu Konflikt hangeln. Das macht das Leben ungemein hektisch. Wer keinen Kompass besitzt, um sicheren Kurs halten zu können, der landet womöglich da, wo er nie hinwollte.

> Wertvorstellungen spielen eine entscheidende Rolle als Kompass, wenn wir in Konflikte geraten und Entscheidungen treffen müssen.

Ich habe versucht, die vier grundlegenden Werte zu beschreiben, die meiner Erfahrung nach eine konstruktive Wirkung auf das Zusammenleben zwischen Erwachsenen und Kindern haben. Diese sind Gleichwürdigkeit, Authentizität, Integrität und persönliche Verantwortung. Ich hoffe, möglichst viele Eltern lassen sich davon inspirieren. (Mehr dazu finden Sie in meinem Buch *Was Familien trägt: Werte in Erziehung und Partnerschaft.*)

Man muss sich diese Werte nicht zwangsläufig zu eigen machen, sollte aber über sie nachdenken, um herauszufinden, welche Wertvorstellungen man selbst von seiner Ursprungsfamilie übernommen hat und wie es diesbezüglich bei seinem Partner aussieht. Wie ergänzen sich diese Werte? Wo geraten sie in Konflikt miteinander? Ganz gleich, welchen Voraussetzungen und Werten man den Vorzug gibt, ist es entscheidend, dass man sich für bestimmte Werte entscheidet. Das erleichtert den Alltag ungemein!

Jesper Juul

Der Autor

Jesper Juul (1948-2019) war einer der bedeutendsten und innovativsten Familientherapeuten Europas, Konfliktberater und Gründer des Elternberatungsprojekts *familylab international.* Durch zahlreiche Seminare, Vorträge, Medienauftritte und erfolgreiche Elternbücher wurde er international bekannt. Seine respektvolle Art, mit Menschen umzugehen, beeindruckt Fachleute wie Eltern auch heute noch immer wieder neu.

Dank

Der Verlag dankt allen kleinen und großen »Models«, die sich für die Fotos zur Verfügung gestellt haben: Marie Elvira und Øystein, Fride, Teodor und Tevje, Eldar und Alma, Hedda, Chris und Matheo, Sara, Wilma, Margrete, Egil, Helene und Amalie, Elise, Frida, Max, Aksel und Oscar. Danke auch an *Polarn O. Pyret* und *Lille Lam*, die uns die Kleider geliehen haben.

•••

Ich möchte allen Familien, Freunden und Kollegen für die inspirierenden und anregenden Gespräche danken, die wir über das Leben, die Kinder, die Liebe und die Zeit, in der wir leben, geführt haben. Ich danke euch allen dafür, dass meine Neugier während des Schreibens stets weiter zunahm. Ich danke meinem lieben Sohn Max, meiner großen Liebe Jan Frederik und meinen lieben Bonuskindern Calle und Johan. Außerdem möchte ich allen danken, die auf ihre Weise zur Entstehung dieses Buches beigetragen haben: Dorthe Skappel, Thomas Dubourcq, Marit Aarø, Mari Sørli, Doddy, Line Hegge Jacobsen, Ådne Njaa, Liv Ingun Graasvoll, Sissel Gran, Rune Skretting, Ove Grotheim, Hanne Lerdal, Kari Bu, Tina Hveem, Marcel Leliënhof und Line Kristiansen. Ein besonderer Dank geht natürlich an Jesper Juul für eine lehrreiche Reise!

Monica Øien

familylab – die Familienwerkstatt

Familylab bietet Eltern wertvolle Inspiration und Beratung. Wir ermuntern Eltern, gemeinsam zu erforschen: Wer sie sind und was sie sich wünschen – bezogen auf ihre Familie im Allgemeinen ebenso wie auf aktuelle Konflikte, die sie erfahren. Familylab gibt es mittlerweile in 22 Ländern weltweit. Die LänderleiterInnen aller familylab-Länder haben sich in der familylab Association, dem familylab-Verein, zusammengeschlossen. Mehr Infos auf familylabassociation.com.

Was Sie von familylab erwarten können

Wir bieten Ihnen Beratung, Vorträge und Workshops durch qualifizierte Fachleute in Ihrer Nähe. Im Internet finden Sie umfangreiche Informationen rund um das Zusammenleben in der Familie, Videos, Downloads, Interviews, Veranstaltungshinweise, Büchershop, den familylab-newsletter und vieles mehr.

familylab für Familien und Schulen

Wir bieten Inspiration, Vorträge und Workshops für Firmen und ihre Mitarbeiter sowie für Schulen, Leitungsteams und Lehrer an. Das Programm heißt: Das wird Schule machen. Teil 1 und Teil 2. Es befähigt teilnehmende Lehrkräfte zur Weitergabe der Inhalte an ihre Kolleginnen und Kollegen. Denn unser Schulsystem kann nur so gut sein wie seine Lehrerinnen und Lehrer!

Weiterbildung zur familylab-Seminarleiterin/zur familylab-Familienberaterin

Wenn Sie Eltern mögen und vertrauen und wenn Sie mithelfen wollen, dass die Beziehungen von Eltern und ihren Kindern noch besser werden, dann beachten Sie unser Weiterbildungsangebot zur familylab-Seminarleiterin/zum familylab-Seminarleiter und zur familylab-Familienberaterin/zum familylab-Familienberater. Wir suchen Fachleute mit mindestens fünf Jahren Berufserfahrung, die sich für ein außergewöhnliches Projekt für Eltern in Deutschland engagieren wollen. Wir bieten Ihnen ein intensives, acht- bzw. 16-tägiges Training mit einem zertifizierten Abschluss durch familylab.de sowie fortlaufende qualifizierende Weiterbildungen.

Mehr Informationen im Internet

www.familylab.de – die Familienwerkstatt
E-Mail: info@familylab.de
Tel: 09962/203 51 10
Für Österreich: www.familylab.at
Für die Schweiz: www.familylab.ch

Postanschrift

familylab.de
Mathias Voelchert GmbH
Oberbucha 4
94336 Windberg